U0749207

《托育机构保育指导大纲（试行）》

解析与案例

主　编◎刘金华

副主编◎应一也　阮君玉

编　者◎梁　媛　汪金容　李　娜
　　　　李晓璐　吴玲玲　蔡缘缘

华东师范大学出版社
·上海·

图书在版编目(CIP)数据

《托育机构保育指导大纲(试行)》解析与案例/刘金华
主编. —上海:华东师范大学出版社,2023
　ISBN 978 - 7 - 5760 - 4301 - 3

　Ⅰ.①托…　Ⅱ.①刘…　Ⅲ.①幼教人员-工作-教学
参考资料　Ⅳ.①G617

中国国家版本馆 CIP 数据核字(2023)第 213870 号

本书由上海开放大学"'幼有善育'托育队伍建设培训
　——托育从业人员培训用书开发"项目资助出版

《托育机构保育指导大纲(试行)》解析与案例

主　　编　刘金华
责任编辑　蒋梦婷
责任校对　王　彤
装帧设计　庄玉侠

出版发行　**华东师范大学出版社**
社　　址　上海市中山北路 3663 号　邮编 200062
网　　址　www.ecnupress.com.cn
电　　话　021 - 60821666　行政传真 021 - 62572105
客服电话　021 - 62865537　门市(邮购)电话 021 - 62869887
地　　址　上海市中山北路 3663 号华东师范大学校内先锋路口
网　　店　http://hdsdcbs.tmall.com

印刷者　杭州日报报业集团盛元印务有限公司
开　　本　787 毫米×1092 毫米　1/16
印　　张　17.25
字　　数　349 千字
版　　次　2024 年 8 月第 1 版
印　　次　2025 年 5 月第 2 次
书　　号　ISBN 978 - 7 - 5760 - 4301 - 3
定　　价　56.00 元

出版人　王　焰

　　《托育机构保育指导大纲（试行）》由国家卫生健康委于 2021 年 1 月 12 日颁布，是根据《国务院办公厅关于促进 3 岁以下婴幼儿照护服务发展的指导意见》要求，依据国家卫生健康委《托育机构设置标准（试行）》《托育机构管理规范（试行）》等标准规范编写制定。其聚焦于托育机构核心保育工作，从保育核心要义、保育原则、保育目标与要求、组织与实施等内容，对托育机构保育工作提出了方向性指引和规范性要求，旨在指导托育机构为 3 岁以下婴幼儿提供科学、规范的照护服务，促进婴幼儿健康成长。编写本书，一方面是回应当前托育从业人员对大纲理解与应用的需求，一方面是为行业形成一本有政策依据、理论基础和实践案例的实用手册。既可以作为婴幼儿托育相关专业职业院校的教材，又可以作为托育从业人员入职培训、职后继续教育的参考用书。

　　本书由上海开放大学"'幼有善育'托育队伍建设培训——托育从业人员培训用书开发"项目资助，由上海市人口早期发展协会、上海开放大学等专业人员组成编写团队。本书共分三个部分：第一篇"总则"解析与案例，主要对托育机构发展背景、定义与类型、保育核心要义、保育基本原则进行解读说明，由刘金华、应一也、蔡缘缘编写；第二篇托育机构保育目标与要求，从营养与喂养、睡眠、生活与卫生习惯、动作、语言、认知、情感与社会性等 7 个领域，分别针对 7～12 个月、13～24 个月、25～36 个月三个年龄段婴幼儿的保育目标、保育要点和指导建议进行案例式解读，由阮君玉、汪金容、李娜、李晓璐编写；第三篇托育机构组织与实施，从大纲中对托育机构、托育机构负责人、托育机构保育人员、保育工作、管理制度，以及机构家庭社区合作等方面的要求进行解读说明，由梁媛、吴玲玲编写。希望本书能为托育从业人员提供实践经验及有效指导，同时希望读者们能够给予意见反馈，使得本书在今后的修订中不断完善。

编者
2024 年 8 月

目 录
MU LU

第一篇 "总则"解析与案例

本篇概述

《托育机构保育指导大纲(试行)》(以下简称《大纲》)第一章是"总则",说明了《大纲》的研制背景、目的依据、适用范围,明确了托育机构保育的核心要义,强调托育机构保育应当遵循"尊重儿童、安全健康、积极回应、科学规范"的基本原则。本篇主要对"总则"展开解析,分别对托育服务的发展背景、托育机构定义和类型、保育的核心要义、保育的基本原则四个部分进行解读与案例说明。

思维导图

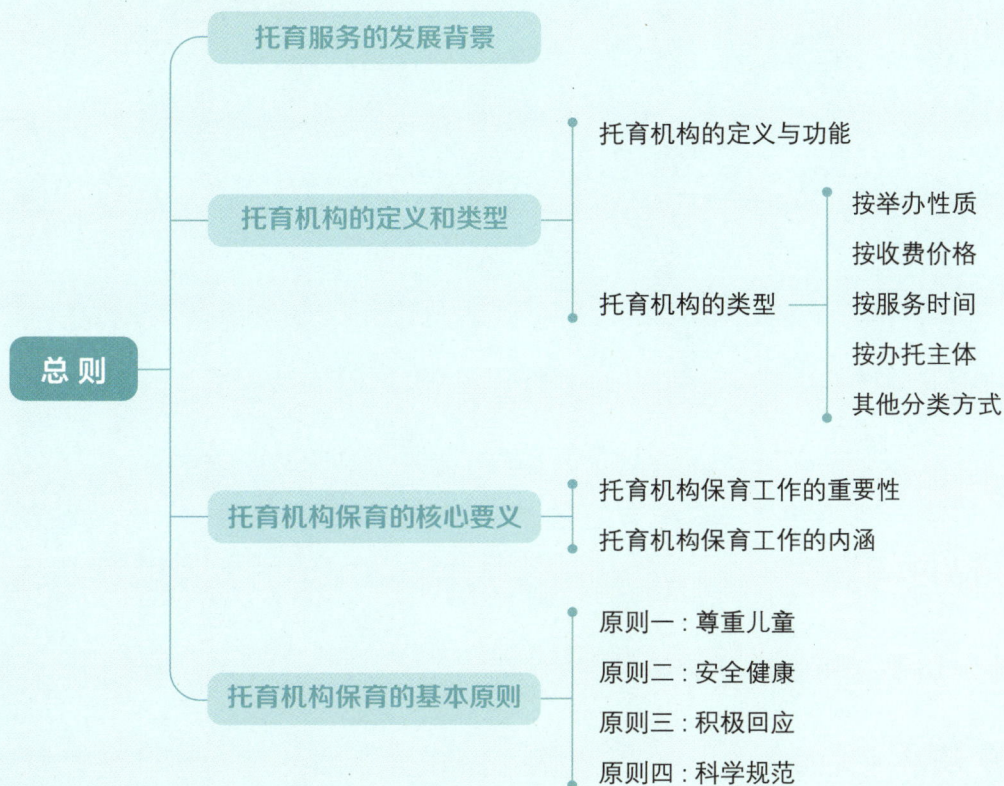

第一章 托育服务的发展背景

学习目标

- (1) 了解托育服务的发展背景；
- (2) 了解托育服务的价值意义。

第一节 托育服务的发展背景

《大纲》总则第一条提出："为贯彻《国务院办公厅关于促进 3 岁以下婴幼儿(以下简称婴幼儿)照护服务发展的指导意见》,依据国家卫生健康委《托育机构设置标准(试行)》《托育机构管理规范(试行)》,指导托育机构为 3 岁以下婴幼儿提供科学、规范的照护服务,促进婴幼儿健康成长,特制定本大纲。"这就明确了《大纲》研制的背景、依据和目的。托育服务事关婴幼儿健康成长,事关千家万户,事关国家和民族的未来。新时代,我国人口发展呈现增速放缓、高龄少子、婚育年龄推迟、生育意愿降低等特征,低生育率成为影响我国人口长期均衡发展的主要风险。调查显示,影响群众生育的重要因素之一,就是 3 岁以下婴幼儿缺乏照料看护支持。2019 年 4 月,国务院办公厅印发《关于促进 3 岁以下婴幼儿照护服务发展的指导意见》(以下简称《指导意见》),提出促进婴幼儿照护服务发展的基本原则、发展目标、主要任务、保障措施等,为托育服务发展指明了方向。2020 年 12 月,国务院办公厅出台《关于促进养老托育服务健康发展的意见》,提出要以健全政策体系、扩大服务供给、打造发展环境、完善监管服务为着力点,促进养老托育健康发展。2021 年 6 月,中共中央、国务院印发《关于优化生育政策促进人口长期均衡发展的决定》,作出实施一对夫妻可以生育三个子女政策及配套支持措施的重大决策,将"发展普惠托育服务体系"作为优化生育政策的配套支持措施之一。2023 年 5 月 5 日,习近平总书记主持召开二十届中央财经委员会第一次会议强调,大力发展普惠托育服务体系,显著减轻家庭生育养育教育负担。按照《指导意见》要求,国家卫生健康委认真贯彻党中央部署,切实履行托育工作的牵头职责,先后研究出台《托育机构设置标准(试行)》《托育机构管理规范(试行)》《托育机构登记和备案办法(试行)》《托育机构保育指导大纲(试行)》等一系列标准规范文件,为托育服务发展提供政策保障(表1-1)。

表1-1　我国托育机构相关政策文本(2019年—2023年)

出台时间	出台部门	政策名称	相关内容
2019年10月8日	国家卫生健康委	《托育机构设置标准(试行)》	从设置要求、场地设施、人员规模等方面,提出建立专业化、规范化托育机构的标准要求。
2019年10月8日	国家卫生健康委	《托育机构管理规范(试行)》	包括托育机构备案管理、收托管理、保育管理、健康管理、安全管理、人员管理、监督管理等管理规范。
2019年12月19日	国家卫生健康委办公厅、中央编办综合局、民政部办公厅、市场监管总局办公厅	《托育机构登记和备案办法(试行)》	规范托育机构的登记和备案管理。
2021年1月12日	国家卫生健康委	《托育机构保育指导大纲(试行)》	指导托育机构为3岁以下婴幼儿提供科学、规范的照护服务。
2021年1月12日	国家卫生健康委办公厅	《托育机构婴幼儿伤害预防指南(试行)》	针对3岁以下婴幼儿常见伤害类型,为托育机构管理者和工作人员在安全管理、改善环境、加强照护等方面开展伤害预防提供技术指导和参考。
2021年8月19日	国家卫生健康委办公厅	《托育机构负责人培训大纲(试行)》《托育机构保育人员培训大纲(试行)》	国家层面发布的第一份关于托育机构负责人、保育人员两类人员培训的官方文件。
2021年12月28日	国家卫生健康委办公厅	《托育机构婴幼儿喂养与营养指南(试行)》	从月龄、食育、规章制度建设、膳食和营养要求等方面,为托育机构提出喂养和膳食管理方面的指导和建议。
2022年1月14日	国家卫生健康委办公厅、应急管理部办公厅	《托育机构消防安全指南(试行)》	从消防安全基本条件、消防安全管理、用火用电用气安全管理、易燃可燃物安全管理、安全疏散管理、应急处置管理等六个方面,规范托育机构消防安全工作,提升消防安全管理水平。
2022年7月28日	国家卫生健康委办公厅	《关于做好托育机构卫生评价工作的通知》	提供《托育机构卫生评价基本标准(试行)》,对做好卫生评价工作提出基本要求。
2022年11月23日	国家卫生健康委办公厅	《托育从业人员职业行为准则(试行)》	为增强托育从业人员的责任感、使命感和荣誉感,规范职业行为,提出十项职业行为准则。

（续表）

出台时间	出台部门	政策名称	相关内容
2023 年 10 月 16 日	国家卫生健康委、住房和城乡建设部、应急管理部、市场监管总局、国家消防救援局	《家庭托育点管理办法（试行）》	在制定依据、适用范围、登记备案、服务内容、人员资质、房屋设施、安全健康、监督管理等方面，对家庭托育点的规范管理进行规定。
2023 年 10 月 21 日	国家卫生健康委	《托育机构质量评估标准（试行）》	作为推荐性卫生行业标准，对托育机构的办托条件、托育队伍、保育照护、卫生保健、养育支持、安全保障、机构管理等评估内容进行规定。

此外，政府部门通过积极评选示范和项目活动，带动引领托育服务发展。例如：推动创建全国婴幼儿照护服务示范城市；通过评选全国爱心用人单位，鼓励园区、企业提供福利性托育服务；启动全国普惠托育服务宣传月主题活动，号召"普惠托育，共同行动"。因此，各类托育服务机构和托位数量在全国范围内取得快速增长。据《2022 年我国卫生健康事业发展统计公报》显示，截至 2022 年底，全国托育服务机构总数约 7.57 万家，提供托位数 362.4 万个，全国每千人口托位数约 2.57 个，一定程度上满足了广大婴幼儿家庭的送托需求。"十四五"规划明确提出，到"十四五"期末，我国每千人口托位数将提高到 4.5 个。

📝 **拓展学习**

托育发展指标一：3 岁以下婴幼儿千人托位数

3 岁以下婴幼儿千人托位数成为国家、各地区考核托育服务工作的主要指标。3 岁以下婴幼儿千人托位数是指每千人口拥有 3 岁以下婴幼儿托位数，是衡量地区托育服务供给水平的重要指标。计算公式是：3 岁以下婴幼儿千人托位数 = 3 岁以下婴幼儿托位数/总人口（千人）。《中华人民共和国国民经济和社会发展第十四个五年规划和 2035 年远景目标纲要》，将每千人口拥有 3 岁以下婴幼儿托位数作为"十四五"时期经济社会发展二十项主要指标之一。具体内容为：发展托育服务体系，每千人口拥有 3 岁以下婴幼儿托位数由 2020 年的 1.8 个提高到 2025 年的 4.5 个，支持企事业单位和社会组织等社会力量提供托育服务。

托育发展指标二：3 岁以下婴幼儿入托率

入托率是 3 岁以下婴幼儿进入各类托育机构的比例，是该阶段婴幼儿接受托育服务广泛程度和托育服务发展程度的标志。根据国家卫生健康委人口家庭司官方数据统计，截至 2022 年底，中国 3 岁以下婴幼儿入托率约 6%。根据 OECD(经济合作与发展组织)的数据，2016 年 OECD 国家的平均入托率为 33.2%，其中荷兰、法国、挪威等10 个国家 3 岁以下婴幼儿入托率超过 50%，丹麦的入托率最高(达到 61.8%)，韩国以53.4% 的入托率成为儿童入托率最高的亚洲国家。

第二节　发展托育服务的价值意义

托育服务是民生大事，是经济社会发展的新动能、新业态，有着广阔的发展前景。努力实现托育服务高质量发展，发展普惠托育服务体系，对于满足人民群众对婴幼儿托育服务的需求，切实提高人民群众的获得感、幸福感和安全感，具有重要的价值意义。

首先，发展专业有质量的托育服务，有助于促进婴幼儿科学养育照护，促进婴幼儿早期健康发展。研究与实践表明，婴幼儿在入托后能够建立良好的生活卫生习惯，提高自理能力和社会适应能力，有助于婴幼儿在运动、语言、认知、情感与社会性方面得到有效支持与发展。

其次，发展托育服务，尤其是普惠托育，满足婴幼儿家庭托育服务需求，有助于减轻家庭养育的时间成本和经济压力，切实降低生育成本和养育负担，缓解群众生育养育焦虑，有助于释放生育政策红利、适度提高生育水平、促进人口长期均衡发展。

再次，有助于促进性别平等和女性就业。在生育权与工作权方面，大力发展托育服务，有助于育龄女性平衡家庭与工作，有助于促进男女职场平等，有助于促进父亲参与育儿、共同分担家庭养育任务。

最后，有助于促进托育新业态的发展。发展托育服务体系，提高托育机构的数量与质量，能够创造更多的就业岗位与就业机会。发展与托育服务配套的上下游产业，包括婴幼儿教玩具、图书绘本、智能穿戴设备、智慧托育系统等，有助于激发经济社会发展的新动能。

思考与练习

- 1. 简述托育服务的发展背景。
- 2. 请解释"千人托位数"和"入托率"两项托育发展指标的含义。
- 3. 简述发展托育服务的价值意义。

第二章 托育机构的定义和类型

学习目标

- （1）掌握托育机构的定义和功能；
- （2）了解托育机构的常见分类办法；
- （3）熟悉各种类型托育机构的主要特点。

第一节　托育机构的定义与功能

《大纲》总则第二条提出："本大纲适用于经有关部门登记、卫生健康部门备案，为婴幼儿提供全日托、半日托等照护服务的托育机构。提供计时托、临时托等照护服务的托育机构可参照执行。"这说明《大纲》的适用范围，既包括为婴幼儿提供全日托、半日托等照护服务的托育机构，也包括提供计时托、临时托等照护服务的托育机构。这里的托育机构，是由单位机构（如事业单位、社会组织、企业等）或个人举办，由专业人员负责照护 3 岁以下婴幼儿的场所，是对婴幼儿提供集中保育和照护服务的专门机构。从本条表述来看，《大纲》不适用于提供亲子活动、早教课程的早教机构、亲子园等机构。

拓展学习

托育机构与早教机构的区别

托育机构与早教机构都面向 0～3 岁婴幼儿提供服务，但两者有着显著区别。

首先是服务对象与内容。托育机构通常以保育照护为目的，主要提供周一至周五工作日时段的全日制、半日制、计时制的托育服务，提供营养、睡眠、盥洗、如厕等生活照护，活动形式以游戏活动为主。除来园、离园外，家长一般不参与托育机构的常规保育活动。早教机构通常以早期教育为目的，主要通过平日或周末亲子课程的方式，促进婴幼儿在逻辑思维、绘本阅读、感统运动等方面的学习,家长会和婴幼儿共同参与一些亲子指导课程。

其次是场所环境。托育机构和早教机构在环境设置、楼层限定、设施与教玩具配备上遵循不同的规定。在场地选择上,托育机构一般设置在社区周边,方便家长接送;早教机构通常在商场等人流密集的场所举办,没有楼层限制。托育机构有严格统一的设置标准,早教机构则缺乏标准规范约束。

托育机构的功能,既包括面向婴幼儿提供专业、有质量的保育教育服务,又包括面向家庭和社区提供科学育儿指导服务。一方面,托育机构根据婴幼儿发展的年龄特点和个体差异,通过创设适宜环境,合理安排一日生活和活动,为婴幼儿提供生活照料、安全看护、平衡膳食、早期学习机会等专业照护服务。另一方面,托育机构面向家庭和社区提供科学育儿指导服务,从而实现保育教育资源的整合性和教养目标的一致性,共同促进婴幼儿身心全面健康发展。

第二节 托育机构的类型

随着托育服务行业不断的探索与实践,托育机构发展出了不同的模式类型。

一、按照举办性质分类

按照举办性质的不同,托育机构可以分为营利性机构、社会服务机构性质的托育机构(非营利性机构)、事业单位性质的托育机构(即公办托育机构)。其中,公办托育机构是指由各级人民政府和有关部门、事业单位等利用国有资产举办的,为 3 岁以下婴幼儿提供全日托、半日托、计时托、临时托等服务的托育机构。

举办托育机构,应当在有关部门登记、在卫生健康部门备案。根据举办性质的不同,登记部门、备案资料、备案流程等各有不同。《托育机构登记和备案办法(试行)》规定:"举办事业单位性质的托育机构的,向县级以上机构编制部门申请审批和登记;举办社会服务机构性质的托育机构的,向县级以上民政部门申请注册登记;举办营利性托育机构的,向县级以上市场监督管理部门申请注册登记。"托育机构登记后,应当向机构所在地的县级以上卫生健康部门备案,提交评价为"合格"的《托幼机构卫生评价报告》、消防安全检查合格证明、场地证明、工作人员资格证明和其他政策法规相关文件等材料,填写备案书和承诺书。提供餐饮服务的,应当提交食品经营许可证。卫生健康部门对申请备案的托育机构提供备案回执和托育机构基本条件告知书。

二、按照收费价格分类

托育收费即托费,是指托育机构为婴幼儿提供托育服务时收取的费用。托育服务属于非基本公共服务范围,按照"政府引导、多方参与、社会运营、普惠可及"的原则发展。因此,在政府引导与市场规律双重作用下,按照成本分担原则,合理划分政府、家庭、机构成本分担的比例,根据收费价格的不同,托育机构发展出普惠性托育机构、非普惠性托育机构两种类型。

普惠性托育机构是指已备案并经所在地区卫生健康部门或教育行政部门认定,提供普惠托育服务的托育机构,包括公办托育机构和提供普惠托育服务的民办托育机构。普惠托育服务是面向3岁以下婴幼儿家庭提供的,质量有保障、价格可承受、方便可及的托育服务。因此,申请认定为普惠性托育机构,其基本特点包括合理定价、规范收费、保证质量等。在价格方面,各地主管部门会综合考虑当地居民收入、家庭可支配收入、机构运营成本等指标因素进行核定,提供政府指导价或市场调节价标准,原则上会低于同地段、同品质的市场价格。在服务保障方面,普惠性托育机构在收费行为、服务质量等方面都要遵循主管部门的管理规定,接受评估与考核,从而可以享受在建设、运营、示范等方面的政策扶持和资金补贴。

按照市场规律调节,经成本核算后自主定价,以实现合理利润为目标的托育机构,即非普惠性托育机构,其收费标准一般高于普惠性托育机构。通过提供多元化、差异化的托育服务和其他增值服务,满足婴幼儿家庭的多样化需求。

📝 拓展学习

不同地区的普惠托育认定管理实践

为回应婴幼儿家庭的实际需求,各地正在积极推动建设普惠托育服务体系,形成了一系列普惠托育认定管理标准。例如,杭州市出台《普惠性婴幼儿照护服务机构认定管理暂行办法》,提出已经备案并同时满足"合理定价""规范收费""保证质量"三个基本条件的托育机构,可以向卫生健康或教育行政部门申请认定普惠托育机构,享受一定的补助政策。《南昌市普惠性托育服务机构认定管理暂行办法》中提出要按照成本分担原则,合理划分政府、社会、家庭成本分担比例,按规定落实普惠性托育服务机构的扶持政策,明确"普惠性托育服务收费接受政府指导,低于同地段、同品质市场价格"。北京市出台开展普惠托育服务试点工作的通知,提出普惠的要求是"质量有保障""收费合理合规",其中公办托育服务(含公办幼儿园托班、公办托育机构)实行政府指导价,其他普惠托育服务实行市场调节价,认定普惠后可以享受生均定额补助、租金补助等。

三、按照服务范围(服务时间)分类

按照服务范围(服务时间)的不同,托育机构可以分为以提供全日制、半日制服务为主的机构和以提供计时制、临时制服务为主的机构。全日制托育机构是指为 3 岁以下婴幼儿及其家庭提供全天托育照护服务的机构,婴幼儿早晨入园、傍晚离园,一般在园时间不少于 8 小时,大多数机构提供的是全日制的托育服务。半日制,顾名思义是提供半天(上午或下午)的托育服务,一般在园时间不少于 4 小时。计时制,是指按小时进行定价,家长可以根据需要弹性选择托育服务的时长。临时制,指的是入托时间灵活、不受限,解决的是家长临时性、有"燃眉之急"的送托需求。

实践案例

为完善托育服务体系,为幼儿家庭提供多样化的照护和育儿指导服务,上海市教委等 10 部门联合印发《关于加强本市社区托育服务工作的指导意见》,从 2022 年 11 月 30 日起正式施行,推动在社区内设置嵌入式、标准化的托育服务设施,提供临时托、计时托等普惠托育服务。社区托育"宝宝屋"以其灵活、方便、优质、低价的特点,为婴幼儿家长提供了"随到随托""喘息式"的托育服务选择,自推出起就受到了家长的普遍欢迎。

图 2-1　上海市静安区江宁路街道"宝宝屋"社区托育嵌入在社区为老服务中心内,为社区内有需求的幼儿提供临时照护服务

四、按照办托主体分类

按照办托主体,托育机构可以分为市场化托育机构、幼儿园办托、社区托育机构、用人单位办托、家庭托育点等不同类型,以满足婴幼儿家庭多元化、多层次、多样化的需求。各种类型的托育机构在设置要求、场地设施、人员规模、班级设置等方面呈现出不同的特点。

(一)市场化托育机构

市场化托育机构是指由企事业单位或个人等社会力量出资举办,自主建设、自主运营、自负盈亏的托育机构。托育服务行业发展以来,国家就积极鼓励和引导民营资本、社会力量举办托育机构,全方位整合资源力量,拿出土地、住房、财政、投融资、人才等"真金白银"的政策包,有效扩大市场化托育服务供给,满足多层次、多元化的家庭托育需求。在市场化托育机构普遍面临前期投入多、运营成本高、规模小、抗风险能力弱等困难时,政府还通过提供场地、减免租金、税费优惠、财政补助等组合政策,降低市场化托育机构的运营成本;采取公建民营、民办公助、项目合作等方式,扶持市场化托育机构发展。

(二)幼儿园办托

幼儿园办托是指具备条件的各级各类幼儿园开设全日制、半日制托班,主要面向2~3岁幼儿提供保育教育服务。《指导意见》明确提出,"鼓励支持有条件的幼儿园开设托班,招收2至3岁的幼儿"。同时,随着近年来适龄幼儿数量下降,不少幼儿园开始出现生源危机,使得幼儿园参与托育服务供给的积极性不断提高,民办园尤其如此。截至2023年10月,国家卫生健康委托育机构信息公示平台数据显示,含有"幼儿园"关键字的托育机构数量占所有公示机构总量的比例已经超过50%。浙江、安徽、厦门等地区陆续出台鼓励和规范幼儿园办托的政策指引,从科学管理、收托年龄、编班规模、收费管理、人员配置等方面提出监督管理要求。上海通过《上海市学前教育与托育服务条例》立法,实现0~3岁托育服务和3~6岁学前教育的一体规划、一体实施、一体保障,其中将幼儿园及托班布局纳入规划,对各区开设托班的园所占幼儿园总数的比例提出了目标要求,在全国率先迈出了"托幼一体化"法治保障的改革步伐。

📝 **拓展学习**

浙江省大力发展"幼儿园托育部"

2021年4月15日,浙江省教育厅印发《浙江省幼儿园托班管理指南(试行)》的通知,加快推进托育服务发展,加强幼儿园托班管理。2022年2月18日,浙江省教育厅办公室和卫生健康委办公室联合印发《关于做好浙江省开设托班幼儿园登记工作的通知》,形成了一些具有建设性、创新性的管理经验,包括加强部门协同,理顺管理分工职责;简化登记材料和登记流程,以便于登记管理;采取标准动作,开设托班幼儿园登记名称均使用"×××幼儿园托育部",统一规范管理。截至2022年底,浙江省已有3892家幼儿园开设托育,占浙江全省托育机构总量的比例已超过70%。

(三) 社区托育机构

社区是家庭与社会的重要纽带,是为居民提供公共服务的重要载体,理应成为托育服务发展的关键落脚点。发展社区托育能够有效解决群众需求的"最后一公里"问题。2019年,财政部、民政部等部门联合发布《关于养老、托育、家政等社区家庭服务业税费优惠政策的公告》,提出为社区提供托育服务的机构是指在社区依托固定场所设施,采取全日托、半日托、计时托、临时托等方式,为社区居民提供托育服务的企业、事业单位和社会组织。社区托育可以采取直接由社区举办托育机构的方式,也可以灵活采取社区与专门托育机构合作设置社区托育点或与家庭合作设置家庭托育点的方式。与大型机构托育相比,社区托育具有便利性和灵活性的特点。在保障安全卫生的前提下,社区托育可以盘活存量建筑场地,高效利用硬件设施,充分利用社区公共空间,有效节约建设时间和经济成本,是在较短时间内增加托育服务供给的有效方式。

(四) 用人单位办托

用人单位办托是改革开放前我国托育服务的主要供给模式,中华人民共和国成立初期,我国工矿、企业、机关、学校大都设立了托儿所,大中城市设立了街道托儿站,很多投身祖国建设的家庭将婴幼儿送至托儿所照料,有效缓解了后顾之忧。2019年以来,我国托育事业发展进入新时期,用人单位办托重新被纳入国家政策体系,成为扩大托育服务供给的重要举措。全国总工会按照中央要求,推动用人单位为职工提供福利性婴幼儿照护服务工作,鼓励用人单位通过公建民营、民营公助、购买第三方服务等方式,引导社会力量参与托育机构建设和运营,鼓励政府机关、国有企事业单位带头在单位内部兴办托育机构。2022年7月5日,全国总工会办公厅、国家卫生健康委办公厅联合印发《关于推荐申报2022年全国爱心托育用人单位的通知》,通过推荐申报全国爱心托育用人单位,鼓励和支持具备条件的用人单位规范开展托育服务,形成一批可复制、可推广的经验典型。2023年5月,公布首批75家用人单位为2022年全国爱心托育用人单位。

实践案例

杭州市首家产业园嵌入托育园是位于浙江省杭州市城北智慧产业园 F 座 1 楼的初本幼园(北软园区),面积 280 平方米,共开设 2 个班,为高新区职工的 18～36 个月龄的子女提供保育服务,为解决会员职工孩子无人照护难题提供了经验和样本。也因此,杭州市拱墅区科技工业功能区管理委员会被全国总工会办公厅、国家卫生健康委办公厅认定为 2022 年全国爱心托育用人单位。

托育园由拱墅区总工会、高新区管委会分别与初本幼园(北软园区)签订共建协议。其中,管委会提供符合托育标准、带有院子的优质用房,给予 5 年租金全免扶持政策,解决场地问题,帮助托育机构降低运营成本。总工会与初本幼园(北软园区)共建协议约定,园区职工孩子入托享受优惠价。为契合园区企业职工的上下班时间,在原本 16:30 离园的基础上,推出晚托服务,让孩子离园与父母下班能够无缝对接,真正实现"就近托、放心托、专业托"。经过实践表明,优质的托育服务为企业员工提供了便利和福利,对于吸引人才、留住人才,提高员工的归属感和满意度起到了积极作用。

图 2-2　园区嵌入式托育园实景

(五)家庭托育点

国家卫生健康委人口家庭司《家庭托育点管理办法(试行)(征求意见稿)》提出,家庭托育点是指利用住宅,为 3 岁以下婴幼儿提供全日托、半日托、计时托、临时托等托育服务的场所,收托人数不超过 5 人。家庭托育点每一名照护人员最多看护 3 名婴幼儿,婴幼儿人均建筑面积不应小于 9 平米。

● 实践案例 ●

　　为满足广大家庭 3 岁以下婴幼儿托育服务需求,按照服务优质、普惠便捷、安全放心的原则,山东省济南市积极开展省级家庭托育试点,主动探索创新,将托育机构嵌入居民楼里,推动打造"小区内、家门口"可见、可及的托育服务新模式;2022 年,济南在省内率先从市级层面上制定《家庭托育点管理办法(试行)》,"泉心托"正是为推进家庭托育点快速布局、规范发展打造的托育惠民工程。"泉心托"家庭托育点采用中心带点 1+N 模式,即已经荣获省、市示范性托育机构称号的单位,可申报成为家庭托育点管理中心,有举办意向的单位或个人可依托管理中心开办家庭托育点。

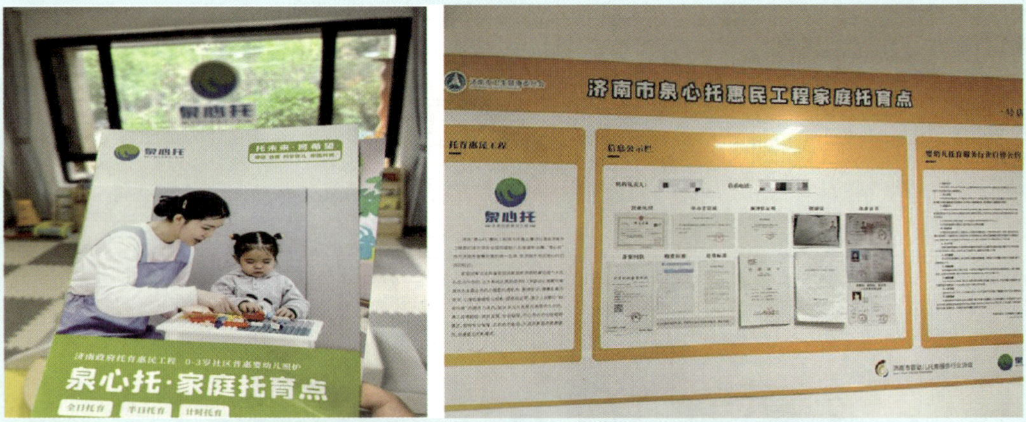

图 2-3　济南"泉心托"托育服务惠民品牌宣传资料

五、其他分类方式

　　托育机构按照编班模式的不同,可以分为按照乳儿班、托小班、托大班设置班级的托育机构和混龄编班的托育机构(见表 2-1),其中混龄编班是将不同年龄段的儿童编在一个班级开展游戏、生活和学习。按照办托理念的不同,可以分为艺术特色、运动特色、自然教育特色、蒙台梭利特色等不同理念特色的托育机构。

表 2-1 托育机构班级规模与师幼比

班级类别	婴幼儿年龄	每班人数	保育人员与婴幼儿人数比例
乳儿班	0~12 个月	10 人及以下	不低于 1 : 3
托小班	12~24 个月	15 人及以下	不低于 1 : 5
托大班	24~36 个月	20 人及以下	不低于 1 : 7
混龄编班	混龄编班(适用 18~36 个月)	18 人及以下	不低于 1 : 6

思考与练习

- 1. 简述托育机构的定义和功能。
- 2. 请说明普惠性托育机构的定义和特点。
- 3. 按照不同的办托主体,托育机构可以分为哪几种类型? 分别有哪些特点?
- 4. 请介绍社区托育机构的服务模式。
- 5. 请讨论:托育机构的性质是服务机构,还是教育机构?

第三章　托育机构保育的核心要义

📚 学习目标

- （1）理解托育机构保育工作的重要性；
- （2）掌握托育机构保育工作的内涵。

第一节　托育机构保育工作的重要性

《大纲》总则第三条提出："托育机构保育是婴幼儿照护服务的重要组成部分，是生命全周期服务管理的重要内容。通过创设适宜环境，合理安排一日生活和活动，提供生活照料、安全看护、平衡膳食和早期学习机会，促进婴幼儿身体和心理的全面发展。"

一、托育服务是婴幼儿照护服务的重要组成部分

婴幼儿照护服务强调"家庭为主、托育补充"的原则，故包含家庭照护、社区支持和托育机构保育工作三个方面。一方面，托育机构保育是婴幼儿照护服务的重要组成之一；另一方面，托育机构保育工作蕴含着面向家庭、社区提供科学育儿指导和育儿支持的工作要求，是推进婴幼儿照护服务整体工作的主要抓手。

二、托育服务是生命全周期服务管理的重要内容

"生命全周期"健康管理以人的生命周期为主线，对婴儿期、幼儿期、儿童期、少年期、青年期、成年期、老年期等不同阶段进行连续的健康管理和服务。其中，0～3岁阶段是每个生命的最初阶段，为人一生的发展奠定基础。托育机构通过创设适宜的环境，为婴幼儿合理安排一日生活和活动，提供生活照料、安全看护、平衡膳食和早期学习机会等服务，促进婴幼儿身体和心理的全面发展。此外，近年来各地卫生健康部门积极鼓励医疗卫生机构支持托育服务发展，在婴幼儿膳食营养、身体发育、疾病防控、保育照护等方面加强对托育机构的业务指导和人员培训，推动托育服务规范发展，促进婴幼儿健康高质量发展。

第二节　托育机构保育工作的内涵

一、"保育"的内涵

新时代"保育"，既包含了"保"的价值，又包含了"育"的价值，体现的是对婴幼儿身心健康的精心照料、保护和培育。《幼儿园工作规程》指出：幼儿园的任务是"实行保育和教育相结合的原则，对幼儿实施体、智、德、美诸方面全面发展的教育，促进其身心和谐发展"。幼儿园每个班级一般配备幼儿教师和保育员，前者负责教学活动，后者负责生活照料和协助教学、保健工作。狭义地看，学前教育语境中的"保育"，通常指身体和生活层面的照料与保健，为保育员的工作。而广义的保育范畴，既包括身体保育，又包括心理或精神的保育。《现代汉语词典》对"保育"的解释是"经心照管幼儿，使好好成长"，这里的成长包括身体和心理两个方面。2018年，世界卫生组织等国际组织联合发布养育照护促进儿童早期发展框架（NCF），将养育照护定义为"一个由照护者创造的环境，旨在确保儿童身体健康、饮食营养，保护他们免受威胁，并通过互动给予情感上的支持和响应，为他们提供早期学习的机会"，明确了"健康、营养、安全、回应性照护和早期学习机会"为五项核心内容的养育照护策略，体现出新时代"保育"中保教一体、保教融合的内涵。

二、托育机构保育工作的内涵

托育机构保育工作的内涵，是"通过创设适宜环境，合理安排一日生活和活动，提供生活照料、安全看护、平衡膳食和早期学习机会，促进婴幼儿身体和心理的全面发展"。

首先，托育机构保育工作的目标是面向婴幼儿提供专业、有质量的保育照护，促进婴幼儿身心健康成长。托育机构应当通过创设适宜环境，支持婴幼儿主动探索、操作体验、互动交流和表达表现，丰富婴幼儿的直接经验；应当制定科学的保育方案，合理安排婴幼儿饮食饮水、如厕、盥洗、睡眠、游戏等一日生活和活动；应当细致观察婴幼儿的生理和心理需求，给予及时、恰当的回应，让婴幼儿在机构中有充足的安全感。

其次，为促进婴幼儿健康成长，托育机构应当与家庭、社区密切合作。一方面，充分整合各方资源支持托育机构保育工作，形成保育教育合力。另一方面，托育机构通过多种途径和方式向家庭、社区宣传科学育儿理念和方法，提供养育照护服务和科学育儿指导，共同营造有利于促进婴幼儿健康成长的支持环境。

📝 **拓展学习**

人社部修订出台"新"保育师职业技能标准

2021年12月2日，中华人民共和国人力资源和社会保障部颁布实施保育师国家职业技能标准。"新"保育师是为托育从业人员量身定做的职业，其职业定义是：在托育机构及其他保育场所中，从事婴幼儿生活照料、安全看护、营养喂养和早期发展工作的人员。"新"保育师由原保育员职业名称变更而来，原保育员的职业定义是在托育园所、社会福利及其他保育机构中，从事儿童基本生活照料、保健、自理能力培养和辅助教育工作的人员。"新"保育师与原"保育员"的区别见表3-1。

表3-1 "新"保育师与原"保育员"的区别

类型	工作场所	面向对象	工作内容	职业等级
保育师	托育机构、幼儿园、社区、社会福利机构等保育场所	0～3岁婴幼儿	从事婴幼儿生活照料、安全看护、营养喂养和早期发展工作的工作人员	五级
保育员	幼儿园	3～6岁幼儿	实施生活照料、辅助教育的工作人员	三级

📖 **思考与练习**

- 1. 托育机构保育工作的重要性体现在哪些方面？
- 2. 请简述对新时代"保育"及其内涵的理解。
- 3. 托育机构保育工作的内涵包括哪些内容？

第四章　托育机构保育的基本原则

- （1）掌握托育机构保育的四项基本原则；
- （2）熟悉"尊重儿童"原则的内涵与要求；
- （3）熟悉"安全健康"原则的内涵与要求；
- （4）熟悉"积极回应"原则的内涵与要求；
- （5）了解"科学规范"原则的内涵与要求。

第一节　"尊重儿童"原则

《大纲》总则提出，托育机构保育应当遵循的第一条原则是"尊重儿童"，内容包括："坚持儿童优先，保障儿童权利。尊重婴幼儿成长特点和规律，关注个体差异，促进每个婴幼儿全面发展。"

一、坚持儿童优先，保障儿童权利

在托育机构保育工作中，应当注意以优先考虑儿童的利益与需求作为保育工作开展的首要准则，保障儿童生存、发展、受保护和参与的权利。在联合国《儿童权利公约》中明确，儿童的基本权利可以概括为四项：生存权，每个儿童都有其固有的生命权和健康权；发展权，充分发展其全部体能和智能的权利；受保护权，不受危害自身发展影响的、被保护的权利；参与权，参与家庭、文化和社会生活的权利。儿童的各项权利是相互关联的，都同等重要，不能被剥夺。

二、尊重婴幼儿成长特点和规律

婴幼儿有着独特的成长特点与身心发展规律，表现为发展的顺序性、连续性和阶段性。监测婴幼儿体格生长、心理行为发育和社会适应能力发展，是保障和促进婴幼儿健康成长的重要手段。托育机构应当尊重不同年龄婴幼儿的生理和心理特点,将其作为保育工作的基本出发点和落脚点,做到不盲目攀比,避免揠苗助长。同时,指导家长了解婴幼儿生长发育的特点,积极参加定期健康检查,开展生长发育家庭和机构的评估监测,做到"早发现""早诊断""早干预",从而促进婴幼儿身心健康发展。

三、关注个体差异

每个婴儿都是独一无二的,有自己的生长发育轨迹,即个体差异。影响婴幼儿生长发育的主要有遗传和环境两大因素,遗传决定了婴幼儿生长发育的潜力,环境主要包括营养、疾病、生活和养育环境。托育机构保育工作应当关注和尊重每个婴幼儿在发展优势领域、发展速度和发展水平方面的个体差异,深入了解每个婴幼儿的特点,同时为有特殊需求的婴幼儿提供适宜的照护。个体差异还体现在婴幼儿所处的情境(如家庭、社区、托育机构等环境)、性别、家庭背景、社会经济差异等方面。

四、促进每个婴幼儿全面发展

婴幼儿时期是儿童生长发育的关键时期,这一时期大脑和身体快速发育,是个体的生理、动作、语言、认知、情感和社会性等方面发展的关键、奠基时期。托育机构保育工作应当重视通过生活和活动促进每个婴幼儿全面发展,平等地对待每一个婴幼儿。"每个"是指公平、平等对待,尤其是关注特殊或处境不利婴幼儿。"全面"是指儿童早期在生理、心理和社会能力方面得到全面发展,具体体现在儿童的体格生长、运动发育、感觉与认知、语言交往、行为习惯、情绪情感、思维发展等各方面的发展。"促进"发展是指在顺应幼儿发展规律的前提下,运用专业知识和技能,把握婴幼儿发展的关键期和敏感期,为婴幼儿提供良好的养育照护、健康管理和早期发展的机会,科学促进婴幼儿在生理、心理和社会能力等方面得到全面发展,为儿童未来的健康成长奠定基础。

📝 拓展学习

0～3岁是孩子成长的敏感期

荷兰生物学家德·弗里在研究动物生长的时候最先提出了"敏感期"的概念。之后,著名意大利教育家蒙台梭利在长期与儿童的相处中,发现儿童成长过程中也有同样现象,因而继续加以使用。教育范畴内的敏感期,是指在婴幼儿0～3岁成长的过程中,在某个时间阶段内专心吸收环境中对自身有影响的因素,并不断重复实践的过程。

这一时期是学习和发展的最佳时期,如果在这个年龄段对孩子进行科学的早期教育和发展促进,可以达到很好的效果。根据蒙台梭利对婴幼儿的观察研究,0~3 岁婴幼儿阶段包含语言、秩序、感官、动作、社会规范等多个敏感期。

第二节　"安全健康"原则

托育机构保育的第二项原则是"安全健康"。《大纲》提出,要"最大限度地保护婴幼儿的安全和健康,切实做好托育机构的安全防护、营养膳食、疾病防控等工作"。婴幼儿是最柔软的群体,婴幼儿时期是个体身心发展的最初阶段和最稚嫩的时期,安全健康是婴幼儿早期发展的基础。因此,托育机构必须将安全和健康作为保育工作的重要前提和底线,要提供安全健康的物理环境和心理环境,切实做好托育机构的人防、物防、技防等安全防护,避免婴幼儿受到威胁、虐待等外部伤害,做好营养膳食、疾病防控等健康管理工作。

一、托育机构安全工作

托育机构的安全工作包括:建立和落实安全管理主体责任;建立健全婴幼儿接送、活动组织和婴幼儿就寝值守等各项安全管理制度;提供安全的场地设施,按照有关要求配备婴幼儿适龄的家具、用具、玩具、图书、游戏材料等;加强安全防护措施和安全检查,做好突发事件应急预案与处理;加强对工作人员的安全教育,定期组织安全培训和安全演练。

托育机构保育人员应当关注婴幼儿日常生活和活动安全,掌握必要的安全消防、食品安全、婴幼儿意外伤害预防的有关知识,掌握婴幼儿急救的基本技能和防范、避险、逃生、自救的基本方法,在紧急情况下优先保障婴幼儿的安全。同时,应当做好对家长的安全主题教育与培训指导。

二、托育机构健康工作

托育机构的健康工作主要体现在营养膳食与健康管理两个方面。

在营养膳食方面,托育机构应当为婴幼儿提供安全卫生、健康、营养的餐点,保障婴幼儿的膳食安全和饮食营养。首先,托育机构自主经营食堂、提供餐食的,应当提供《食品经营许可证》。从集体用餐配送单位订餐的,需提供双方委托供餐协议书以及集体用餐配送单位的营业执照及《食品经营许可证》。其次,应当依照《托育机构婴幼儿喂养与营养指南(试行)》,强化日常膳食制度建设与安全管理。如食品、食品原料采购索证索票、进货查验、加工过程、食品留样、餐饮具洗消保洁、从业人员健康管理等是否符合《食品安全法》和相关规范要求。定期自查自检,着力发现食品安全隐患,强化问题整改,确保婴幼儿的饮食安全。

在健康管理方面,托育机构应当按照卫生保健有关规定,完善卫生保健相关制度,切实做好婴幼儿和工作人员的健康管理。做好每日晨午检和全日健康观察,发现婴幼儿身体、精神、行为异常时,及时采取措施并通知婴幼儿监护人。应当建立卫生消毒、隔离制度、传染病预防与管理制度,做好疾病预防控制与管理。定期开展体格检查和心理行为发育筛查,协助家长定期做好计划免疫。如发现婴幼儿遭受或疑似遭受家庭暴力或其他威胁的,托育机构应当依法及时向公安机关报案。

第三节 "积极回应"原则

托育机构保育的第三项原则是"积极回应"。《大纲》指出,托育机构应当"提供支持性环境,敏感观察婴幼儿,理解其生理和心理需求,并及时给予积极适宜的回应"。"积极回应"原则包含两方面的内涵:第一,托育机构应当为婴幼儿"提供支持性环境",既包括创设丰富且适宜婴幼儿月龄特点的场地、设施和条件,提供支持性的物理环境,又包括积极促进建立良好的师幼关系、同伴关系,提供支持性的心理环境。第二,倡导托育机构保育人员实施"回应性照护"。回应性照护是促进儿童早期发展的重要措施之一,提供满足婴幼儿生理和心理需求的积极照护实践,其核心是在日常生活中敏感观察并了解婴幼儿动作、声音、表情、口头请求的需求,并及时给予积极恰当的回应,从而建立婴幼儿与保育人员之间的关系。2020年,中国妇幼保健协会婴幼儿养育照护专业委员会制定《婴幼儿养育照护专家共识》,对于婴幼儿回应性照护给出了四条权威建议,包括建立关系、敏感观察、恰当回应、互动沟通。

一、建立关系

在家庭的养育环境中,建立关系主要是对婴幼儿抚养人(父母、祖辈及其他养育人员)提出的要求,即注重建立亲子关系。在托育机构中,则强调建立婴幼儿与保育人员之间信任、安全、良好的依恋关系。与婴幼儿建立积极关系的基本要素包括热情、接纳、真诚、共情和尊重,这些基本要素通过在与婴幼儿玩耍、交流和赞赏的过程中建立。其中,热情是指对婴幼儿表现出真正的兴趣、友好并能够及时与宝宝互动;接纳是指无论婴幼儿具有什么气质、性格或行为表现,都对其在意、关心;真诚是要求保育人员在婴幼儿面前坦诚、不欺骗,多鼓励;共情是需要保育人员理解婴幼儿的行为,对婴幼儿做出回应时可以假设自己也经历过同样的情绪;尊重是相信婴幼儿有与其年龄相符的学习和行动的能力,允许他们自己探索和行动、独立思考、做出决定,找到问题的解决办法并与他人沟通。

二、敏感观察

敏感并观察了解婴幼儿是正确解读其行为线索、解释需求的必备条件。每个婴幼儿都具有独特性和个体差异,其行为表现存在着多样性和多源性。婴幼儿通过动作、面部表情、声音或手势发出信号,表达自己的生理、心理需求。在日常照料过程中,托育机构保育人员应当将婴幼儿看作独立的个体,敏感地注意到并识别(听懂、看懂)其不同需求所发出的信号,以及行为背后的含义。准确判断婴幼儿的需求和情绪体验,根据其月龄、发育水平和气质特点及场景,进行及时、适当、适宜的回应。敏感地识别婴幼儿的常见疾病征兆,能够妥善处理和应对。观察、记录婴幼儿的生理节律、活动和能力水平,逐步了解并掌握其个性特点,并通过"家园联系册"等多种方法途径向抚养人反馈与沟通,做好家园合作共育。

三、恰当回应

回应是照护者解读婴幼儿行为后做出的反应,恰当回应不仅具有及时性,还应具有合理性,即照护者所作出的反馈应当符合儿童年龄、心理发展特点及环境需求,避免不恰当的回应。在问题解决的情境中,托育机构保育人员可以运用以下 4 项技能来引导和回应婴幼儿:

(1)准确判断婴幼儿在面对问题时所能承受的最大压力水平;

(2)及时关注婴幼儿的需求和良好行为表现;

(3)提供与其需求和行为相匹配的反馈;

(4)为婴幼儿的言行树立榜样。

四、互动沟通

互动与沟通是人与人、人与环境交互作用的过程,不仅可以帮助保育人员更好地进行回应性照护,与婴幼儿形成良好的关系,也能帮助婴幼儿在将来建立良好的人际关系。日常的生活环境是婴幼儿与照护者产生沟通和互动的最主要场所,当婴幼儿与照护者共同关注一件物品、参与一件事情时,沟通和互动就自然发生了。保育人员需要了解婴幼儿独特的沟通方式:哭声、语言、动作、手势和面部表情以及身体姿势,除了仔细倾听、解读其沟通目的外,还需要调动合适的身体姿势、表情、眼神、肢体动作及语言、声音,传递易被婴幼儿观察到、注意到并适合其理解水平的有效信息。当保育人员的沟通行为被婴幼儿所理解时,他们可以继续予以回应,维持互动。

第四节 "科学规范"原则

托育机构保育的第四项原则是"科学规范"。《大纲》要求托育机构应当"按照国家和地方相关标准和规范,合理安排婴幼儿的生活和活动,满足婴幼儿生长发育的需要"。"科学规范",一方面要求托育机构的保育活动应当遵循婴幼儿的发展规律,科学组织与实施一日生活与游戏活动;另一方面要求托育机构遵循国家和地方有关标准规范,规范开展经营管理,接受相关部门的监督管理,提供有质量的托育服务。

一、托育机构保育活动应当遵循婴幼儿发展规律

婴幼儿生理和心理发展随着年龄增长逐渐成熟完善,其身心各方面的发展变化都有规律可循。托育机构保育人员开展保育工作,应当深刻理解和把握婴幼儿身心发展的年龄特征、发展进程、个体差异等,科学合理地安排一日生活,做好饮食、饮水、喂奶、如厕、盥洗、清洁、睡眠、穿脱衣服、游戏活动等服务,专业有效地组织与实施各类游戏活动,满足婴幼儿生长发育和健康成长的需要,不断促进其感受生活、增进经验、增强能力。

二、托育机构应当坚持科学的质量观

托育机构应当"按照国家和地方相关标准和规范",符合国家现行有关安全、卫生、环保等规范标准,自觉规范、完善经营管理和保育工作,确保婴幼儿在托育机构各环节的安全,不断提高保育工作的科学性和规范性。在日常运营管理过程中,积极对照《托育机构质量评估标准》的各项指标,定期开展自评和专家评估,主动配合相关部门的各项监督管理与评价,通过评估不断促进托育机构管理精进,促进托育服务质量提升。

📖 思考与练习

- 1. 简述托育机构保育工作的四项基本原则。
- 2. "尊重儿童"原则,对托育机构保育工作提出了哪些要求?
- 3. "安全健康"原则的内涵和工作要求是什么?
- 4. 请举例说明"回应性照护"理念在托育机构保育工作中的应用。
- 5. 简述"科学规范"原则的内涵。

第二篇 托育机构保育目标与要求

本篇概述

《大纲》第一章是"目标与要求"，主要强调托育机构保育工作应当遵循婴幼儿发展的年龄特点与个体差异，通过多种途径促进婴幼儿身体发育和心理发展，同时还规定了托育机构在促进婴幼儿身体发育和心理发展上应达到的保育目标、保育要点，并提出了相应的指导建议。

《大纲》以婴幼儿为目标主体，以婴幼儿各年龄阶段的发育特点为依据，提出了七个领域的保育目标，指导托育机构保育人员以此建立合理的结果预期，开展日常保育工作。保育目标的达成既需要托育机构整体环境的支持，也需要保育人员在日常工作中尽职尽责。《大纲》的保育要点主要用于指导保育人员对婴幼儿开展日常保育，而指导建议则用于指导整个托育机构为保育工作提供重点支持。本篇主要从营养与喂养、睡眠、生活与卫生习惯、动作、语言、认知、情感与社会性 7 个方面，分别针对照护 7～12 个月、13～24 个月、25～36 个月 3 个年龄段的婴幼儿提出的目标、保育要点和指导建议进行解读。

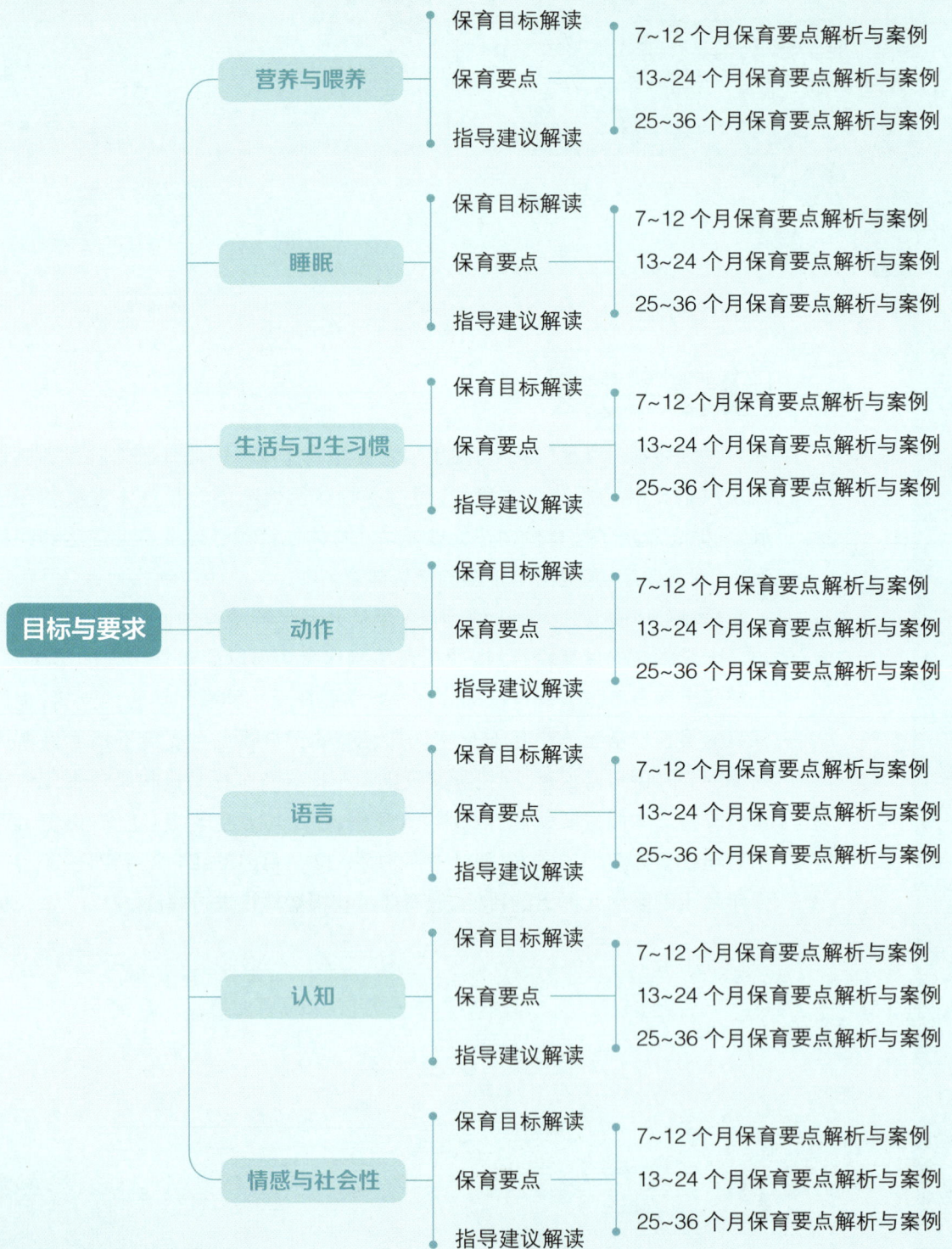

思维导图

目标与要求

- **营养与喂养**
  - 保育目标解读
  - 保育要点
    - 7~12 个月保育要点解析与案例
    - 13~24 个月保育要点解析与案例
    - 25~36 个月保育要点解析与案例
  - 指导建议解读

- **睡眠**
  - 保育目标解读
  - 保育要点
    - 7~12 个月保育要点解析与案例
    - 13~24 个月保育要点解析与案例
    - 25~36 个月保育要点解析与案例
  - 指导建议解读

- **生活与卫生习惯**
  - 保育目标解读
  - 保育要点
    - 7~12 个月保育要点解析与案例
    - 13~24 个月保育要点解析与案例
    - 25~36 个月保育要点解析与案例
  - 指导建议解读

- **动作**
  - 保育目标解读
  - 保育要点
    - 7~12 个月保育要点解析与案例
    - 13~24 个月保育要点解析与案例
    - 25~36 个月保育要点解析与案例
  - 指导建议解读

- **语言**
  - 保育目标解读
  - 保育要点
    - 7~12 个月保育要点解析与案例
    - 13~24 个月保育要点解析与案例
    - 25~36 个月保育要点解析与案例
  - 指导建议解读

- **认知**
  - 保育目标解读
  - 保育要点
    - 7~12 个月保育要点解析与案例
    - 13~24 个月保育要点解析与案例
    - 25~36 个月保育要点解析与案例
  - 指导建议解读

- **情感与社会性**
  - 保育目标解读
  - 保育要点
    - 7~12 个月保育要点解析与案例
    - 13~24 个月保育要点解析与案例
    - 25~36 个月保育要点解析与案例
  - 指导建议解读

第五章　营养与喂养

学习目标

- (1) 掌握婴幼儿营养与喂养的保育目标；
- (2) 熟悉婴幼儿营养与喂养各年龄阶段的保育要点；
- (3) 了解对托育机构在婴幼儿营养与喂养方面的保育指导建议。

第一节　目　标

一、获取安全、营养的食物，达到正常生长发育水平

食物是构成人体的基本物质来源，它在整个生命的构建中发挥着不可替代的作用。安全、营养的食物是婴幼儿生长发育的物质基础。0～3 岁的婴幼儿正处于生长发育极为旺盛的时期，需要摄取大量的营养物质，以满足成长的需求。

(一) 安全、营养的食物为婴幼儿健康奠定基础

对托育机构来说，给婴幼儿提供的食物首先要保证安全。为婴幼儿提供安全的食物，就是要确保婴幼儿的食品对婴幼儿健康没有直接及潜在的不良危害。在食物选择上，要提供新鲜、优质、安全的食材，食物制作过程中必须注意清洁、卫生。烹饪方法上，要使用健康、安全的方式，减少营养素的流失，保证烧熟煮透，并且让婴幼儿品尝食物的原汁原味。禁止提供容易引发进食意外的食物，保障婴幼儿的食品安全。

在 0～3 岁婴幼儿时期，人的健康生长十分迅速，需要大量的营养物质，因此，托育机构提供的食物也要保证营养，以满足婴幼儿生长发育的营养需求。现代医学科学研究证明，合理的营养是构筑人体的关键之一，生命早期的营养和喂养对体格生长、智力发育、免疫功能等近期及后续健康会产生至关重要的影响。

(二) 做好婴幼儿生长发育水平监测

中国营养学会组织编写的《中国婴幼儿喂养指南（2022）》提出，要"定期监测体格指

标,追求健康生长"。婴幼儿体格指标包括婴幼儿的体重、身长、头围,7~24 个月婴幼儿要每 3 个月测量一次;25~36 个月也要定期进行体格测量,保障婴幼儿健康成长。在托育机构,应该按照要求,定期为婴幼儿组织体检,做好生长发育水平监测,保障婴幼儿身体健康发展。

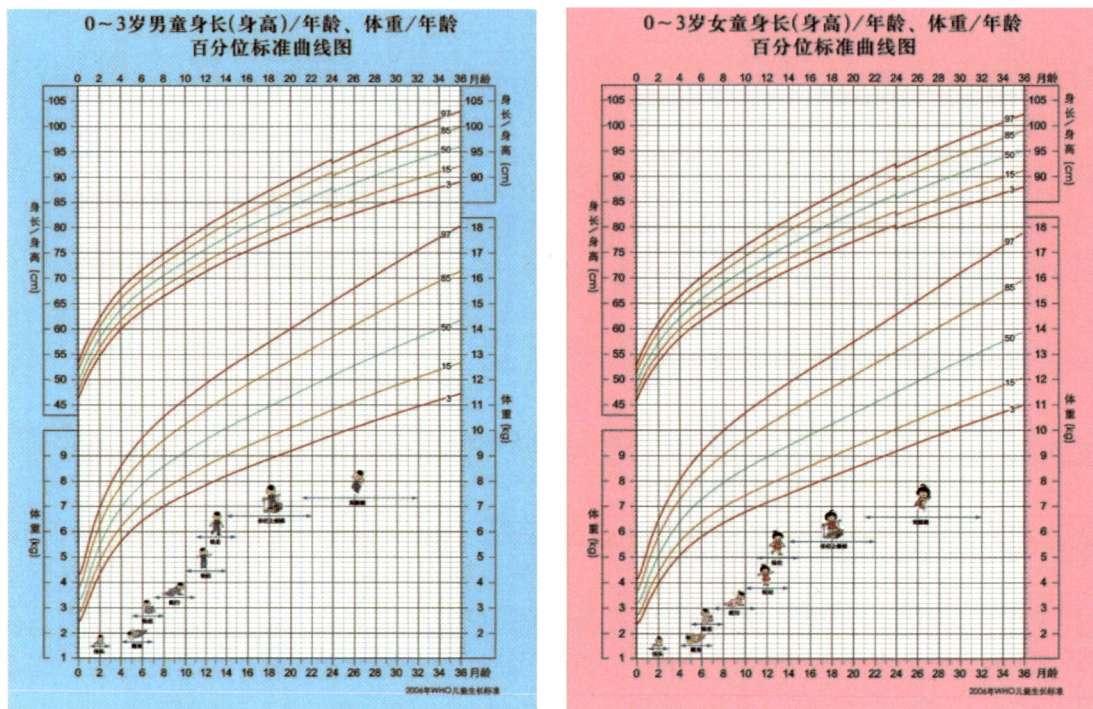

图 5-1　0~3 岁儿童生长发育监测图

二、帮助婴幼儿养成良好的饮食行为习惯

(一)保证规律进餐

托育机构可以通过一日活动时间安排来固定进餐环节和时间(包括点心和正餐),每次正餐的进餐时间要控制在 30 分钟内。婴幼儿进餐时,不要给婴幼儿观看电视、电脑、手机等电子产品,让婴幼儿专注进餐,在规定的时间内完成进餐,养成规律进餐的好习惯。

(二)鼓励婴幼儿自主进食

7~9 月龄婴幼儿开始学习固体食物的咀嚼、吞咽技能,学习抓食;10~12 月龄学习用杯饮、用勺自喂;2~3 岁自主进餐。从哺乳逐渐过渡到喂食、自主进食,这个过程可促进婴幼儿粗大动作、精细动作的发育,促进儿童情感、认知、语言和交流能力的发展。

在托育机构,保育人员可以结合婴幼儿的月龄特点进行自主进食引导。7~9月龄婴儿喜欢抓握,保育人员可以在喂养时,让宝宝尝试抓握、玩弄小勺等餐具;10~12月龄婴儿已经能捡起较小的物体,手眼协调熟练,保育人员可以在进餐时,尝试让婴儿自己抓着香蕉、煮熟的土豆块或胡萝卜等自喂;13月龄幼儿愿意尝试抓握小勺自喂,但大多会洒落,这时保育人员需要给幼儿做好清洁准备,鼓励幼儿尝试自己拿小勺吃食物;18月龄幼儿可以用小勺自喂,但仍有较多洒落;24月龄幼儿能用小勺自主进食并较少洒落,这时幼儿已经基本具备自主进食的技能。在婴幼儿学习自主进食的过程中,保育人员应给予充分的鼓励,并保持耐心,鼓励幼儿自主进食。

(三) 引导婴幼儿对健康食物的选择,培养不挑食不偏食的良好习惯

挑食偏食是婴幼儿常见的不良饮食习惯,特别是婴幼儿在1岁以后自主性萌发,会对食物表现出不同的喜好,容易出现一时性偏食和挑食。此时需要保育人员适时、正确地加以引导和纠正,以免婴幼儿养成挑食、偏食的不良习惯。

在托育机构的进餐环节,保育人员应鼓励婴幼儿选择多种食物,引导其多选择健康食物。对于婴幼儿不喜欢吃的食物,托育机构可通过变换烹调方法或盛放容器(如将蔬菜切碎,将瘦肉剁碎,将多种食物制作成包子或饺子等)的方式,也可采用重复小分量供应的方式,鼓励婴幼儿尝试,并及时给予表扬加以改善。

需要注意的是,对于挑食偏食的婴幼儿,保育人员切不可强迫喂食。

(四) 开始培养婴幼儿的进餐礼仪

婴幼儿的进餐礼仪,包括了吃饭时的行为习惯,比如良好的坐姿、细嚼慢咽、餐前餐后的卫生习惯等。在托育机构中,保育人员要在婴幼儿进餐过程中,帮助婴幼儿建立良好的行为习惯,培养婴幼儿的进餐礼仪。

第二节　保育要点

一、6~12个月

《中国婴幼儿喂养指南(2022)》提出,6个月至2岁逐步增加辅食添加的频次、种类,确保婴幼儿良好生长发育。婴幼儿辅食添加频次、种类不足,将明显影响生长发育,导致贫血、低体重、生长迟缓、智力发育落后等健康问题。

表 5 - 1 6～12 个月喂养要求

月龄	喂养要求
6～9 个月	每日需要添加辅食 1～2 次,哺乳 4～5 次,辅食与哺乳交替进行。
9～12 个月	每日添加辅食增为 2～3 次,哺乳降为 2～3 次。

(一) 支持母乳喂养

对 7～12 月龄宝宝来说,母乳仍然是重要的营养来源。《托育机构婴幼儿喂养与营养指南(试行)》中指出,"托育机构应与家庭配合,为实现母乳喂养提供便利条件,尽量采用亲喂母乳喂养。在母乳喂养同时为婴幼儿提供适宜的辅食"。因此,托育机构要做好支持母乳喂养的科普宣传,并提供支持母乳喂养的场所和必需的设施设备。

在支持母乳喂养的科普宣传上,托育机构可以通过公众号推文、线上直播、线下讲座等方式开展母乳喂养宣传教育。

在支持母乳喂养上,可以在机构内设立喂奶室或喂奶区域,配备相关设施设备,包括配置洗手池、换尿布台等,方便母亲到机构内进行亲喂母乳喂养,并做好哺乳记录。

对于不能进行母乳喂养的,托育机构要做好母乳的接收、储存和加热流程。《浙江省托育机构 3 岁以下婴幼儿照护指南(试行)》中要求:"储存的母乳都应详细标明泵奶时间、婴幼儿和母亲姓名;37℃以下室温保存母乳不超过 4～8 小时;冰箱冷藏母乳保存不超过 24 小时;−20℃以下冻存不超过 2 个月。储存母乳喂养前核对姓名和储存时间,用温水加热至 40℃。"

📝 **拓展学习**

母乳喂养促进行动计划

2021 年 11 月 15 日,国家卫生健康委等 15 个部门共同制定了《母乳喂养促进行动计划(2021—2025 年)》,指出要:"鼓励医疗机构、社区、托育机构和相关社会组织开展母乳喂养科普宣传活动,扩大科普宣传的覆盖面,提升知识和技能的可获得性","促进女职工较多的用人单位、托育机构设立哺乳室,提高配备率。引导托育机构设置与招收婴幼儿数量相适应的母乳接收和储存设施,强化托育机构儿童营养喂养工作指导,不断提升婴幼儿母乳喂养的可及性和可持续性"。因此,托育机构需要配合进行母乳喂养科普宣传,并在场所和设施设备提供上,做到设置哺乳室、配备母乳接收和储存设备等,支持母乳喂养。

· 实践案例 ·

嘟嘟是 7 个月时进入托育园的，虽然白天都要和妈妈分开，但是嘟嘟妈妈还是在继续坚持母乳喂养，这得益于托育园完善的母乳接收、存放、加热流程。

每天早上，嘟嘟妈妈将装好母乳的储存袋交给保育人员。保育人员会按照规定先清洁双手，保证接触母乳储存袋时的清洁卫生。然后，保育人员会检查母乳储存袋的密封性，并和嘟嘟妈妈确认母乳登记信息记录完整。

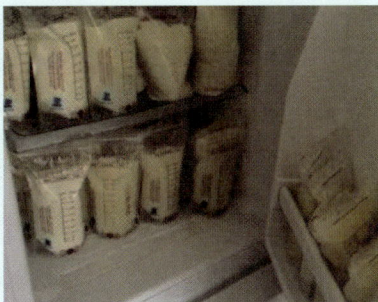

图 5-2　使用冰箱储存母乳

在接收母乳后，保育人员将母乳储存袋放到专用的冰箱内。由于嘟嘟妈妈是每天都带来新鲜的母乳，保育人员就将嘟嘟的母乳储存袋进行了冷藏（4℃）储存，在这里存放的母乳不会超过 48 小时。

到了嘟嘟需要吃奶的时间，保育人员会仔细核对母乳登记信息，取出属于嘟嘟的母乳储存袋，把母乳按照要求的奶量倒入奶瓶，再将奶瓶放入暖奶器里，让乳汁达到宝宝能进食的温度，也就是 40 摄氏度左右，就能给嘟嘟喝奶了。

通过完善的母乳接收、存放、加热流程，让嘟嘟妈妈放心地继续为宝宝进行母乳喂养。

（二）不能继续母乳喂养的婴儿使用配方奶喂养

《浙江省托育机构 3 岁以下婴幼儿照护指南（试行）》中要求："婴幼儿家长自带的配方奶粉应标明生产日期、购买日期、保质期、婴幼儿姓名、家长姓名等信息。保育人员应该按照要求冲泡奶粉。"

1. 配方奶粉的接收

对于自带配方奶粉的家庭，保育人员在接收配方奶粉时，需要按要求进行登记。

表 5-2　配方奶粉接收登记表

婴儿信息		奶粉信息			冲泡要求
宝宝姓名	家长姓名	生产日期	购买日期	保质期	
					包括奶粉调配要求、奶量、喂养时间和频次等。

2. 配方奶粉的冲泡

在冲泡配方奶粉时,要严格按照登记的冲泡要求进行奶粉调配,避免过稀或过浓,不能额外加糖。

表5-3　配方奶粉冲泡方法

步骤	操作说明
1. 清洁双手	按照七步洗手法清洁双手。
2. 奶瓶消毒	确定奶瓶已经消毒完毕。
3. 调好水温	按照奶粉调配要求,准备温度适宜的清水。
4. 精确水量	按照奶粉调配要求的冲调比例,先往奶瓶中注入指定刻度的温水。
5. 加入奶粉	按照奶粉调配要求的奶粉量,取奶粉加入。 注意:如奶粉调配要求取奶粉时是一平勺,需要在取奶粉时将每勺中多余的奶粉刮走,保证"平勺",而非满勺或半勺。
6. 充分溶解	(1) 双手手掌夹住奶瓶,让奶瓶来回滚搓,直至奶粉充分溶解; (2) 手握奶瓶中上部,沿同一方向摇晃瓶底,使奶粉在水平面上旋转至充分溶解。 注意:不可大力搅拌,摇晃的过程中会融入空气,产生很多气泡,这样婴幼儿吃奶后很容易产生吐奶、腹胀、打嗝的情况。
7. 测试奶温	将奶瓶倒置,滴少量奶到手腕处测试奶温。
8. 冲泡完毕	完成以上所有步骤,奶粉即冲泡完毕。

(三) 及时添加辅食

从富含铁的泥糊状食物开始,遵循由一种到多种、由少到多、由稀到稠、由细到粗的原则(不添加糖、盐等调味品)。宝宝从6月龄开始,在继续母乳喂养的同时,就应该且必须开始添加母乳以外的其他食物,这就是"添加辅食"。及时、合理地添加辅食,可以帮助宝宝感受食物、学习吃饭,更重要的是,能为宝宝成长提供充足且均衡的营养,帮助宝宝对易引起过敏的食物及时形成耐受。《托育机构婴幼儿喂养与营养指南(试行)》中提出了辅食添加的具体要求:

(1) 从6月龄开始添加辅食,首选富含铁的泥糊状食物。

(2) 鼓励尝试新的食物,每次只引入1种。

(3) 逐渐调整辅食质地,与婴幼儿的咀嚼吞咽能力相适应,从稠粥、肉泥等泥糊状食物逐渐过渡到半固体或固体食物等。1岁以后可吃软烂食物,2岁之后可食用家庭膳食。

（4）逐渐增加食物种类，保证食物多样化，包括谷薯类、豆类和坚果类、动物性食物（鱼、禽、肉及内脏）、蛋、含维生素 A 丰富的蔬果、其他蔬果、奶类及奶制品等 7 类。

（5）辅食应选择安全、营养丰富、新鲜的食材，并符合婴幼儿喜好。婴幼儿辅食应单独制作，1 岁以内婴儿辅食应当保持原味，不加盐、糖和调味品。制作过程注意卫生，进食过程注意安全。

● 实践案例 ●

根据婴幼儿平衡膳食宝塔要求，结合婴幼儿生长需求和照护要求，托育机构为乳儿班的宝宝在 7～9 个月和 10～12 个月两个阶段，分别进行了膳食安排。

表 5-4　乳儿班(7～9 月龄宝宝)膳食安排表

时间	膳食安排
7:00	母乳和/或配方奶
10:00	母乳和/或配方奶
12:00	各种泥糊状的辅食,如婴儿米粉、稠厚的肉末粥、菜泥、果泥、蛋黄等
15:00	母乳和/或配方奶
18:00	各种泥糊状的辅食
21:00	母乳和/或配方奶;夜间可能还需要母乳和/或配方奶喂养 1 次

表 5-5　乳儿班(10～12 月龄宝宝)膳食安排表

时间	膳食安排
7:00	母乳和/或配方奶,加婴儿米粉或其他辅食;以喂奶为主,需要时再加辅食
10:00	母乳和/或配方奶
12:00	各种厚糊状或小颗粒状辅食,可以尝试软饭、肉末、碎菜等
15:00	母乳和/或配方奶,加水果泥或其他辅食;以喂奶为主,需要时再加辅食
18:00	各种厚糊状或小颗粒状辅食
21:00	母乳和/或配方奶

通过以上安排，不仅能满足婴幼儿生长发育的需要，也能帮助婴幼儿养成良好的饮食习惯。

✎ 拓展学习

为什么强调在 6 月龄时添加辅食

　　婴儿满 6 月龄时是添加辅食的最佳时机。婴儿满 6 月龄后,纯母乳喂养已无法再提供足够的能量,还有铁、锌、维生素 A 等关键营养素,因而必须在继续母乳喂养的基础上引入各种营养丰富的食物。在这一时期添加辅食也与婴儿的口腔运动能力发展,及其对不同口味、不同质地食物的接受能力相一致。

　　过早添加辅食,容易因婴儿消化系统不成熟而引发胃肠不适,进而导致喂养困难或增加感染、过敏等风险。过早添加辅食也是母乳喂养提前终止的重要原因,并且是儿童和成人期肥胖的重要风险因素。过早添加辅食还可能因进食时的不愉快经历,影响婴幼儿长期的进食行为。

　　过晚添加辅食,则会增加婴幼儿蛋白质、铁、锌、碘、维生素 A 等缺乏的风险,进而导致营养不良以及缺铁性贫血等各种营养缺乏性疾病,并造成长期不可逆的不良影响。过晚添加辅食也可能造成喂养困难,增加食物过敏风险等。少数婴儿可能由于疾病等各种特殊情况而需要提前或推迟添加辅食。这些婴儿必须在医生的指导下选择辅食添加时间,但一定不能早于满 4 月龄前,并在满 6 月龄后尽快添加。

(四) 每引入新食物要密切观察婴儿是否有皮疹、呕吐、腹泻等不良反应

　　在引入新的食物时,应注意观察婴儿精神、食欲、大小便情况,特别注意观察婴儿是否有食物过敏现象,适应 1 种食物后再添加其他新的食物。当婴儿在尝试某种新食物的 1～2 天内出现呕吐、腹泻、湿疹等不良反应时,应及时停止喂养,待症状消失后再从小量开始尝试,如仍然出现同样的不良反应则应咨询医生,确认是否食物过敏。

　　婴幼儿的食物过敏反应、发病率明显高于成年人。1%～3% 的 6 岁以下婴幼儿会对食物过敏。通常过敏反应大部分为即时型和迟发型两大类,大部分食物过敏都属于即时型反应,一般发生在进食后的几分钟至一小时之内,严重者可能会在一分钟内就发生过敏性休克;迟发型过敏反应则需要几小时或一天后,甚至 2～3 周后才会发生。过敏的症状和病情轻重因人、因物而异,一般在身体各系统有如下表现。

　　消化系统:恶心、腹胀、腹部剧痛、腹泻、口臭、打嗝。

　　皮肤系统:湿疹、荨麻疹、皮肤干燥、黑眼圈。

　　神经系统:烦躁易怒、坐立不安、注意力不集中。

呼吸系统:憋气、胸闷、刺激性咳嗽、呼吸困难、流清涕。

视听系统:视物模糊、眼睑水肿、眼结膜充血、流泪、听觉丧失、口齿不清。

生殖系统:外生殖器水肿、瘙痒。

如果婴幼儿出现了上述的症状,一定要及时去医院就诊。

(五) 注意观察婴儿所发出的饥饿或饱足的信号,并及时、恰当回应,不强迫喂食

7～12个月的婴儿已经能用哭声、神态或肢体动作表达需求了,在照护婴幼儿时,保育人员应注意观察婴儿所发出的饥饿或饱足的信号,及时、恰当回应并耐心喂养。当宝宝能独坐后,就可以鼓励并协助宝宝自己进食,培养进餐兴趣。

保育人员应及时回应婴幼儿发出的饥饿或饱足的信号,及时提供或终止喂养。如当婴儿看到食物表现兴奋,小勺靠近时张嘴、舔吮食物等,表示饥饿;而当婴儿紧闭小嘴、扭头、吐出食物时,则表示已吃饱。

保育人员应以正面的态度,鼓励婴幼儿以语言、肢体语言等发出进食要求或拒绝进食的请求,增进婴幼儿对饥饿或饱足的内在感受,发展其自我控制饥饿或饱足的能力。

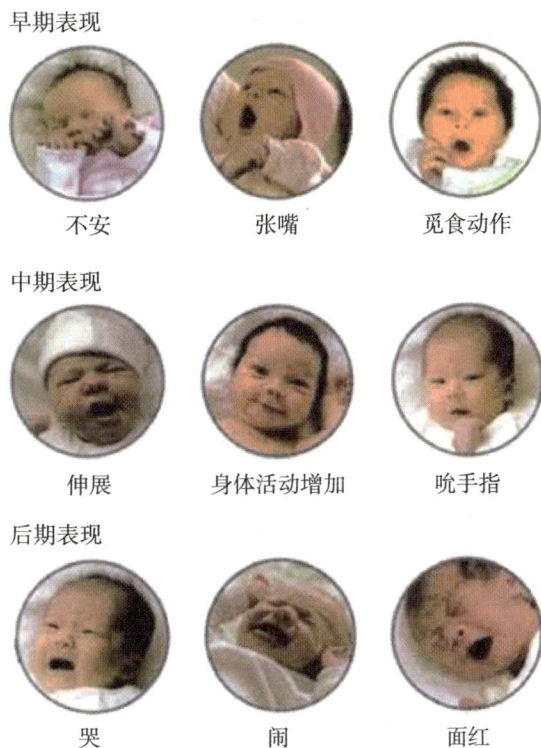

早期表现

不安　　　张嘴　　　觅食动作

中期表现

伸展　　　身体活动增加　　　吮手指

后期表现

哭　　　闹　　　面红

图 5-3 婴儿饥饿的信号

(六) 鼓励婴儿尝试自己进食,培养进餐兴趣

自己进食是宝宝成长过程中的重要一步,需要反复尝试和练习。可以结合宝宝的兴趣和个性特点,通过活动引导鼓励宝宝尝试自己进食,逐步训练和培养婴幼儿的自主进食能力,培养其进餐的兴趣。

二、13～24个月

(一) 继续母乳或配方奶喂养,可以引入奶制品作为辅食,每日提供多种类食物

1～2岁的婴幼儿期(12～24个月)处于辅食体验期,可以继续母乳或配方奶喂养。在辅

食体验方面,托育机构可以从谷类、蔬菜、水果和动植物蛋白的添加开始。

在这个阶段,宝宝的乳牙渐渐萌出,托育机构可以为宝宝提供多种类食物,让宝宝有咀嚼和消化食物的机会,并且通过保证食物新鲜、卫生优质、调味清淡等,让宝宝体验食物原汁原味,预防偏食与挑食。

1. 引入奶制品作为辅食

对于13~24月龄幼儿,可以将奶制品作为食物多样化的一部分,但建议少量进食为宜,不能以此完全替代母乳和/或配方奶。

普通豆奶粉、蛋白粉的营养成分不同于配方奶,也与鲜奶等奶制品有较大差异,不建议作为婴幼儿食品。[1]

2. 每日提供多种类食物

托育机构在制定食谱时,需要根据婴幼儿的营养需求,提供多种类食物。其中,每日供给的食物品种、数量及营养量参考如下。

表5-6 13~24个月每日供给的食物种类及数量[2] （单位:克）

食物种类	谷类	薯类	油	蔬菜	水果	蛋	鱼虾	畜禽肉	牛奶	食盐	豆制品
数量	100	适量	20	200	100	25	20	25	500	<2	5~15

在托育机构中,如果家长自带食物,需要按照规定对食物进行管理。《托育机构婴幼儿喂养与营养指南(试行)》提出,如家长要求使用自带食物,托育机构应与家长充分沟通,并做好接收和使用记录。如使用特殊医学用途婴儿配方食品,家长应提供医生或临床营养师的建议。保育人员可以在接收家长自带食物的时候,按照规定进行接收和使用。

> **• 实践案例 •**
>
> 1岁半的小宝刚进托小班,由于他在饮食方面有挑食、咀嚼能力薄弱等问题,家长很不放心,担心孩子会因为"吃不饱"造成营养上的缺失。保育人员通过入托调查表和家长谈话,了解了小宝在家的进餐习惯和特点,并且在入托后,对小宝的进餐行为进行了跟踪观察记录,并将记录的情况和家长进行了及时的反馈和沟通,分析出了小宝在进餐上出现问题的原因。

---

[1] 《7~24月龄婴幼儿喂养指南》。
[2] 《托幼机构卫生保健实用指南》。

　　首先,是因为家长经常让小宝以"奶"充"饭"。原来,小宝添加辅食较晚,对辅食的兴趣比较低,爸爸妈妈担心小宝不吃饭会没营养,就会在小宝不肯吃饭的时候,给小宝冲泡奶粉,让小宝养成了把"奶"当做正餐的习惯。另外,因为担心小宝自主进食会弄脏衣服和桌子,家长很少让小宝自己吃饭,而是多以喂饭为主。即使让小宝自己吃饭,也是让他先吃米饭后吃菜,这样虽然避免了脏乱,但是大大降低了孩子的食欲。而且,保育人员也发现,小宝的咀嚼能力薄弱,因此碰到较为粗糙或者没有尝试过的食物就不愿尝试,出现挑食的现象。

　　针对小宝的这些情况,保育人员积极和家长沟通,提供了三条教养策略:首先,要适时增加辅食。保育人员建议家长注意科学喂养,给小宝增加辅食,减少奶的摄入量,让小宝的进食从吸吮过渡到咀嚼,从流质食物过渡到固体食物。其次,要让小宝愉快进餐,养成良好习惯。保育人员提醒家长,在家里要积极锻炼孩子一手拿勺、一手扶碗独立进餐的能力,培养幼儿进餐时一口饭一口菜地吃,定时定量,不挑食,不偏食,不用汤泡饭吃,保证营养全面。最后,在引导的方式上,保育人员指导家长要做到及时奖励,每当小宝进餐有一点进步的时候,家长都要表扬和鼓励。通过保育人员和家长的共同努力,在几个月后,小宝的进餐行为有了明显的变化。

（二）鼓励和协助幼儿自己进食,关注幼儿以语言、肢体动作等发出的进食需求,顺应喂养

　　有研究证明,婴幼儿自出生时就可以根据自身生长的需求调整营养物质的摄入,而且随着年龄的增长,其饮食调节能力也在逐步增强,婴幼儿的这种调节能力往往通过语言或非语言的饥饿或饱腹信号体现。良好的喂养和进食行为有利于婴幼儿口腔和胃肠功能的发育以及手眼协调、认知、情绪调控能力的发展。保育人员应及时、敏感地了解婴幼儿进食需求,进行回应性喂养,鼓励但不强迫进食,帮助幼儿形成规律的进餐时间,学习进餐技能,培养良好的进食行为。

●　实践案例　●

　　在托小班,吃饭的时间到了,宝宝们都在餐桌前坐好,拿起勺子吃了起来,只有阳阳坐在椅子上,把玩着小手东看西看,完全没有自己拿勺子吃饭的意思。保育人员鼓励他自己吃饭,他却嘟囔着要老师喂。

　　这时候,保育人员想了个好办法,她对阳阳说:"阳阳,我们的小手本领大,会干很多的事情。"说着,保育人员另拿了一把勺子,舀起食物慢慢送到阳阳的嘴巴里,"小火车

开来了,呜呜呜,开进一个大山洞。"有趣的小游戏很快吸引了阳阳的兴趣,保育人员趁机鼓励阳阳自己尝试一下。阳阳学着保育人员的样子,拿起小勺子,开起了"小勺火车",把饭菜放进了嘴巴里,一勺一勺自己吃了起来。

在这个案例中,阳阳不愿自主进食的时候,保育人员使用了有趣的小游戏来吸引宝宝自己尝试,激发了宝宝自主进食的兴趣。小年龄的幼儿具有形象性,需要形象的语言进行引导。保育人员先用游戏进行演示,然后鼓励阳阳自己尝试,慢慢引导阳阳学习自己吃饭。

在午餐时,我们也建议保育人员准备两把小勺子,一把幼儿用,一把保育人员用,在鼓励幼儿自己吃的同时,也能帮助幼儿进食,保证幼儿能吃饱。玩一玩"小勺火车"的游戏,让幼儿在游戏中学会使用小勺子,愿意使用小勺子。

📝 拓展学习

顺应喂养

《托育机构婴幼儿喂养与营养指南(试行)》中指出,托育机构应根据不同年龄婴幼儿的营养需要、进食能力和行为发育需要,提倡顺应喂养。

顺应性喂养英文为"responsive feeding",是一种主动性的喂养方式,它主张在喂养过程中注重婴幼儿与照护者之间的互动情况,关注婴幼儿在进食过程中反馈的信息,并且要求照护者以支持、自然和适当的方式对婴幼儿的反馈信息做出迅速反应。世界卫生组织(WHO)和联合国儿童基金会(UNICEF)已经把回应性(顺应)喂养纳入婴幼儿喂养指南,并将回应性(顺应)喂养作为"关爱儿童发展"的一项基于回应式育儿原则的干预方案,更将回应性(顺应)喂养列为婴幼儿生存所必需的 12 项基本家庭护理之一。

表 5-7 婴幼儿与照护者的回应性(顺应)喂养

年龄(月)	照护者喂养准备	婴幼儿的表达技能	饥饿信号	饱腹信号	照护者的反应	婴幼儿收获体验
0～6	婴幼儿发出饥饿信号时准备喂养	可通过声音、面部表情、动作,以及觅食反射和吸吮反射传达饥饿和饱腹信号	哭闹不止、吃手、喂养时张大嘴巴、微笑地注视着照护者	双唇紧闭、扭头躲避、减慢或停止吮吸、吐出乳头或入睡、注意力不集中、边吃边玩	根据婴幼儿的饥饿和饱腹信号开始或停止喂养	自己的进食需求会得到满足

（续表）

年龄（月）	照护者喂养准备	婴幼儿的表达技能	饥饿信号	饱腹信号	照护者的反应	婴幼儿收获体验
6～12	确保婴幼儿处于舒适体位，制定家庭用餐时间和规则	坐在餐桌前等待、咀嚼或吞咽半固体食物、拿东西往嘴里送	伸手去拿勺子或食物、指向食物、看到食物时很兴奋、用语言或声音表达对食物的渴望	摇头拒绝	使用不同品种、质地和口感的食物对孩子的信号做出反应，对婴幼儿的自我喂养方式给予积极的回应	开始自我喂养、体验新口味和质感的食物、对进食感兴趣
12～24	提供3～4种可选择的食物，提供2～3份健康的零食，提供可以被婴幼儿拿起、吞咽和咀嚼的食物	能够使用不同的食物进行自我喂养、使用安全用具、用语言表达需求	同6～12个月龄的婴幼儿，增加与食物需求相关的词汇	同6～12个月龄的婴幼儿，增加与拒绝进食相关的词汇	对婴幼儿饥饿和饱足的信号做出反应，对婴幼儿自我喂养的能力给予积极回应	尝试新的食物、尝试为自己做事、学会寻求帮助、相信照护者会回应他或她的请求、逐步建立安全依恋关系

（三）培养幼儿使用水杯喝水的习惯，不提供含糖饮料

1. 培养幼儿使用水杯喝水的习惯

保育人员可以通过日常照护环节和活动组织，让宝宝认识到喝水的重要性，逐渐培养宝宝主动喝水的意识，能够喝足量的水，养成良好的饮水习惯。保育人员应为幼儿准备饮用水，引导幼儿使用水杯接水、喝水，并做好饮水环节的保育照护工作。

表5-8　婴幼儿饮水环节的保育照护

步骤	操作说明
1. 饮水准备	(1) 摆放茶水桶：将茶水桶摆放在进门入口较宽敞处，方便幼儿随时饮水，并要给幼儿排队饮水留足空间。摆放茶水桶时，应盖好橱柜盖子并锁上。 (2) 备水：根据天气以及幼儿的年龄、活动量、饮食等情况备好充足的茶水，水温应适宜，夏凉冬温且无污染，注意盖好盖子并锁上。

（续表）

步骤	操作说明
2. 接水引导	(1) 为防止幼儿喝水时洒水，可以在桌上或者盘子上粘贴放杯子的标志。 (2) 幼儿倒水的茶水桶和幼儿喝水杯子的摆放距离要适当。 (3) 引导幼儿有序排队接水：握好水杯把手，将水杯放置在水龙头下方，对准水龙头；轻轻打开水龙头；眼睛看着水杯，接半杯或 2/3 杯水；及时关闭水龙头。
3. 饮水方法	(1) 指导幼儿拿稳水杯。水杯的正确拿法是：右手持杯柄，左手扶杯身，避免水洒出和水杯滑落。 (2) 幼儿喝水时，提醒幼儿坐在座位上，用眼睛看一看水有没有热气或者用嘴巴轻轻贴水试一试等方式，感受水的温度是否适宜，避免烫嘴。 (3) 提醒幼儿，喝水时要一口一口慢慢喝，不要边走边喝。喝水时不要说笑，防止呛咳。
4. 饮水结束	(1) 幼儿喝完水，指导他们将水杯放到指定位置。 (2) 关注幼儿嘴巴或衣服的前胸部位是否有水迹，及时用毛巾帮幼儿擦干，或者更换衣服。

• 实践案例 •

在托育机构中，许多幼儿经常是在保育人员的提醒下才去喝水，能主动喝水的幼儿很少。这时，保育人员的引导就显得尤为重要。

为了引发幼儿对喝水的兴趣，保育人员可以尝试根据幼儿的兴趣来丰富喝水环节。例如，保育人员将饮水区装扮成饮品店，并在幼儿喝水前穿上营业员围裙，热情洋溢地告诉幼儿："我们开了一家饮品店，宝宝们过来尝尝看吧。"为了增加饮品店的真实感，保育人员用各种水果图片装饰了饮水桶，还做了仿真的按钮让幼儿尝试自己接水。饮品店一样的饮水区让幼儿倍觉新鲜，都愿意去尝试喝"果汁"。为了延长新鲜度，保育人员还根据幼儿的喜好来更换饮品店主题，让幼儿通过游戏，逐渐愿意主动去饮水区喝水，也使轻松解决了一部分幼儿喝水难的问题。

幼儿每天的喝水问题看似简单，但是要培养他们自觉主动地喝水却并不那么简单。日常生活中，保育人员要做到细心观察、坚持引导，相信幼儿在保育人员的帮助下，一定会在原有的基础上有所进步，从而养成良好的喝水习惯。

2. 不提供含糖饮料

含糖饮料是指在饮料制作过程中人工添加单糖（葡萄糖、果糖）或双糖（蔗糖、乳糖或麦芽糖),含糖量在 5% 及以上的饮料;包括碳酸饮料、果蔬汁饮料、运动饮料、茶饮料、含乳饮料、植物蛋白饮料和咖啡饮料等。

过多饮用含糖饮料会对健康造成危害。2015 年世界卫生组织(WHO)发布的《成人和儿童糖摄入量指南》提出,过量饮用含糖饮料会导致不健康的饮食结构和营养不均,体重增加的同时加剧患非传染性疾病的风险。因此,在托育机构中,保育人员不要为宝宝提供任何形式的含糖饮料,避免饮用含糖饮料对儿童健康带来的危害。

三、25~36 个月

(一) 每日提供多种类食物

宝宝对食物的体验品种胜于数量,要注重全面科学和均衡营养,重视品种多样,合理调配,使婴幼儿膳食安排得科学合理、美味可口,这样更利于婴幼儿的成长。

图 5-4 中国学龄前儿童平衡膳食宝塔

根据中国营养学会妇幼分会 2016 年颁布的《学龄前儿童膳食指南》,2~3 岁的宝宝生长发育速率相比以前略有下降,但仍处于较高水平,这个阶段的生长发育状况也直接关系到青少年和成人期发生肥胖的风险。在这个阶段,宝宝摄入的食物种类和膳食结构已开始接近成人,是饮食行为和生活方式形成的关键时期,这个阶段的宝宝对各种营养素需要量较高,但消化系统尚未完全成熟,咀嚼能力仍较差,因此其食物的加工烹调与成人有很大的差异。

我国 2~3 岁幼儿的膳食钙每天推荐量为 600 mg。奶及奶制品中钙含量丰富且吸收率高,是儿童钙的最佳来源。每天摄入 300～400 ml 奶或相当量奶制品,可保证幼儿钙摄入量达到适宜水平。

保育人员要鼓励和督促孩子每天饮奶,选择和提供幼儿喜爱和适宜的奶制品,逐步养成每天饮奶的习惯。

(二) 引导幼儿认识和喜爱食物,培养幼儿专注进食的习惯和选择多种食物的能力

2 岁以后幼儿生活自理能力逐渐提高,自主性、好奇心、学习能力和模仿能力逐步增强,但注意力易分散,进食不够专注,因此,需要通过多种方式引导幼儿认识和喜爱食物,培养幼儿良好的饮食习惯。

1. 引导幼儿喜爱食物

《托育机构婴幼儿喂养与营养指南(试行)》中提到,托育机构可以进行食育活动。食育有益于身心健康,增进亲子关系。托育机构与家庭配合开展食育,让婴幼儿感受、认识和享受食物,培养良好进食行为和饮食习惯,启蒙中华饮食文化。

引导幼儿通过食育活动感受和认识食物。保育人员可以在活动中,适时引导宝宝感受食物,通过视觉、触觉、嗅觉、味觉、听觉等感知食物的色、香、味、质地,激发宝宝对食物的兴趣,促进宝宝认识食物,接受新食物。还可以让宝宝观察或参与简单的植物播种、照料、采摘等过程,并让幼儿参与食物的制备,增加宝宝的体验感,引发宝宝对各种食物的兴趣。

引导幼儿通过食育活动体验饮食文化。在进餐活动中,保育人员要帮助幼儿培养用餐礼仪,让宝宝知道食物来之不易和珍惜食物。同时,保育人员也可以结合我国的传统文化,在春节、元宵、端午和中秋等传统节日进行食育活动,让幼儿体验中华饮食文化,引导宝宝喜爱各种食物。

● 实践案例 ●

中国福利会托儿所进行了美食节活动,通过一系列的活动设计,引发幼儿对食物的兴趣,让幼儿通过参与活动,学习了解食物、制作食物、品尝食物、热爱食物。

图5-5 通过课件学习和参与游戏了解食物

图5-6 了解食物的制作过程

图5-7 品尝食物

2. 培养幼儿专注进食的习惯、选择多种食物的能力

保育人员要引导婴幼儿享受食物，逐步养成规律就餐、专注就餐、自主进食、选择多种食物的良好饮食习惯。

(三) 鼓励幼儿参与协助分餐、摆放餐具等活动

2～3岁的宝宝已经具备一定的自理能力，保育人员可以在午餐的生活环节中，鼓励宝宝尝试帮忙做事情，让宝宝体验自己做事情的快乐，感受帮助他人的成就感和自豪感，在锻炼宝宝能力发展的同时，更能激发宝宝的进餐兴趣。

幼儿进餐前，保育人员可以请幼儿协助分发进餐用品、摆放餐具。幼儿进餐后，可以请幼儿协助收拾餐具和整理桌面。保育人员可以根据幼儿用餐速度的快慢，指导幼儿整理桌面，并对能整理桌面的幼儿做出表扬和鼓励。

第三节　指 导 建 议

一、制定膳食计划和科学食谱，为婴幼儿提供与年龄发育特点相适应的食物，规律进餐，为有特殊饮食需求的婴幼儿提供喂养建议

0~3 岁的婴幼儿正当生长发育的旺盛时期，每天必须从膳食中获得充分的营养物质。如果长期缺乏某种营养或热量供应不足，不但会影响婴幼儿的生长发育，还会引起很多疾病。为满足幼儿发育需要，托育机构应根据幼儿生理和年龄特点，为宝宝制定膳食计划和科学食谱，提供与年龄发育特点相适应的食物。在进餐时，注意规律进餐，并为有特殊饮食需求的婴幼儿提供喂养建议，在进餐照护中提供相应的喂养支持。

(一) 制定膳食计划和科学食谱，为婴幼儿提供与年龄发育特点相适应的食物

1. 膳食计划

膳食计划是指有计划地按照营养的需要，选择食品的品种、计划数量，并进行合理的烹调和调配的过程。托育机构制定膳食计划的目的，就是为婴幼儿提供一种能满足婴幼儿机体营养需要的膳食安排。

托育机构要做好膳食计划，首先需要了解各类食品的营养成分及特点、各年龄段儿童消化功能的特点和进食量；其次还需要结合实际、当时供应情况、物质条件、饮食习惯等，合理地选择食品种类、计划数量。

2. 食谱制定

托育机构的食谱需要根据婴幼儿对热量及各种营养素的需要来制定。根据《托育机构婴幼儿喂养与营养指南(试行)》规定，"托育机构应根据不同月龄(年龄)婴幼儿的生理特点和营养需求，制定符合要求的食谱"。

(1) 食谱内容要求。

托育机构的食谱内容，要按照不同月龄段进行制定和实施，以满足不同月龄段宝宝的营

养摄入和进食需求；食谱的调整频率以每 1 周或每 2 周循环 1 次；每餐次食物品种、用量、烹制或加工方法及进食时间也要标注在食谱中。

（2）食谱中食物的选择原则以及食物用量。

托育机构的食谱中，各种食物的选择原则以及食物用量，应参照中国营养学会颁布的《7～24 月龄婴幼儿喂养指南（2016）》《学龄前儿童膳食指南（2016）》中膳食原则，以及《7～24 月龄婴幼儿平衡膳食宝塔》《学龄前儿童平衡膳食宝塔》中建议的食物推荐量范围。

（3）食谱中各餐次热量分配要求。

在制定食谱时，托育机构要按照各餐次的热量分配来安排。其中，早餐提供的能量约占一日的 30%（包括上午 10 点的点心），午餐提供的能量约占一日的 40%（含下午 3 点的午后点），晚餐提供的能量约占一日的 30%（含晚上 8 点的少量水果、牛奶等）。

（4）食谱中主副食的选料、洗涤、切配、烹调方法要求。

在食谱制定中，托育机构要保证主副食的选料、洗涤、切配、烹调方法要适合不同月龄（年龄）婴幼儿，减少营养素的损失，符合婴幼儿的清淡口味，达到营养膳食的要求。烹调食物注意色、香、味、形，提高婴幼儿的进食兴趣。

因为 0～3 岁婴幼儿的咀嚼和消化能力较差，故要根据婴幼儿的生理特点来进行食物的制作。比如食物应该从流食、半流食、软饭逐步变成普通米饭、面条等；肉类食物应加工成肉糜后制作；蔬菜先从打汁做辅食添加到婴儿食物中，再切碎、煮软；尽量减少食盐和调味品的使用；烹调方式多采用蒸、煮、炖、氽、爆炒、榨汁等；每天的食物要更换品种及烹饪方法。随着年龄的增长逐渐增加食物的种类和数量，烹饪方式和切配方式也逐渐向学龄前幼儿膳食过渡。由于婴幼儿胃容量小、消化液种类与量也较少，单调的食物容易使其产生厌食和偏食。

（5）食谱中各种食物提供的能量和营养素水平要求。

托育机构在食谱制定上，也需要满足能量和营养素水平要求。各种食物提供的能量和营养素水平，参照中国营养学会颁布的《中国居民膳食营养素参考摄入量（DRIs）（2013）》推荐的相应月龄（年龄）婴幼儿每日能量平均需要量（EER）和推荐摄入量（RNI）或适宜摄入量（AI）。三大营养素热量占总热量的百分比是蛋白质 12%～15%、脂肪 30%～35%、碳水化合物 50%～65%。优质蛋白质占蛋白质总量的 50% 以上。

拓展学习

托育机构的膳食调查和营养评估

根据《托育机构婴幼儿喂养与营养指南（试行）》规定，"半日托及全日托的托育机构至少每季度进行一次膳食调查和营养评估"。其中：

- 提供一餐的托育机构(含上、下午点)每日能量和蛋白质供给量应达到相应建议量的 50% 以上。
- 提供两餐的托育机构,每日能量和蛋白质供给量应达到相应建议量的 70% 以上。
- 提供三餐的托育机构,每日能量和蛋白质和其他营养素的供给量应达到相应建议量的 80% 以上。

（二）进行规律进餐的餐次安排

婴幼儿肝脏中储存的糖原不多,体内碳水化合物较少,再加上活泼好动,容易出现饥饿。所以,托育机构给婴幼儿安排餐次时,要遵循少量多餐原则。根据《托育机构婴幼儿喂养与营养指南（试行）》要求,婴幼儿每日餐次安排如下:

表 5-9　每日餐次安排

月龄	每日餐次安排
7~8 月龄	母乳喂养 4~6 次,辅食喂养 2~3 次
9~12 月龄	母乳喂养 3~4 次,辅食 2~3 次
12~24 月龄	三餐两点
24~36 月龄	

（三）为有特殊饮食需求的婴幼儿提供喂养建议

1. 婴幼儿生病时

慢慢地、耐心地喂食,为有吞咽困难的婴幼儿提供流食或软食,给婴幼儿提供其最喜欢的食物,少量多餐,增加液体摄入量。

2. 婴幼儿疾病恢复期

以应对婴幼儿日益恢复的食欲为主,每餐提供更多的食物,并在最初的两周内每天为婴幼儿提供额外的膳食或零食。

3. 婴幼儿拒绝进食时

寻找能够引起婴幼儿兴趣的替代食物,将食物做成不同的形状,进行游戏互动,避免婴幼儿单独进食。

4. 婴幼儿食欲下降时

温和耐心地喂食,给婴幼儿提供其最喜欢的食物,增加母乳喂养频次,提供更多的喂养机会,少食多餐。

二、为婴幼儿创造安静、轻松、愉快的进餐环境,协助婴幼儿进食,并鼓励婴幼儿表达需求,及时回应,顺应喂养,不强迫进食

环境是不说话的"保育人员",在进餐环节中,适宜的环境能够起到激发幼儿食欲、鼓励幼儿自主进餐的作用。托育机构要为婴幼儿创造安静、轻松、愉快的进餐环境,协助需要帮助的婴幼儿进食,鼓励能自己进餐的幼儿自主进餐。在进食过程中,保育人员要做到鼓励婴幼儿表达需求,及时回应,顺应喂养,不强迫进食。

(一) 为婴幼儿创造安静、轻松、愉快的进餐环境

良好的就餐环境对宝宝摄取食物有着积极的影响。进餐环境包括物理环境和心理环境两方面。物理环境的要求包括进餐时间规律、进餐地点固定、进餐空间舒适卫生、餐具美观适宜等;心理环境包括了进餐气氛和谐愉快、情绪愉快等。

1. 物理环境创设

幼儿的年龄越小,个性化需求越明显,满足个性化需求对于幼儿的身心健康发展尤为重要。托育机构的保育人员需要为幼儿创建良好的物理环境,激发幼儿的进餐兴趣,从而培养幼儿自主进餐的能力。

> • 实践案例 •
>
> 在托育机构,进餐的物理环境创设可以这样做:
>
> **1. 保持进餐空间的畅通,按需调整桌椅摆放的位置**
>
> 在幼儿进餐时,保持幼儿活动空间的畅通,如确保过道畅通,餐具、餐台要摆在便于幼儿取放的位置,这样既能避免幼儿因相互拥挤发生冲突,又能减少幼儿等待的时间,降低幼儿产生消极情绪的可能性。
>
> 托班幼儿的年龄特点决定了他们易受外在环境的影响,因此,适时改变桌椅布局能激发幼儿的进餐兴趣。例如,有时可将每张桌子分开摆放,有时可将若干张桌子连接

摆放,有时还可以把桌子围成圈。具体可根据保育人员在指导和照顾幼儿时的需要、幼儿的年龄特点以及幼儿在各个阶段的兴趣点来决定如何调整。

2. 创设愉快的进餐环境,帮助幼儿缓解焦虑情绪

保育人员可以创设一些幼儿感兴趣的主题进餐环境,通过幼儿喜欢的动物或者是动画片人物吸引幼儿进餐,让幼儿在这些主题环境的情境中,对进餐产生期待,缓解幼儿午餐时的焦虑情绪。同时,在幼儿的餐桌上贴上幼儿喜欢的卡通图片,幼儿可以自己选择座位,让幼儿和自己喜欢的动物或者角色坐在一起进餐,选择适合自己食量的饭菜。有了选择的自由,幼儿的兴致会有所提高,有助于稳定孩子情绪。

3. 投放多样化的餐具,提供幼儿自主进餐的机会

满足幼儿需要的最好方式是给他们选择的权利。保育人员可以创造机会,让幼儿自主选择餐具。可以为托班幼儿提供多样化的餐具,每次都可以让幼儿自主选择,让他们在每一次用餐过程中,都能感受到自己是环境的主人,获得成就感和自信心。

2. 心理环境创设

托育机构可以用简单有趣的餐前活动,来建立温馨愉快的进餐氛围,进餐时和幼儿进行有爱的交流和沟通,让幼儿感受到吃饭是一件快乐的事情。要避免在进餐时斥责幼儿,或者采取强制性、惩罚性的方法纠正幼儿的不良行为,这样会让幼儿情绪紧张压抑,造成幼儿食不甘味、食欲锐减,影响幼儿的健康成长。

实践案例

在托育机构,进餐的心理环境创设可以这样做:

1. 重视餐前活动,合理组织,形成良好的进餐秩序

保育人员在餐前可进行谈话、讲故事之类安静的活动,使幼儿从较为兴奋的情绪状态逐渐恢复平静,把幼儿可能存在的一些来自负面情绪的影响降到最低,让幼儿以一种愉快的心情等待用餐。这些过渡性活动也可以避免幼儿长时间等待。

在进餐前,还可以给幼儿介绍菜谱,唤起他们的食欲。比如赋予食物拟人化的卡通形象,每天午餐前利用这些图片向幼儿推出"今日菜谱",介绍各种食物的名称、颜色、味道以及对身体的益处;表现出迫不及待地想要尝一尝的样子,以唤起幼儿的食欲。

播放优美舒缓的音乐可以营造温馨、快乐的进餐氛围。保育人员可以用不同的乐曲来区分餐前准备阶段、进餐阶段和餐后整理阶段,用音乐来暗示幼儿该做些什么。选择的音乐宜以幼儿喜爱的轻音乐为主,这样既能让幼儿感到快乐,又不至于吸引他们的全部注意。

2. 因势利导,鼓励表扬,培养幼儿主动进餐的意识

托班幼儿有"喜模仿""爱表扬"的特点,保育人员可以利用集体氛围的渲染,用情绪感染他们,为他们树立榜样,改善幼儿不愿意主动进餐的习惯。对于个别主动进食的幼儿应及时表扬,为其他幼儿树立榜样。其他幼儿听到表扬,情绪会一下子高涨起来,争先恐后地大口吃饭。

有些幼儿从来没有自己动手吃过饭,对这类幼儿,保育人员可以采用逐渐加量、少盛多添的方法,比如先让幼儿自己吃一口,保育人员再来喂;过渡到自己吃两口、三口。只要幼儿愿意尝试,哪怕是一点点进步,也应多用高兴、惊奇、欣赏的眼光、动作、语言去称赞他们的主动尝试,树立幼儿主动就餐的意识。

还可以通过儿歌、集体谈话、故事等方式,引导幼儿掌握正确的就餐方法,养成良好的进餐习惯。比如进餐口诀"右手拿勺,左手扶碗,身体坐直,两腿并好,不玩耍,不吵闹,一口饭,一口菜,一口汤,宝宝吃得好,个子长高高"。通过朗朗上口的儿歌让幼儿知道进餐时应该怎样做,同时通过儿歌初步建立幼儿进餐时不玩耍不吵闹的规则意识。

3. 家园沟通,纠正观念,形成家园同步的居家环境

托班幼儿很多行为习惯的培养,都离不开家园沟通。保育人员可以通过家长会、家长讲座、与个别幼儿家长沟通、分享育儿知识经验等多种形式,让家长了解幼儿托班的用餐情况,向家长宣传培养幼儿独立进餐能力的重要性。通过分享培养幼儿良好饮食习惯的方式方法,让家长了解保育人员在托育机构的教育方法,家长才能在家采取相应的教育方式,做到家园配合同步教养。

(二) 协助婴幼儿进食

婴幼儿进食技能是跟随婴幼儿生长发育逐步发展完善的,包括口唇、舌、咽部肌肉协调,手口活动能力发展等。在托育机构,可以根据婴幼儿的年龄和生长发育特点,协助婴幼儿进食。

表5-10   7~36个月婴幼儿进餐技能特点及支持策略

月龄段	进食技能特点	支持策略
7~12个月	以被动喂养为主,10个月左右开始可以手抓食物。	提供便于手抓捏的食物,让婴儿自喂食物。
13~24个月	13个月开始能用勺子舀起食物,但大多数会散落;18个月左右开始能吃到一半;24个月时能较熟练使用勺子自喂食物,且少有散落。	在进行进餐照护的过程中,给幼儿提供勺子,鼓励幼儿尝试自己使用勺子自喂食物,逐渐掌握自主进食的动作技能。
25~36个月	能自主进食,能遵守一定的饮食习惯和要求。	鼓励和引导幼儿自主进食,在过程中渗透进餐习惯养成的学习。

(三)鼓励婴幼儿表达需求,及时回应,顺应喂养,不强迫进食

《中国婴幼儿喂养指南(2022)》提出,在婴幼儿喂养上,要保证与婴幼儿有充分的交流,识别其饥饱信号,并及时回应。耐心喂养,鼓励进食,但绝不强迫喂养。鼓励并协助婴幼儿自主进食,培养其进餐兴趣。保持自身良好的进餐习惯,成为婴幼儿的榜样。

• 实践案例 •

欣欣是一个活泼可爱的小女孩,保育人员观察了她进餐时的行为,并做了几条记录:

(1)欣欣拿着勺子舀饭,往嘴里塞了很多米饭,没咀嚼两下就咽下去了。

(2)欣欣用勺子吃了几口,放下勺子,直接用手抓起饭菜放进嘴里。吃到最后,欣欣把汤和菜都倒进米饭里,直接吃汤泡饭了。

(3)午餐有欣欣不爱吃的虾仁,欣欣吃完其他的菜,唯独把虾仁留在了碗里。保育人员过去劝说,鼓励欣欣之后,欣欣才勉强把虾仁吃掉了。

保育人员根据对欣欣进餐行为的观察,和家长进行了沟通。原来,欣欣家人对她十分宠溺,更多的是关注孩子吃饱吃好,而对孩子的进餐习惯不做要求,没有关注到幼儿的进餐时间、进餐方式和餐桌礼仪以及不良进餐行为背后隐藏的危险性。这样就导

致欣欣对进餐的规则意识比较欠缺,还存在挑食和"手抓饭"的问题,良好的进餐习惯和正确使用餐具的方法还需要培养。

保育人员和家长共同分析幼儿现状,及时地给予适宜的家庭教育指导,帮助家长认识到孩子挑食的危害性。向家长介绍幼儿营养平衡知识,帮助家长建立起正确的营养观念。保育人员建议家长,在家庭中要多关注欣欣的进餐行为,提醒和帮助欣欣学会正确使用勺子吃饭的方法和坐姿,巩固良好的进餐习惯。在用餐时间,要留意监督、催促叮嘱欣欣,学着使用小勺,一勺一勺把食品舀进嘴巴中,细嚼慢咽。

另一方面,在班级里,保育人员也有意识地引导欣欣参与游戏活动。通过角色游戏中"给小动物喂饭"的游戏等,间接帮助幼儿形成好的进餐习惯,并提高自我服务能力,形成规则意识。在区角里,保育人员还特意投放了一些大小适宜的食物仿真材料,鼓励欣欣练习舀小勺,领会准确用小勺的方式。在活动中,保育人员也通过小集体活动(比如绘本故事、儿歌、谈话、游戏等),帮助幼儿习得良好的进餐习惯。

保育人员还制定了班级的午餐规则,在午餐环节,对于进餐有进步和好的行为,保育人员都及时表扬和鼓励。针对欣欣进餐的情况,保育人员让欣欣和进餐习惯良好的幼儿坐在一起进餐,同伴间相互监督,共同进步。

三、有效控制进餐时间,加强进餐看护,避免发生伤害

(一)有效控制进餐时间

托育机构要根据婴幼儿进餐需求合理安排进餐时间,不催促、不拖延。根据《托育机构婴幼儿喂养与营养指南(试行)》要求,托育机构的每次正餐应控制在 30 分钟内。

(二)加强进餐看护,避免发生伤害

《婴幼儿喂养健康教育核心信息》中提到,婴幼儿进食要有成人看护,不逗笑打闹,防止进食意外。在婴幼儿进餐过程中,托育机构要做到全程监护幼儿进食,避免意外事故的发生。

在托育机构的进餐环节中,如果幼儿在进食时随意走动,易引起碰伤、烫伤。为保证进食安全,托育机构要为婴幼儿设立固定的就餐位置,注意进食场所的安全,并要求保育人员全程看护。

思考与练习

- 1. 婴幼儿营养与喂养的目标是什么？
- 2. 根据 7～12 个月、13～24 个月、25～36 个月婴幼儿的发展特点，简述如何培养婴幼儿良好的饮食行为习惯。
- 3. 托育机构可以通过哪些方法和策略达到婴幼儿的营养与喂养目标？

第六章 睡 眠

学习目标

- （1）掌握婴幼儿睡眠领域的保育目标；
- （2）熟悉婴幼儿睡眠领域各年龄阶段的保育要点；
- （3）了解对托育机构在婴幼儿睡眠发展领域的保育指导建议。

第一节　目　标

一、获得充足睡眠

儿童睡眠受生物、心理、社会因素的影响，建立良好睡眠习惯的关键在于顺应儿童成长规律，营造优良的环境条件，帮助儿童建立适当的生活规律及稳定的睡眠-觉醒昼夜节律。

（一）睡眠不足影响婴幼儿生长发育

儿童早期睡眠可以被称为成长型睡眠。睡眠除了可以缓解婴幼儿的疲劳、恢复体力、稳定免疫代谢功能以外，在体格生长、认知发育、学习记忆能力、情绪行为等方面，对儿童的生长发育也有促进作用。一旦儿童出现睡眠问题，其身体多系统功能将会受到不良影响，可导致儿童生长发育迟缓，学习、记忆能力下降，多动、易怒等情绪行为问题以及意外伤害发生率的增加。[①]

婴幼儿时期存在睡眠问题对婴幼儿期乃至儿童早期都会产生不良影响，主要有以下三个方面：

1. 认知功能低下

睡眠不足可导致神经认知功能的低下，这主要是由于睡眠不足影响了注意的广度、记忆力以及抽象思维的能力。对于所有年龄段的儿童，睡眠不足还会增加事故发生的危险性。

---

① 《睡眠养育照护行为与儿童健康》。

2. 出现行为问题

有研究发现,婴儿期睡眠问题可以延续到儿童早期,与睡眠好的儿童相比,存在睡眠问题的孩子在稍大些后会出现更多的睡眠及行为问题,也会引起一系列情感行为问题,如白天嗜睡、好斗、多动、易激惹、冲动、注意力不集中、过度哭闹、易发脾气、自我控制能力差等,且症状易变得严重。

3. 影响体格发育

睡眠问题会打乱儿童深睡眠期生长激素的分泌,使得内分泌以及代谢系统受到影响,免疫系统同时也会受到威胁,体格生长发育会受到影响。因此,托育机构应该重视婴幼儿的睡眠管理,保障婴幼儿获得充足的睡眠。

(二)合理安排日间睡眠,保障婴幼儿充足睡眠

对托育机构来说,婴幼儿的睡眠主要是日间睡眠,也就是在一日活动中的午睡环节。《浙江省托育机构3岁以下婴幼儿照护指南(试行)》中列举了不同月龄婴幼儿的日间睡眠(午睡)的次数和时长:

表6-1 婴幼儿日间睡眠次数和时长

年龄	日间睡眠次数(次)	日间睡眠时长(小时/次)
7～12月龄(乳儿班)	2	1～2
1～2岁(托小班)	1～2	1.5～2.5
2～3岁(托大班)	1	2～2.5

托育机构可以参考上表,合理安排乳儿班、托小班、托大班的日间睡眠次数和时长,保证婴幼儿获得充足的睡眠。

二、养成独自入睡和作息规律的良好睡眠习惯

(一)培养婴幼儿独自入睡的习惯

托育机构应该在提供生活照料的同时,培养婴幼儿独自入睡的能力。对于7～12个月的婴儿,可以在婴儿瞌睡但未睡着时将其单独放置在小床上入睡,不宜摇睡、搂睡。将喂奶或进食与睡眠分开,至少在幼儿睡前1小时喂奶。

对于12个月以上的幼儿,可以让其在固定的床位独自入睡。在刚开始尝试独立入睡的阶段,可以允许幼儿抱安慰物入睡。

（二）帮助婴幼儿建立规律的作息

要培养良好的作息习惯，即维持基本规律的作息。规律的作息习惯是孩子最好的助睡办法，一个白天和晚上总是在固定时间上床的孩子，几周后将会在同一时间出现睡意，体内生物钟逐步与外界同步。因此，在托育机构，也需要为婴幼儿设置固定的午睡和起床的时间，帮助婴幼儿建立规律的作息。

除此之外，托育机构也要提醒家长，在家庭中，即使是假期也应维持婴幼儿固定的上床和起床时间，以保持婴幼儿正常的睡眠节律，共同促进婴幼儿良好睡眠习惯的养成。

第二节　保　育　要　点

一、7～12 个月

（一）识别婴儿困倦的信号，通过常规睡前活动，培养婴儿独自入睡

1. 婴儿困倦信号的识别

在照护过程中，保育人员要通过婴儿的动作、神态等识别婴儿困倦的信号。科学的照护行为可有效提高婴幼儿睡眠效率，保证睡眠时间。婴儿困倦、想睡觉通常表现为情绪烦躁、哭闹，眼神迷离，不停地揉眼、抓耳、打哈欠，寻找安全感等，但是不同宝宝想睡觉的表现有一定差异，需要多观察。

表 6-2　婴儿困倦信号

现象	说　明
哭闹	婴儿想睡而没有睡着，自我感觉难受又不能诉说，就会表现出烦躁的情绪，如哭闹。
眼神迷离	婴儿困倦、想睡觉时和吃奶后，眼神不似平时精神，会出现眼神灵敏度下降，显得更加迷离，眼睑也不停张闭。
各种小动作	不停地揉眼、抓耳、打哈欠等。
寻找安全感	寻求熟悉的人哄抱，拒绝陌生人接触或近距离交流。

2. 常规睡前活动的安排

睡眠仪式有助于婴幼儿形成睡眠条件反射。睡前可为婴儿喂奶、洗温水澡、换上干爽的

尿不湿,调暗灯光,将婴儿放到小床上听《摇篮曲》,使其安静下来。[1] 保育人员通过这些常规的睡前活动,可以让婴儿逐渐建立良好的睡眠习惯。

3. 培养独自入睡的习惯

自我平静是儿童学会从觉醒转入睡眠的基本能力,从一出生就应开始培养。[2] 一般而言,4 个月之后,绝大多数宝宝都拥有"自我安抚"的能力。7～12 个月的宝宝,可以自己安抚自己,直到平静入睡。

保育人员可以在婴儿瞌睡但未睡着时将其单独放置于小床中睡眠,让宝宝学习自我平静,帮助宝宝培养独自入睡的习惯。需要注意的是,在宝宝睡眠环节中,保育人员不宜抱睡、摇睡,并且应尽量减少安慰行为。

(二)帮助婴儿采用仰卧位或侧卧位姿势入睡,脸和头不被遮盖

1. 保证婴儿的正确入睡姿势

宝宝常用的睡眠姿势有仰卧和侧卧,对 7～12 个月宝宝来说,这两种睡眠姿势各有利弊,在宝宝入睡后,也需要关注宝宝的睡眠状态,防止睡眠意外事故的发生。

(1)仰卧。

仰卧是婴儿经常采取的一种睡姿,有利于肌肉的放松,不会使内脏器官受压,内脏负担较小;但仰卧使舌根后坠,有时会阻塞呼吸道,使婴儿呼吸困难,有回奶习惯的婴儿易发生窒息。当宝宝仰卧睡眠的时候,需要特别注意睡眠中的看护和巡视。

(2)侧卧。

侧卧也是婴儿常取的一种睡姿,尤其是右侧卧位是一种比较好的睡姿,对重要器官无过分压迫,又利于肌肉放松,婴儿溢乳时也不致吸入气管。但 1 岁以内的婴儿头颅骨缝还未完全吻合,长时间单向侧卧,容易发生脸部两侧不对称,并可能造成斜视。可以左右侧卧交替。

对于 1 岁以内的婴儿来说,最好两种姿势交替睡。保育人员可以根据宝宝的习惯和不同的情况,交替选择适合宝宝的睡眠姿势。

2. 保证婴儿睡眠时脸和头不被遮盖

在宝宝睡眠前,保育人员要保证婴儿床上没有散放的被褥、抱枕或是其他容易被婴儿触碰而覆盖在宝宝脸上和头上的物品;在宝宝睡眠时,保育人员要做到定时巡视,确保宝宝的睡眠安全。

婴儿入睡时或入睡后活动身体时,如果婴儿床周围有一些容易覆盖住宝宝脸部和头部

---

[1]《0 岁～5 岁儿童睡眠卫生指南》。
[2]《睡眠养育照护行为与儿童健康》。

的物品，容易出现安全事故，保育人员一定要做到及时清理。

有的婴儿也会用被子捂住脸部或头部睡觉，这样会在宝宝脸部的周围形成一个供氧不足和二氧化碳聚积的小环境，容易导致被子里二氧化碳浓度升高，氧气的浓度不断下降。长时间吸入污浊的空气，对婴儿的睡眠质量和身体健康都有极大的影响。如果婴儿出现用被子捂住脸部或头部睡觉的情况，保育人员要及时纠正。

（三）注意观察婴儿睡眠状态，减少抱睡、摇睡等安抚行为

在睡眠环节，保育人员要注意观察婴儿的睡眠状态，尽量让婴儿独自入睡，减少抱睡、摇睡等安抚行为。

1. 婴儿抱睡、摇睡的危害

很多宝宝都有"抱着睡、放下醒"的习惯，无奈之下，保育人员为了哄睡宝宝也不得不长时间抱着宝宝，直到宝宝沉沉睡去才敢放下。其实，宝宝被抱着睡时，其脊柱会弯曲，长此以往可能会导致脊柱侧弯。除此以外，经常抱宝宝睡，不利于宝宝培养自主睡觉的习惯，也会影响宝宝的睡眠质量。

为了让宝宝能够安稳地睡一个好觉，保育人员有时候会把宝宝抱在怀里或是一边轻轻摇晃一边哼唱童谣，宝宝在这样的环境下确实比较容易快速入睡。但是在这个阶段，宝宝的骨骼尚未发育成熟，骨质也相对柔软，韧带的弹性也比较差，颈椎还未完全骨化，难以承受较大幅度的摇晃。如果在宝宝睡觉时总是轻轻摇晃，很容易损伤到宝宝的颈部肌肉和韧带，甚至会扭伤宝宝的颈部。

2. 观察婴儿的睡眠状态，科学安抚婴儿入睡

在哄睡宝宝的时候，保育人员要注意观察宝宝的情绪状况，当宝宝情绪平稳、身体放松，就可以把宝宝放到小床上了。正确的放法是先把脚丫放下，然后放屁股，最后放头，这样宝宝更有安全感。把宝宝放下的时候要避免让宝宝头朝下，不然宝宝可能会被惊醒。

如果放下宝宝后，宝宝有哭闹、哭泣的反应，保育人员可以用应声、轻拍等方式安抚宝宝，并在旁边观察。如果宝宝实在是哭得厉害，保育人员可以再抱起宝宝安抚，给宝宝足够的安全感，直到宝宝适应后再将宝宝放下。全程抱睡、摇晃哄睡并不是正确的方式，使宝宝逐渐学会自行入睡才是最为妥当的。

二、13~24 个月

（一）固定幼儿睡眠和唤醒时间，逐渐建立规律的睡眠模式

儿童睡眠规律是在其健康成长的基础上建立的，并非完全人为设定。婴儿一般在 6 个月

左右能建立稳定睡眠规律。因此,随着宝宝的成长,白天应帮助宝宝安排张弛有度的生活、恰当的睡眠时间和频率,固定幼儿睡眠和唤醒时间,使睡眠符合宝宝的生理和生长需求。

2023 年 4 月,常州市卫生健康委印发了《托育一日作息安排表及婴幼儿照护要点(试行)》,其中,13～24 月龄班级的睡眠时间安排如下:

表 6-3　13～24 月龄宝宝睡眠时间安排

活动时间	活动内容
12:00—14:30	睡眠活动
14:30—15:00	起床与整理

保育人员可以结合地域和季节特点,为幼儿安排睡眠和起床时间。通过睡眠时间安排,固定幼儿睡眠和唤醒时间,帮助幼儿逐渐建立规律的睡眠模式。

(二)坚持开展睡前活动,确保幼儿进入较安静状态

在午睡前,保育人员可以为幼儿固定安排 3～4 项睡前活动,如盥洗、如厕、讲故事等。需要注意的是,睡前活动的内容应每天基本保持一致,固定有序。睡前活动的时间控制在 20 分钟以内。睡前活动的内容要做到简短又温馨,结束时尽量确保幼儿处于较安静状态。通过一套固定的睡前程序,让宝宝逐渐放松和安静下来,激发宝宝的睡意,帮助幼儿逐渐形成规律睡眠。

(三)培养幼儿独自入睡的习惯

研究证明独自入睡可以促进更好的睡眠。醒着被放到床上的宝宝,比睡着了放到床上的宝宝更容易睡更久。

保育人员可以通过一些小技巧安抚宝宝独立入睡,如轻揉宝宝的耳朵,可以帮助幼儿快速入睡。对于刚入园哭闹的幼儿,保育人员可以轻拍幼儿的后背,或从上到下捋幼儿的后背,以快速稳定幼儿的情绪,帮助幼儿独自入睡。

> ● 实践案例 ●
>
> 琳琳是班中月龄最小的孩子,在上午的生活、游戏活动时,琳琳情绪特别好,性格也很活泼,喜欢和保育人员、同伴一起做游戏。但我们发现,每天上午活动结束回到教室的时候,琳琳就开始哭闹而且很难安抚。午餐时间,保育人员抱着琳琳一边安抚一边

喂饭,可是还没吃完饭,琳琳就在老师的怀里睡着了。原来,由于月龄小,孩子的运动量一大,就特别需要休息。

基于琳琳的月龄特点和生活习惯,在上午游戏活动时,保育人员让琳琳的活动量相对同伴来说强度更低一些,让每个活动之间有足够的休息时间,尽量保证琳琳中午的进餐以及午睡活动。

这个方法果然有用,一直到午餐时间,琳琳都保持着比较好的精神状态和情绪。但是到了午睡时,琳琳开始哭闹了,需要老师抱着睡觉,好不容易抱着睡着了,老师小心翼翼地把她放到床上时居然又醒了。

保育人员和琳琳的家长进行了交流,原来,琳琳在家是一天两觉,而且对午睡环境要求特别高,窗帘需要全部拉起,而且家里不能有一点声响,不然琳琳就会惊醒。对于琳琳这样对午睡有着"高要求"的孩子,保育人员需要这样帮助孩子们:为孩子创设一个安静的空气新鲜的睡眠环境,适当开窗,拉好窗帘。通过阅读故事、听轻音乐、安抚幼儿等帮助孩子安心入睡。通过将事物拟人化提醒幼儿安静就寝,如在幼儿进入午睡室后关上灯时,可以说:"天黑了,灯也休息了,宝宝也要睡觉了。"让幼儿感受到现在大家都睡觉了,暗示自己也想睡觉,起到共情的作用。当家庭中和托班午睡时间不一致时,要与家长沟通,请家长调整孩子的睡眠时间,尽量和托班保持一致。

幼儿的习惯养成是日积月累的,并具有反复的特点。帮助幼儿养成良好的午睡习惯,需要家园一致的作息时间,更需要保育人员的关爱、耐心和坚持。

三、25～36 个月

(一) 规律作息,每日有充足的午睡时间

对正处于身体快速生长发育阶段的幼儿,充足的、高质量的睡眠尤其重要。进入深睡眠状态后,人体呼吸变得深长,心跳也缓慢下来,全身肌肉放松,这时候疲惫的细胞得到休息,还可从血液里得到新的养分,体力也逐渐得到恢复。同时,人体分泌生长素,能促进孩子生长发育与提高抵抗力。因此,在托育机构,保育人员要帮助幼儿规律作息,保证幼儿有充足的午睡时间。

在常州市卫生健康委印发的《托育一日作息安排表及婴幼儿照护要点(试行)》中,25～36 月龄班级的睡眠时间安排如下:

表6-4　25～36月龄宝宝睡眠时间安排

活动时间	活动内容
12:00—14:30	睡眠活动
14:30—15:00	起床与整理

(二) 引导幼儿自主做好睡眠准备，养成良好的睡眠习惯

2～3岁的幼儿，在生理和心理上都已经能开始自己做事情了，在这个阶段，可以引导幼儿在睡前自主做好睡眠准备，这样既能锻炼幼儿的动手操作能力，也能发展幼儿的自信。

在幼儿入托前，保育人员要提前向家长了解幼儿睡眠的习惯，如睡眠的时间、睡眠的深浅度、睡眠的规律等，以灵活调整个别幼儿的睡眠时间。在幼儿入托初期，保育人员可以请家长从家中带来幼儿喜欢的床上用品，在床上贴好幼儿的照片，允许幼儿抱着自己的玩具一起睡觉，增强幼儿对新环境的认同感和亲近感。

幼儿入托后，保育人员要引导幼儿熟悉睡房环境，认识自己的小床和个人物品，引导他们在自己的床上午睡。保育人员也可以用游戏的方式，如在睡觉前安排一个"哄娃娃睡觉"的游戏，形成一种正面的心理暗示，为幼儿创造一个有利于睡眠的心理环境，缓解幼儿的紧张或焦虑情绪。

通过入托前的准备和入托后的引导，能够帮助幼儿安静入睡，醒来不打扰别人，养成良好的睡眠习惯。

第三节　指导建议

一、为婴幼儿提供良好的睡眠环境和设施，温湿度适宜，白天睡眠不过度遮蔽光线，设立独立床位，保障安全、卫生

适宜的睡眠环境是保证婴幼儿高质量睡眠的前提条件。舒适的关键是清洁和安全，尽量让幼儿在自己所熟悉的环境中睡觉，要布置一种温馨、舒适、安静的睡眠环境。光线较暗时婴幼儿较容易入睡，所以床可以放在暗处，也可以放下窗帘挡住光线，既便于照料婴幼儿又不影响睡眠。

(一) 提供良好的睡眠环境和设施

婴幼儿睡眠质量的好坏，与环境因素息息相关。噪声、阴暗潮湿、干燥、寒冷、高温都会

使孩子难以入睡,或虽睡着了也易被惊醒。因此,良好的睡眠环境对预防和治疗睡眠障碍是很重要的,主要包括以下几个方面:

1. 声音

生活在比较嘈杂环境中的儿童出现睡眠障碍的几率要高一些。长期暴露在噪声环境中,会引起儿童体内儿茶酚胺分泌量增加,神经系统的敏感性和兴奋性增加,导致儿童难以入睡,所以维持较安静的睡眠环境是睡眠的必要条件。同时,也要尽量避免突然的大声干扰。单调的声音和慢节拍的声音,如雨水声、催眠曲等常有助于入睡。在睡前听音乐助眠,需根据个体情况决定。

2. 温度

合适的睡眠环境温度是很重要的。一般来说,理想的卧室温度一般是 20℃～25℃。被窝里的温度也不应忽视,理想的身体周围温度应保持在 29℃左右。不宜穿太多和太紧的衣服睡觉,以成年人两指可伸进去灵活运动为度。包裹太紧,婴儿容易出汗,身体各部不舒适,且不利于身体的血液循环和身体发育。对于较大的孩子,建议脱衣睡觉或穿宽松的睡袍睡觉。

3. 湿度

空气的湿度太大或过于干燥均不利于睡眠和健康。卧室适宜的相对湿度为 60％～70％,被窝里的理想湿度应是 50％～60％。穿的睡衣需注意舒适及吸汗性,避免睡得满头大汗。

4. 光照度

避免在明亮的环境下睡眠,以免长时间在强人工光源照射下,产生"光压力",也容易导致近视。托育机构午睡时,可以拉上窗帘,但不宜过暗,要保证保育人员能随时观察婴幼儿睡眠的状况。

5. 睡眠设施

床铺准备上,要为幼儿准备好睡眠所需的床铺和被褥,使铺位舒适,被褥清洁柔软,厚薄适宜。

(二) 设立独立床位,保障安全、卫生

1. 为婴幼儿安排独立床位

在床位安排上,将体弱幼儿的床位安排在背风处,体质较好、怕热的幼儿可被安排在通风处,但不能吹过堂风。易尿床和活泼好动、爱说话的幼儿可安排在保育人员便于照顾和管

理的地方,咳嗽的幼儿最好和其他幼儿保持一定的距离。全体幼儿头脚交叉睡,保证婴幼儿的睡眠安全和卫生。

2. 保障安全、卫生

在睡眠的各个环节,都需要做好安全检查,保障婴幼儿睡眠的安全、卫生。

(1)睡前安全检查。

为保证幼儿午睡的安全,托育机构要做好睡前安全检查。在午睡前,要注意检查幼儿手里、口袋、床上,是否藏有小东西,如发夹、豆子或尖锐的小玩具。这些物品会使幼儿在情绪上处于兴奋状态而影响睡眠,同时幼儿还有可能将它们放入口、鼻、耳内,发生意外。

(2)睡中安全巡视。

坚持每 15 分钟巡回检查一次,细心观察幼儿的动向,注意"听""看""摸",即听幼儿呼吸,看幼儿脸色神态等有无异常,摸额头以判断幼儿有无发烧迹象。

二、加强睡眠巡视与照护,注意观察婴幼儿睡眠时的面色、呼吸、睡姿,避免发生伤害

在婴幼儿午睡过程中,保育人员要加强巡视,做好个别保育,以保证婴幼儿的睡眠质量和安全。在静悄悄的幼儿卧室中,往往存在着许多安全隐患。如果保育人员的安全意识不强、观察不细致,很可能会导致意外事故的发生。

(一)睡眠中的巡视与照护重点

1. 解除睡眠环境安全隐患

若玻璃窗的窗钩没有搭好,风吹过会使玻璃破碎,割伤幼儿;如果窗台上放着物品,被风吹倒掉落可能会割伤或砸到幼儿;室内光线太暗,无法看清幼儿的脸容易造成危险发生;床铺上有遗漏的发卡、别针、小玩具等不安全物品,容易扎伤幼儿,或影响幼儿睡眠。

2. 防止保育人员职责缺失

保育人员擅自离岗,幼儿有异常情况无法及时处理;对幼儿不正确的睡姿没有及时提醒和调整,很可能导致幼儿窒息;保育人员在幼儿睡前没有做好午检,如幼儿睡前口中含饭、手中有不安全的物品等,可能给幼儿带来异物入体等伤害。

(二)睡眠中的巡视与观察

每 15 分钟巡视一次,观察幼儿的脸色和呼吸状况,发现异常及时处理。保育人员看护幼儿睡眠时必须面对幼儿,以利观察。

三、关注个体差异及睡眠问题，采取适宜的照护方式

儿童的睡眠时间因其生长在不同的环境、地区，个体会存在一定差异，也有一些幼儿因为种种原因，出现了各种睡眠问题。保育人员应掌握一定的睡眠照护知识，采取适宜的方法进行睡眠照护。托育机构常见的问题有幼儿不能独立入睡，需要"安慰物"陪伴入睡，或者是幼儿睡姿不良等。

（一）不能独立入睡的幼儿照护方式

保育人员可同家长一样，轻拍幼儿入睡，使幼儿情绪放松，对新环境产生安全感；再逐渐减少陪伴次数，培养幼儿独立入睡的能力。对于依恋度较高的幼儿，可以让其带一张家长照片，从而获得心理安慰。如幼儿精力旺盛，不必强求入睡，以免使其产生心理负担。

> **实践案例**
>
> 午睡时间到了，保育人员把睡房的光线调暗，播放了温柔的催眠曲。孩子们在保育人员的帮助下脱了鞋子和裤子，躺在小床上准备午睡了。尽管有一些孩子仍然有情绪，但是在保育人员的抱抱、拍拍等安抚下慢慢都安静下来。只有辰辰坚持不肯躺下，而是坐在床边一边哭一边重复说着"我要找妈妈……"，丝毫没有睡觉的意思。保育人员一边安抚辰辰，一边帮他把鞋子裤子脱了，帮助他躺在小床上。辰辰并不拒绝保育人员的安抚，但还是一刻不停地重复要找妈妈的话，有时候哭声响一些，有时候哭声小一些，任何安抚的话都听不进去，仿佛完全沉浸在自己的世界中。过了一会，睡在辰辰旁边的几个孩子被他的哭闹声影响到，也陆陆续续开始哭了起来。
>
> 辰辰在午睡前哭闹的情况持续了几天，为了保证其他幼儿的午睡环境，保育人员先陪着辰辰在隔壁房间午睡。保育人员发现，在辰辰哭闹时，抱着他会比直接让他睡在床上的时候情绪要好一些，所以保育人员决定先抱着他，安抚他的情绪，给他安全感，同时轻轻摸摸他的头，有节奏地拍拍他。慢慢地，辰辰的哭闹行为少了，也不再一直念叨着要找妈妈，逐渐能够在保育人员的怀抱里安静地睡着了。
>
> 随着时间的推移，辰辰在午睡时间的哭闹情况减少了，和保育人员也建立了安全感和信任感。终于有一天，保育人员在抱着辰辰哄睡后，把他轻轻地放回他的小床，他睁开眼睛看了看，发现是熟悉的人和环境，便继续入睡了。

（二）需要"安慰物"的幼儿照护方式

可以允许幼儿继续抱睡,待适应环境后,再采用鼓励和转移注意力的方法帮其戒掉对这些物品的依赖。对于在一定时间内情况有好转的幼儿,保育人员应和家长联系,同家长一起表扬鼓励,帮助幼儿巩固好习惯。

• 实践案例 •

诺诺是今年入托的新生,从进入托班开始,他的手中总是拿着一个小枕头,这个小枕头跟他形影不离,不光是睡觉要用,就连在游戏、运动、吃饭的时候,诺诺都要把小枕头抱在身上。小枕头在日常活动中,经常影响诺诺的行动,带来很多不便。

保育人员从家长那里了解到,诺诺在家并不是非常依赖小枕头,只是睡觉时会指定使用。了解了诺诺对依恋物的依赖程度,保育人员有信心给孩子足够的时间来告别依恋物。考虑到诺诺刚入托,在入托初期存在正常的分离焦虑情绪,保育人员没有马上拿走诺诺的小枕头,而是先给诺诺安排比较宽松自由的作息时间和充分的户外活动空间,帮助他缓解焦虑情绪,逐渐让他适应托班环境,获得安全感,建立自信心。

随着时间的推移,诺诺已经适应了托班的生活,这个时候,保育人员发现,诺诺也感觉到了全天都带着小枕头有很多不方便。比如在洗手时,他一手抓着小枕头,一手去冲水,不仅不方便洗手,还会弄湿小枕头。上厕所的时候,诺诺要抱着小枕头,单手脱裤子很不方便,每次都需要保育人员帮忙。看到别的小朋友因为独立洗手、上厕所被老师表扬,诺诺也终于在洗手、上厕所的时候决定把小枕头放下来。

看到诺诺能主动放下小枕头了,保育人员觉得这是一个好的信号,可以开始逐步帮助诺诺告别小枕头了。在户外游戏时,保育人员会在诺诺玩耍的时候,提出帮助诺诺保管小枕头,并再三保证放在诺诺能看到的地方。诺诺为了方便玩游戏,就将小枕头交给保育人员保管。就这样,在丰富有趣的游戏环境中,小枕头跟诺诺分开的时间逐渐拉长,次数也逐渐增多。到了后面,保育人员发现,当诺诺和小枕头分开一段时间后,他对小枕头的关注也不那么多了。

午睡时间,诺诺还是需要小枕头的陪伴,保育人员和家长经过充分的沟通后,请家长在家中也进行引导,比如当诺诺在家睡觉闹情绪时,家长坚持自己的态度,跟孩子讲好规则和约定：睡觉时不抱小枕头，起床后可以抱一会。通过家长和保育人员的共同努力，诺诺午睡时，也不再坚持要抱着小枕头才能入睡了。看到诺诺的进步，保育人员和家长都及时肯定了诺诺的表现，给予了表扬和鼓励。

（三）睡姿不良的幼儿照护方式

在托育机构，常见的不良睡姿主要有趴睡、跪睡、蒙头睡等。保育人员要向幼儿和家长讲解正确睡姿对身体的益处和不正确睡姿对身体的影响。在睡眠环节中，保育人员多鼓励和监督幼儿采用正确的睡姿。同时，做好家园互动，和家庭共同引导幼儿采用正确的睡姿。

思考与练习

- 1. 简述在婴幼儿睡眠照护中，可以通过哪些方法保障婴幼儿睡眠安全。
- 2. 如何帮助婴幼儿养成独自入睡和作息规律的良好睡眠习惯？

第七章 生活与卫生习惯

学习目标

- （1）掌握婴幼儿生活与卫生习惯领域的保育目标；
- （2）熟悉婴幼儿生活与卫生习惯领域各年龄阶段的保育要点；
- （3）了解对托育机构在婴幼儿生活与卫生习惯领域的保育指导建议。

第一节 目 标

一、学习盥洗、如厕、穿脱衣服等生活技能

在托育机构，婴幼儿一日生活的主要内容包括进餐、盥洗、如厕、午睡等。在这些生活环节中，保育人员要根据婴幼儿的身心发展特点，在进行日常生活照护的基础上，引导婴幼儿学习一些基本的生活技能，促进婴幼儿生活自理能力的发展。

在盥洗、如厕、穿脱衣物方面，在宝宝1岁左右，保育人员就可以引导宝宝自己扔尿片；一岁半以后，保育人员可以逐渐引导幼儿学习脱袜子、脱鞋，练习示意大小便等；15～24个月以后，保育人员可以引导幼儿学习排便控制和进行如厕训练。

二、逐步养成良好的生活卫生习惯

0～3岁婴幼儿正处于生长发育的快速期和习惯养成的关键期，帮助他们养成良好的卫生与生活习惯对其健康成长乃至一生发展都具有重要作用。保育人员要对婴幼儿的一日生活环节进行合理安排，以保证其生活的规律性和稳定性，培养婴幼儿良好的生活卫生习惯。

在托育机构，可以从进餐、盥洗、如厕、午睡等方面来逐渐养成婴幼儿的生活卫生习惯。

表 7–1 幼儿生活卫生习惯培养内容

生活环节	生活卫生习惯培养
进餐	1. 能安静愉快地与同伴一起进餐,乐意自己吃饭。 2. 知道进餐前要洗干净双手。 3. 坐姿端正,正确使用餐具(小班能正确使用勺子,中大班能正确使用筷子),掌握一些简单的饮食技巧,能独立进餐。 4. 初步了解食物的营养价值,不挑食、不剩饭菜、不过量进食,养成良好的进餐习惯。 5. 进餐时细嚼慢咽,不发出较大声音,不边吃边玩,咽下最后一口饭后再离开餐桌。 6. 尽量保持衣物、桌面、地面清洁,养成文明的进餐礼仪。 7. 餐后能有序整理餐具,收拾食物残渣,养成餐后擦嘴、洗手以及漱口的习惯。
盥洗	1. 洗手环节。 (1) 知道洗手是保证身体健康的重要环节,能够防止病从口入。 (2) 洗手前挽好袖子,掌握正确的洗手方法,洗净双手。 (3) 逐步养成餐前、便前便后、手脏时及时、自觉洗手的习惯。 (4) 人多时,知道排队有秩序地洗手,有初步的规则意识。 (5) 知道节约用水,学习控制水流大小,洗手后将水龙头关紧。 2. 漱口环节。 (1) 知道漱口能清洁口腔,保护牙齿。 (2) 餐后能主动漱口,学习正确的漱口方法,养成良好的漱口习惯。 (3) 知道维护环境卫生,漱口后对准水池吐水。
如厕	1. 懂得在托育机构如厕是一件正常的事,不紧张,不拒绝。 2. 知道及时排便对身体健康有好处,能及时排便,养成良好的如厕习惯。 3. 逐步学会自理大小便,大小便有异常情况能主动告诉教师或保育员。 4. 逐步学会便后用手纸自前向后擦屁股,将便纸放在固定的位置。 5. 能自己脱裤子、提裤子,便后整理自己的服装。 6. 保持厕所地面整洁,便后将厕所冲洗干净。 7. 养成便后洗手的习惯。
午睡	1. 喜欢在托育机构午睡,能自然、独立入睡。 2. 午睡前主动小便,不带物品上床。 3. 逐步学会有顺序地穿脱衣服,并叠好放在指定位置,鞋子放床下,摆放整齐。 4. 睡眠过程中有便意、身体不适时能及时告诉老师,不大声喊叫,不打扰别人。 5. 以正确的姿势入睡,不趴睡、不蒙头睡,不与他人交谈,不做小动作,养成良好的睡姿与习惯。 6. 按时起床,按顺序穿衣服,学习整理床铺。

第二节 保 育 要 点

一、7~12个月

(一) 及时更换尿布,保持臀部和身体干爽清洁

7~12个月托婴班的宝宝在生活保育中的一项重要内容就是更换尿布。及时更换尿不湿、保持卫生清洁、定期清洗等,能够避免相关部位受到损伤。宝宝的屁股相对来说是比较娇嫩的,在日常生活中一定要及时的更换尿不湿,否则会对皮肤产生刺激,导致局部出现红肿疼痛。同时,还需要做好臀部的卫生护理工作,避免让局部处于潮湿的状态。

表 7-2 更换尿布的操作步骤及要求

步骤	操 作 要 求
1. 换尿片准备	(1) 个人及环境准备:修剪指甲,洗净双手,脱去外衣,操作用物放在顺手可及的地方。室温 22℃～26℃,避免穿堂风。 (2) 用物准备:操作台、尿布、盆(内盛 34℃～36℃ 温水)、小毛巾、护臀膏、尿布桶、室温计、棉签。
2. 解开尿布	(1) 解开布尿布的带子,不能抽拉带子,以防损伤婴幼儿皮肤。 (2) 拉开纸尿布的胶带。拉开胶带后直接粘在尿布上,以防损伤婴幼儿皮肤。
3. 撤下尿布	(1) 一只手提起婴儿双腿(拇指和中指握住婴儿的两只足踝,食指放在双踝之间),将腿和臀部轻轻抬起。 (2) 另一只手用尿布的干净面从前向后擦去婴儿腹部、腹股沟、会阴、臀部等处的污物。 (3) 将尿布向内对折,垫在婴儿臀下。
4. 清洁臀部	用湿纸巾或温湿毛巾从前向后擦干净婴儿腹部、腹股沟、会阴、臀部。对男婴,注意清洁阴囊表面、外生殖器和两者的结合部。对女婴,注意阴唇内侧容易积留大便,应轻轻将其撑开、擦净。
5. 观察	观察是否有"红屁股","红屁股"即尿布湿疹,臀部皮肤会红成一整片,像烧坏了的皮肤。
6. 涂护臀膏,换尿布	(1) 一手提起婴儿双腿,使臀部略略抬高,另一手取出臀下污湿尿布,折卷后放入尿布桶。 (2) 把干净尿布放置在婴儿臀部下,用棉签在臀部滚动涂抹护臀膏。 (3) 布尿布带子从后面送到前面,系好带子后能容纳一手指,松紧适宜。

步 骤	操 作 要 求
7. 拉平衣服	拉平衣服并为婴幼儿盖好被褥。
8. 注意事项	(1) 注意室内温度,动作迅速、熟练,以免婴儿着凉。 (2) 垫纸尿布时打开尿布,看清前后方向。 (3) 要经常更换尿布,即使是纸尿布也要经常更换,以免引起尿布湿疹。 (4) 在换尿布过程中,要和婴儿轻柔、亲切地说话,和婴儿有眼神和动作上的回应与互动。

（二）生活照护过程中,注重与婴儿互动交流

在托育机构中,日常生活环节是婴儿与保育人员产生沟通和互动的最主要场所。保育人员在生活环节中,要做到和婴儿有互动交流,这样不仅可以帮助照护者更好地进行回应性照护,也能帮助儿童将来建立良好的人际关系。

1. 目光和语言的互动交流

7～12个月的宝宝已经能够通过眼神、动作、声音来和成人互动了,保育人员可以在给宝宝喂食、换衣服、换尿片等照护环节中,与宝宝开始进行互动。

在托育机构,婴儿吃奶后或者小睡醒来后,一般会比较平静而专注,他们会观察身边的环境,这时保育人员可以通过目光、语言和婴儿互动,让婴儿感到被关注、被喜欢,从而保持良好的情绪。

2. 有身体接触的互动交流

身体接触通常比单纯的语言更能传递强烈的爱和关怀,对于7～12个月的宝宝来说更是如此。在托育机构,保育人员和婴儿在生活环节中会有很多的身体接触,保育人员可以利用这样的机会和宝宝进行互动交流。

比如在给宝宝拍奶嗝、哄睡等照护过程中,保育人员不仅是在完成生活照护的动作,也是在通过抱抱、拍拍或者抚摸,让婴儿感受到保育人员的爱。

（三）识别及回应婴儿哭闹、四肢活动等表达的需求

婴儿在还没有口语表达能力时,更多通过自己的身体、面部表情及声音等非言语的沟通方式来发起需求和回应照护者。哭声是婴儿表达需要和情感的重要方式。学会聆听婴儿的哭声,可以帮助照护者建立良好的回应。保育人员应努力理解婴儿哭声的含义。在日常生活中,要敏感并观察了解婴幼儿动作、声音、表情等需求,并及时给予积极恰当的回应。

二、13～24 个月

(一) 鼓励幼儿及时表达大小便需求,形成一定的排便规律,逐渐学会自己坐便盆

自主如厕是宝宝人生中的一个重要阶段和学习过程,这个过程不仅可以让宝宝养成良好的卫生习惯,更重要的是让宝宝建立自信心和增强自尊心,对宝宝以后的心理发育和成长有很大的影响。在这个阶段,幼儿的括约肌发育逐渐成熟,幼儿可以有意识地控制自己的大小便。我们可以尝试白天停止给幼儿使用纸尿裤,并对宝宝进行如厕训练。

1. 鼓励幼儿及时表达大小便需求,形成一定的排便规律

在托育机构,保育人员在进行如厕照料的时候,也要引导幼儿学习表达大小便需求,逐渐形成一定的排便规律。

保育人员要关注幼儿大小便的时间,熟悉幼儿大小便前的表情、动作、声音,比如有的幼儿会在大小便前后出现走路姿势改变、用手抓裤子或尿布、哭泣或急着找大人等行为。当观察到幼儿有便意时,保育人员可以询问宝宝是否要大小便,判断幼儿是否需要大小便,帮助幼儿知道这就是要大便或者小便的感觉。

有的幼儿受限于语言表达能力,无法直接用语言清楚表达便意,保育人员可以引导幼儿通过简单的词语或手势动作来表达。如拍拍屁股、拉拉裤子的动作,或者使用简单的词语"嘘嘘""嗯嗯"等,经过反复地练习和提醒,帮助幼儿学会用固定的手势、动作或词语来表达便意。

2. 引导幼儿逐渐学会自己坐便盆

托育机构除了在卫生间配备马桶之外,还需要准备适合 1～2 岁幼儿使用的便盆。保育人员要引导幼儿认识和学会自己坐便盆,开始进行如厕训练。

图 7-1　常见的宝宝便盆

(1) 准备便盆。

许多宝宝都感到坐在便盆上比坐在马桶上更安全,因为他们的双脚还牢牢地踩在地上,不用害怕会掉进去。但是,如果宝宝也害怕便盆,就不要强迫,而应给其时间来习惯便盆。

(2) 让幼儿熟悉便盆。

在尝试使用之前,保育人员可以将便盆放在幼儿活动室中容易被看到的地方,让宝宝观察、触摸并适应便盆。保育人员可以在游戏活动中,通过儿歌、故事、绘本让幼儿了解便盆的作用,对便盆产生熟悉感,并且知道在大小便的时候,可以使用便盆。

（3）让幼儿尝试使用便盆。

宝宝熟悉便盆后，保育人员可以在观察到幼儿有排便信号时，引导宝宝尝试在便盆中大小便。

· 实践案例 ·

在托小班，我们是这样为幼儿进行如厕训练的：

1. 营造更换尿不湿的积极体验

更换尿不湿是幼儿在园和老师建立关系的重要时刻，老师会和孩子一起拿出干净的尿不湿，和他们闲聊刚刚发生的事情。或者以游戏的方式，来到私密的空间进行更换。老师会告诉幼儿接下来会做什么，帮助幼儿理解整个过程并鼓励参与。最后一起将换下来的尿不湿丢在指定的垃圾桶里。

在一次次的照护过程中，老师和幼儿建立一种合作模式，这种接纳与互助的关系为之后开展如厕训练提供了心理上的支持。

幼儿的气质类型是影响如厕训练的重要因素之一。敏感的幼儿需要时间消化如厕训练的每一步，所以老师需要根据幼儿的不同个性特点制定不同的引领方式与步骤，让幼儿慢慢形成内在动力。

2. 跟随同伴熟悉排泄的区域

老师会借助同伴的力量，带领幼儿跟随同伴（园里的哥哥姐姐）走进盥洗室，熟悉各自排泄的区域和物品摆设，也为自主如厕提供了模仿的机会。特别对于高度敏感的幼儿，老师会借助过渡环节，带领幼儿来给便池、马桶冲冲水，坐在马桶盖上唱首儿歌等，慢慢减少对物品和水流声音的抵触感。

在游戏中植入生活场景，老师会在教室里的娃娃家摆放玩具便盆，引导幼儿模拟生活场景，帮助娃娃坐在便盆上排泄，学说："我要小便/大便啦。"从而学习表达排泄需求，熟悉并建立新的如厕认知。

3. 如厕预备后正式进入如厕训练

在进入如厕训练的初期，老师不会直接将幼儿的尿不湿拿掉，而是在同伴如厕时，询问幼儿是否愿意试试看。老师帮助幼儿摘下尿不湿，请幼儿坐在马桶上或者靠近便池解解看，再帮幼儿包好尿不湿。

这样的试探，让幼儿既尝试了挑战，又感受到了被尊重，而熟悉的合作模式让这样的挑战变得更有安全感。慢慢地，老师根据幼儿的状态，尝试在部分生活环节，和宝贝一起摘掉尿不湿。

如果在如厕训练的过程中幼儿出现了紧张的情绪,老师会握住幼儿的手,用儿歌与幼儿互动,淡化马桶圈给幼儿带来的触觉感受。结束如厕后,一定要让幼儿自己冲掉排泄物,因为这是幼儿自己的,除了过程中的掌控感,幼儿同样需要对排泄物的掌控感。

每当孩子尝试完成一次如厕时,老师都可以直接给予孩子肯定和表扬,也可以在大家面前给予孩子肯定和表扬,从而让幼儿可以在独立如厕这件事上得到成就感和体验成功的喜悦,慢慢地在鼓励和表扬中完成自主如厕,和尿不湿说"再见"。

4. 做到正确看待"尿裤子"

"意外"总是会发生的,当宝贝投入于玩耍中时,很容易忽视身体发出的信号。当宝贝出现扭动等憋尿的姿势时,老师会温柔地提醒:"你想要上厕所吗? 可以上完厕所再继续玩,你的玩具老师帮你看着。"假如宝贝尿湿了,老师们也会及时帮助宝贝更换干净的衣物。在与父母交接的时候,也会提醒父母不应斥责和批评宝贝。

(二) 协助和引导幼儿自己洗手、穿脱衣服等

生活上的自理是幼儿独立性发展的第一步,是保证今后全面发展的基础之一,因此应重视幼儿自理能力的培养。培养幼儿自理能力可从一点一滴开始,并应在各方面为其创造条件,协助和引导幼儿自己洗手、穿脱衣服等。初学如遇困难或失败,可适当降低任务难度,以免幼儿因急躁而失去兴趣,当其有信心克服困难时要积极鼓励。不要由成人包办代替,轻易剥夺其生活自理的机会。

1. 协助和引导幼儿自己洗手

在托育机构,保育人员要根据幼儿的情况,协助和引导幼儿自己洗手。

表7-3　协助和引导幼儿自己洗手的步骤和操作要求

步骤	操 作 说 明
1. 卷袖口	教幼儿学会卷袖子或往上拉袖子,冬季穿着过多,可以由保育人员帮着卷袖子。
2. 洗手	教导幼儿洗手时手心、手背、手指缝及手腕关节活动处都要洗。 先用流水淋湿手心、手背等处,然后抹上肥皂,双手必须搓出肥皂泡后再用流水冲洗干净,洗完双手后小手在水池内甩一甩,防止水滴在地上,最后用自己的毛巾擦干双手。
3. 整理	盥洗结束后进行整理。

在托育机构,保育人员可以结合有趣的儿歌,帮助幼儿学习正确的洗手方法,养成良好的卫生习惯。

儿歌《七步洗手法》

两个好朋友,见面搓搓手;

你背背我呀,我背背你;

变成一只大螃蟹;

缩起八只螃蟹脚,再往沙地扭一扭;

举起两只大钳子,精神又抖擞;

听见表扬很害羞,躲在沙地不露头;

见面再来握握手,你是我的好朋友。

2. 协助和引导幼儿自己穿脱衣物

幼儿在这个阶段可以尝试自己穿脱衣物了,保育人员可以教幼儿学习认识衣服的前后和正反,然后通过各种有趣的活动,帮助幼儿理解穿脱衣服的方法,尝试自己穿脱衣物。

· 实践案例 ·

为了增强幼儿的自理能力,我们应该从身边的点点滴滴做起。首先应从培养幼儿学习自己穿脱衣服开始,这样才能有利于促进孩子全身动作的协调、准确、灵活发展。

为此,我们托小班开展了穿脱衣服大赛,让幼儿学习如何脱衣、穿衣、叠衣。

1. 先让孩子学习认识衣服的前后和正反。

教幼儿认识衣服前后、正反最好的方法是看衣服上的某个标志,让孩子记住这些标志,如:衣服的拉链、扣子、商标牌、花纹等。

2. 用简单易学的儿歌,让幼儿有兴趣学习穿脱衣服。

开衫:抓住小领子,盖好小房子,小老鼠来钻洞洞,钻好洞洞扣扣子。

套头衫:钻进大洞洞,钻出小洞洞,两列火车出洞洞。

叠衣服:轻轻关上两扇门,左手抱一抱,右手抱一抱,帽子点点头,最后弯弯腰。

通过这些生动有趣的儿歌,让幼儿边说边做,渐渐地,他们就对学习穿脱衣服感兴趣了。

3. 耐心指导,逐渐提高。

托班的幼儿自己穿脱衣服还是有一定困难的,不能一下全学会。每个孩子可能都有自己穿脱衣服的办法,只要穿得快、穿得好,不必限于一种模式,只要孩子进步,都值得鼓励。

4. 适时鼓励。

学习穿脱衣服是培养孩子自理能力的一个重要内容。让他们觉得穿衣服其实不难,建立他们的自信。孩子不仅自理能力能够得到发展,还得到了成就感,也有利于增强孩子的自信心。

通过此次活动,培养了孩子的自理能力和独立性,托小班的幼儿在自理能力方面有了很大的提升。

(三) 引导和帮助幼儿学会咳嗽与打喷嚏的正确处理方法

飞沫是呼吸道病毒主要的一个传播途径。预防感染,呵护健康,从飞沫的途径首端阻挡病毒传播,与戴口罩、勤洗手一样重要。要养成良好的卫生习惯,学会咳嗽、打喷嚏的正确处理方法。对于幼儿来说,掌握咳嗽、打喷嚏的正确做法,是良好卫生习惯,也是行为礼仪;是保护他人,也是保护自己。

在托育机构,保育人员要引导和帮助幼儿学会咳嗽与打喷嚏的方法。在咳嗽或打喷嚏时,要尽量避开人群,用纸巾、手绢捂住口鼻,防止唾液飞溅;避免用双手遮盖口鼻,因为这会让手沾染上病菌,也会将病菌传染给别人。咳嗽和打喷嚏使用后的纸巾不要随便乱扔,要丢到垃圾桶里。

如果临时找不到手帕或纸巾,情急之下,可以用手肘衣袖的内侧来捂住口鼻。弯曲手肘后,再靠近口鼻。这个动作可以将喷出的飞沫阻挡在手肘皮肤或者衣服上,这个部位较为干燥,且不容易再接触其他公用物品,可以有效阻断病原微生物的传播。

三、25～36 个月

(一) 培养幼儿主动如厕

幼儿在 2 岁后,要逐渐减少白天使用尿布的时间,培养幼儿主动如厕的习惯。

1. 熟悉如厕环境

在托育机构,保育人员可以引导幼儿认识和熟悉卫生间环境,帮助幼儿愿意在指定位置如厕,并在如厕过程中感到轻松愉快。创设让幼儿感到舒服放松的卫生间环境,入托初期可以准备形象有趣的便盆供幼儿使用,再逐渐过渡到能使用坐便器。

2. 根据幼儿如厕习惯适时引导

保育人员要了解每个幼儿大小便的习惯,以及幼儿是否有便秘的情况,以便针对幼儿适当调整饮水量。教幼儿学习表达便意,让其愿意在保育人员帮助下如厕。

3. 通过游戏活动学习

在托育机构,保育人员可以通过游戏活动,帮助幼儿主动如厕。可通过设计一些有趣的游戏,让幼儿在游戏中练习给布娃娃擦屁股;或是让幼儿扮演不同的小动物,轮流演示上厕所。通过这样的方式引发幼儿对大小便的关注。抓住幼儿喜欢听故事和儿歌的兴趣点,设计一些短小的故事或儿歌,并使用提问、讨论、行为练习及角色游戏等形式,让幼儿意识到自己有能力如厕,并为自己的行为感到高兴。

(二)引导幼儿餐后漱口,使用肥皂或洗手液正确洗手,认识自己的毛巾并擦手

进餐结束后,保教人员要引导幼儿按照要求进行漱口、洗手、擦手等步骤。餐后的整理、盥洗可以帮助幼儿形成良好的卫生习惯。

1. 指导幼儿餐后漱口

为幼儿准备漱口杯和温水。教会幼儿正确的漱口方法:咽下最后一口饭后,将水含在嘴里,闭口,然后鼓动两腮(次数多一些),使漱口水与牙齿、牙龈及口腔黏膜表面充分接触,利用水反复来回冲洗口腔内各个部位,使牙齿表面、牙缝和牙龈等处的食物碎屑得以清除,从而达到清洁口腔的目的。幼儿漱口时,要引导幼儿不浪费水、不弄湿地板。

2. 指导幼儿正确洗手

保育人员要指导幼儿学习洗手的方法。可以按照七步洗手法的要求进行学习:

表7-4 七步洗手法

步骤	操作方法
第一步(内)	洗手掌,流水湿润双手,涂抹洗手液(或肥皂),掌心相对,手指并拢相互揉搓。
第二步(外)	洗背侧指缝,手心对手背沿指缝相互揉搓,双手交换进行。
第三步(夹)	洗掌侧指缝,掌心相对,双手交叉沿指缝相互揉搓。
第四步(弓)	洗指背,弯曲各手指关节,半握拳把指背放在另一手掌心旋转揉搓,双手交换进行。

（续表）

步骤	操 作 方 法
第五步（大）	洗拇指，一手握另一手大拇指旋转揉搓，双手交换进行。
第六步（立）	洗指尖，弯曲各手指关节，把指尖合拢在另一手掌心旋转揉搓，双手交换进行。
第七步（腕）	洗手腕、手臂，揉搓手腕、手臂，双手交换进行。

3. 认识自己的毛巾并擦手

托育机构的毛巾和毛巾架，应该有明显的标识，方便幼儿辨认。保育人员要帮助幼儿认识自己的毛巾，在洗手之后鼓励幼儿使用自己的毛巾擦手。

● 实践案例 ●

在托大班，宝宝洗手之后喜欢边擦手边将毛巾团成一团玩，也会因贪玩而忘记将手擦干，还会出现将毛巾挂错地方或拿错毛巾等情况。怎样让幼儿学会正确使用毛巾，学习将手擦干呢？我们设计了一些小游戏，让幼儿学习正确擦手。

1. 小游戏学习

有的宝宝不会擦手，在洗手之后，两只小手常常是湿的。我们准备了好玩的游戏，引导幼儿学习正确的擦手方法，既形象又有趣。如"翻烙饼"，将毛巾当成大烙饼，平铺在一只手上，去擦另外一只手的手心、手背、手腕，然后翻"烙饼"，再擦另一只手。我们还设置了有趣的游戏情境，如"我给小手盖被子"，先给一只手盖"被子"，把手擦干净，再盖在另外一只手上。

通过游戏的方式，让幼儿边玩边学，掌握擦手的技巧和方法。

2. 儿歌学习

有的宝宝在擦手的时候，常把毛巾团成一团，很难把手擦干。我们准备了有趣的儿歌，引导幼儿边擦边说"我的小花就要开，香味飘出来"。把毛巾当成小花，只有打开了，铺平了，香味才会散发出来。

（三）鼓励幼儿自己穿脱衣服

独立穿脱衣服是幼儿进入托育机构后适应集体生活非常重要的自理能力之一。它不仅可以发展幼儿的身体协调能力，还能促进幼儿自主性、独立性的发展，帮助幼儿建立自信。

在托育机构,保育人员引导幼儿从脱衣服开始学习,逐渐过渡到能自己穿脱衣服。

1. 引导幼儿认识衣物

首先,保育人员要引导孩子认识衣物的前后、正反面和衣物构造。刚开始时,最好能用一些前(正)面有标志或卡通的衣服,引导孩子认识这些标识,如:有卡通人物或花纹的是衣服的前面、有口袋的地方是裤子的前面等。

认识衣服结构时,可以按照穿衣顺序进行引导,方便孩子记忆。如:先领口,再袖口;先裤头,再裤腿。保育人员引导时,尽量使用低幼化、拟物化的语言,让孩子更容易了解和认识衣服结构。如:大圆圈是领口,短短的隧道是袖口;大大的嘴巴是裤头,长长的隧道是裤腿等。

2. 幼儿穿衣服的方法

表 7-5 幼儿穿衣方法

任务	方法
穿开襟上衣	先分辨衣服的里外和前后,双手抓住衣领。将衣服朝里的一面对着前面,领口贴近腹部(衣服自然下垂),用双手抓住衣领向后甩,将衣服披在肩上,用手攥住内衣袖子,再将手伸入外衣袖内。然后,翻好衣领,将衣服的前襟对齐,可自下而上系扣子。最后,认真检查扣子是否一对一地扣好了,领子是否翻平整了。
穿套头上衣	分清前后,前面朝下(领口低的是前面),先将头钻入领口。将衣服正面转到胸前,两手分别从衣服底边进入,从两侧的袖口出来。穿套头衣服的关键是找到正面、领子和袖子,保育人员应帮助幼儿在衣服的正面做记号,以便幼儿穿时方便辨认,并在这方面做重点检查。
穿袜子	将袜面朝上,两手捏住袜口并撑开,将袜子套在脚尖上。将袜子套拉到脚跟处,然后持续拉上套好。 需要注意的是,开始练习的时候,保育人员可以提醒家长准备比幼儿脚稍大些的袜子,袜底和袜面区分要鲜明,袜子的材质要宽松一些,让幼儿学习起来更轻松和容易。

3. 幼儿脱衣服的方法

表 7-6 幼儿脱衣方法

任务	方法
脱开襟上衣	脱开襟上衣时,应先将扣子解开或将拉链拉开,幼儿双手攥住衣襟向后拉,将衣服脱至肩下,然后从背后逐一拉掉两只袖子(较小的幼儿在解开扣子后,可由成人帮其脱下袖子)。
脱套头上衣	幼儿双手提住衣领的两端,从头上向前拉,将手和头从衣服中退出。

第三节   指 导 建 议

一、保持生活场所的安全卫生，预防异物吸入、烧烫伤、跌落伤、溺水、中毒等伤害发生

大量证据表明，伤害不都是意外，可以预防和控制。托育机构应当最大限度地保护婴幼儿的安全健康，切实做好伤害防控工作，建立伤害防控监控制度，制定伤害防控应急预案，保证婴幼儿在托育机构的安全。

表7-7   常见的伤害类型及托育机构伤害预防重点

伤害类型	说明	伤害预防重点
异物吸入	常见的婴幼儿异物伤害多因异物通过口、鼻、耳等进入身体造成损伤。	(1) 不提供易导致异物伤害的食物，如含有鱼刺、小块骨头的食物； (2) 避免玩教具或用品中有可能被婴幼儿放入口、鼻、耳等身体部位的小件物品。
烧烫伤	常见的婴幼儿烧烫伤原因包括热粥、热水等烫伤，取暖设备等烫伤，蒸汽高温等烫伤，火焰烧伤等。	(1) 做好加热物品的使用管理； (2) 幼儿饮食、盥洗前检查温度； (3) 加热、取放热物时避免碰撞、泼洒到幼儿。
溺水	常见的婴幼儿溺水地点包括：浴缸、水盆、水桶等室内设施；池塘、游泳池等室外场所。	(1) 做好洗浴清洁、玩耍等活动照护与管理； (2) 园所中涉水区域做好安全防护，储水容器加盖并避免幼儿进入，用完及时排水。
中毒	指因暴露于一种外源性物质造成细胞损伤或死亡而导致的伤害。	(1) 做好生活环境中毒风险的定期排查和清除； (2) 严格管理婴幼儿安全用药； (3) 保证玩具、生活用品、食物应安全无毒。

二、在生活中逐渐养成婴幼儿良好习惯，做好回应性照护，引导其逐步形成规则和安全意识

(一) 在生活中逐渐养成婴幼儿良好习惯，做好回应性照护

托育机构在培养幼儿良好习惯上，要根据幼儿各年龄段心理发展的特点，适当提前进行。幼儿尝试成功或失败都应正确对待，及时表扬和鼓励，并且要做到持之以恒，避免急于求成。对幼儿的抵抗性心理，应正面引导，不要强迫命令。在这个过程中，保育人员要根据婴幼儿的身心发展特点和个体差异，进行适时引导，做好回应性照护。

良好习惯的养成离不开家庭的共同参与，托育机构要和家长积极互动，做好家园共育，

保证在对幼儿的要求和教育方法上，托育机构和家庭能保持一致。

（二）形成规则和安全意识

1. 帮助幼儿形成规则意识

从心理学上来解释，规则意识是指发自内心的、以规则为自己行动准绳的意识。这种意识指孩子能够理解明白，同时也能表达出来，且行动上也会去遵守规则。

俗话说："没有规矩不成方圆"。在日常的工作以及学习过程中，规则是大家必须严格遵守的行为准则。幼儿阶段是人生成长过程中非常关键的时期，在该阶段幼儿能够浅显地理解规则的含义并且开始逐渐形成规则意识。

对于幼儿而言，由于年龄较小，处于这个年龄阶段的他们天真、无知，要想引导他们健康、全面成长，就必须注重规则意识和执行规则能力的培养。从社会学角度出发，幼儿作为社会人，会受到社会规则的影响，而幼儿规则意识和执行规则能力的强烈、高低与其今后的发展有着必然的联系；只有加强规则意识和执行规则能力的培养，才能引导幼儿愉快学习、交往，才能提升幼儿各方面的能力，从而引导幼儿真正地成为社会人，提高幼儿的责任意识和责任感。在引导幼儿形成规则意识上，可以从以下几点入手：

（1）在日常生活中培养幼儿的规则意识。

将教育融于幼儿的一日生活，幼儿从早晨入园到晚上离园，一天的生活当中，上下楼、如厕盥洗、进餐、午睡等各个环节都离不开规则。培养幼儿规则意识，首先应该让幼儿知道，规则存在于我们生活的方方面面，需要我们了解并遵守。由于孩子年龄小，理解能力有限，保育人员对孩子的教育要细致、明确、有耐心，只有通过不断地强化，结合严格的要求，才能让孩子做到持之以恒。可以根据幼儿年龄特点，将规则编成小儿歌，幼儿遵守规则就给予积极评语，激发幼儿的上进心，逐步让幼儿变被动为主动，自觉遵守各项规则，逐步在一日生活中树立规则意识。

（2）在游戏中培养幼儿的规则意识。

在尊重幼儿的前提下，保育人员可以与幼儿共同探讨，确立游戏规则。在游戏过程中，当幼儿不知道该如何解决问题来满足自己的游戏意愿时，保育人员可以适时介入其中，引导幼儿想办法满足自己和同伴的游戏意愿，在解决问题的过程中生成新的游戏规则。游戏活动结束后，教师应对幼儿遵守规则的行为给予赞赏和肯定，让幼儿产生积极的情感体验。

（3）创设环境，帮助幼儿巩固增强已有的规则意识。

在幼儿生活学习的活动室、游戏场、走廊、楼梯等地，根据需要巧妙地利用标志、符号、图片帮助幼儿巩固已有常规，可起到很好的辅助作用。如：上下楼梯的小脚印，形象地提醒幼儿上下楼梯走右边；楼梯转台的不要拥挤的图片，告诉幼儿上下楼梯不拥挤；饮水机前的等待线,告诉幼儿喝水时不拥挤,要会等待;幼儿物品的摆放标志,告诉幼儿物品取放要归位;游戏场上的安全文明游戏图片,提醒幼儿玩耍时不奔跑,以及大型玩具的正确玩法……这些标志,被幼儿在游戏活动中天天看到,能无声地提醒孩子。同时,看到这些标志,幼儿也会互相提醒,按标志的要求去做,久而久之就能在这种潜移默化中,强化幼儿的规则意识。

（4）家园合作,促进幼儿规则意识的发展。

父母是孩子的第一任老师,父母的行为榜样对孩子一生起着至关重要的作用。家园双方的观念、要求一致了,幼儿的规则意识才会不断地巩固和发展。家长若过分娇宠溺爱孩子,容易造成孩子以自我为中心,规则意识和执行规则的能力受到影响。有的家长日常生活中对孩子规则意识及执行规则能力投入精力少,培养不重视,要求不严格。部分家长自身忽视社会规则的不良行为,也会影响幼儿规则意识及执行规则能力的发展。因此要注重家园合作,争取家长的配合和帮助。通过家长园地、宣传栏、家长会等多种渠道与家长沟通,互通幼儿成长中的点滴,争取在教育方法、要求上取得一致。

2. 帮助幼儿形成安全意识

安全意识是指幼儿对安全知识的掌握及对保证自身安全的基本行为的认识,安全意识也是幼儿自我保护能力的一个重要方面。近年来,幼儿意外事故时有发生。因此,加强幼儿安全教育,培养幼儿的自我保护能力就尤为重要。

（1）形象说明安全隐患。

保育人员应该在和幼儿一起解决问题的过程中,体验共同成长的快乐。比如在引导孩子有效提高自我保护意识的过程中,可以和孩子一起探索学习的方法,寻找可以有效传达风险识别和自我保护措施的方法。其中,形象化说明就是很好的方式。比如可以用图示的方式说明互相推挤的危险性,这样,孩子的自我保护意识也就提高了。

（2）创设情境,提高意识。

自我保护意识的建立,必然是以可能遇到的危险情况、安全隐患为前提的。孩子的发展特点决定了他们的思考方式更容易受生活情境的影响。在日常生活中,要积极主动地创设情境。聚焦孩子最经常接触的人和事物,创设能够让孩子认识到危险并加以解决的情境,这样就可以提高自我保护意识。比如,在玩"消防小卫士"游戏时,请幼儿以"老师"的角色,给同伴讲述如何防火、逃生,让孩子充分提高防火的自我保护意识。

（3）随机进行安全教育。

生活中处处都是教育的机会,安全教育需要时时强化。面对日常生活中诸多风险点,可以根据孩子的表现,采用"随机教育"的方法,随时进行安全教育,引导和启发孩子认识"危险"和"安全",不断增强孩子的规则概念,逐步提高自我保护能力。这样孩子就会有基本的风险判断,知道哪些是常见的危险,哪些需要注意,该如何应对。

（4）尊重幼儿的成长规律。

保育人员要尊重幼儿的自然发展规律，幼儿的身体运动能力、感觉统合能力、平衡协调能力、反应速度及手、腿的力量等是影响幼儿自我保护水平的重要因素。特别是对于活泼好动的幼儿，有的保育人员往往采用"少活动，防事故"的对策，致使幼儿缺乏足够的实践锻炼，自我保护能力难以得到提高。因此，不仅要重视单纯的教育和沟通，更要理解幼儿性格特点的发展规律，开发适合每个幼儿的教育方式，使其自我保护意识和能力能够逐步提高，起到"事半功倍"的效果，保障幼儿健康快乐地成长。

● 实践案例 ●

上海市杨浦区某托育机构为提高全体师幼的安全意识和自我防护能力，开展了"安全生产月"主题系列活动。该园通过一系列的培训，帮助教职工提高应急处置和自救自护的能力，确保在危险情况下，能有序地组织、转移幼儿到安全地带。园所还为托班幼儿安排了安全主题的集体活动，引导他们学习必要的安全知识，如起火时如何逃生、如何拨打火警电话119等。

园所还组织进行了火灾疏散的安全演练。保育人员按照疏散路线，引导幼儿用湿毛巾捂住口鼻，弯腰俯身，快速、有序地按规定的路线撤离；全体教职工和幼儿快速撤离到安全地带，无一人遗漏。

园所将幼儿的安全教育纳入一日生活环节中，并组织进行各类安全知识主题的活动，使幼儿逐步养成良好的行为习惯，牢固树立"安全第一"的意识。同时，园所的安全小组还会定期进行安全检查，发现问题立即整改，及时消除安全隐患，使保育人员和幼儿能在一个安全的环境中生活和学习。

三、注意培养婴幼儿良好的用眼习惯，限制使用电子屏幕时间

国家卫生健康委办公厅印发的《3岁以下婴幼儿健康养育照护指南（试行）》，其中提出："2岁以内的婴幼儿不建议观看或使用电子屏幕，2岁以上幼儿使用电子屏幕时间每天少于1小时"。

托育机构要为婴幼儿营造友好环境，做好正确用眼的保育照护，做好眼部保健工作，并通过家园共育，加强对家长的指导。

（一）营造友好环境

托育机构最好不提供或少提供电子屏幕，特别是在幼儿活动场所，尽量减少电子屏幕使

用时间,为婴幼儿营造用眼友好的生活环境。

托育机构要组织幼儿在采光良好、照明充足的环境中活动,最好采用自然光。自然采光时,窗户玻璃面积与地面面积之比为1∶6或1∶4,墙壁光反射系数不低于0.5。托育机构的人工照明光源可采用日光灯或白炽灯,要定期检查电灯的质量。

(二) 做好用眼的保育照护

托育机构在一日活动环节中,要培养幼儿良好的生活卫生习惯,教幼儿学习正确的用眼方法,不揉眼睛,保护自己的眼睛。

在活动安排上,托育机构要按照要求,多组织幼儿进行户外活动,保护幼儿视力。参加户外活动,既能提高儿童的抵抗力,对儿童视力发育也有着明显地促进作用。研究发现,每天不少于2小时的户外活动,可以有效预防近视的发生。同时,适当多晒太阳,可以促使人体分泌更多的多巴胺,阳光中的紫外线还可促进皮肤合成维生素D,帮助钙的吸收。

在生活照料方面,托育机构要给幼儿多吃有利于眼部发育的食物,提供包括维生素A、维生素B1、维生素C、维生素E、类胡萝卜素、花青素及DHA等眼部发育必需的营养素食物。同时,要保证婴幼儿充足睡眠,让眼睛拥有足够的休息时间。

(三) 做好眼部保健工作

做好儿童眼病筛查和定期视力筛查,是早期发现眼病和视力异常的有效途径。根据2018年教育部、国家卫生健康委员会等八部门发布的《综合防控儿童青少年近视实施方案》、国家卫生健康委发布的《儿童眼及视力保健技术规范》,以及《山东省青岛市0~6岁儿童眼保健和视力检查工作实施方案》要求,儿童出生后要定期做好眼保健和视力检查。如发现异常,筛查机构会告知家长,并应带儿童至专业的诊治机构明确诊断,及时给予治疗。

(四) 做好家园共育,加强对家长的指导

托育机构也要对家长进行爱眼护眼的科普宣教活动,指导家长在家庭中帮助幼儿培养良好的用眼习惯,提供充足的营养,保证婴幼儿的睡眠时长,一旦发现异常,提醒家长及早检查。

> **实践案例**
>
> 因重视学龄前幼儿眼睛保健,为让孩子们了解更多的护眼知识,进一步养成良好的用眼习惯,营造良好的视力保护氛围,中国福利会托儿所开展了一系列家园共育的"爱眼护眼"主题活动。

图7-2 通过宣传栏展示、主题宣讲等方式，让孩子们学习了解护眼知识

图7-3 护眼很重要，营养很关键，让幼儿看一看、尝一尝多彩多样的护眼美食

图7-4 健康小课堂

同时，托儿所组织开展了营养老师的健康小课堂，让孩子们进一步了解护眼知识，通过"亮眼超市"让孩子们知道哪些食物能保护眼睛，还和老师、家长互动，在有趣的游戏和故事表演里，了解如何保持健康好视力。

四、注意培养婴幼儿良好的口腔卫生习惯，预防龋齿

口腔中的致龋菌会导致龋病。因此，需要采用正确的方法维护婴幼儿口腔卫生；引导婴幼儿学习口腔卫生行为并养成良好的口腔卫生习惯，可有效预防婴幼儿龋病的发生。《3岁以下婴幼儿健康养育照护指南（试行）》中提出："婴幼儿萌出第一颗乳牙时就应开始清洁牙齿"。

托育机构要注意培养婴幼儿良好的口腔卫生习惯，预防龋齿，要为婴幼儿进行口腔卫生护理。托育机构可以在婴幼儿进餐后，帮助或组织婴幼儿清洁口腔。

对于乳儿班，可以在婴儿每次进食后喂白开水，婴儿在喝水的过程中能自行进行口腔清

洁;对于托小班和托大班的幼儿,可以在餐后引导幼儿学习漱口;对于还不会漱口的幼儿,可以让幼儿喝一口水后咽下,同样能起到清洁口腔的效果。

除了在托育机构做好口腔卫生之外,也要指导家长为婴幼儿清洁口腔。家长帮婴幼儿刷牙使用的方法可以是最简单的圆弧刷牙法,牙齿的各个面(包括唇颊侧、舌侧及咬合面)均需刷到。最后一颗磨牙的远中面容易遗漏,刷牙时宜选择小头的牙刷,这样牙刷才能在口腔里灵活转动,刷到所有牙齿的表面。提倡一人一刷一口杯,不要与其他人共用,避免细菌的传染。乳牙萌出建立邻接关系后,家长就需要开始使用牙线,清理婴幼儿的牙齿邻面。正确使用牙线是安全有效的清洁口腔的方法,可以预防龋病发生。建议每天至少使用一次牙线。[①]

五、在各生活环节中,做好观察,发现有精神状态不良、烦躁、咳嗽、打喷嚏、呕吐等表现的婴幼儿,要加强看护,必要时及时隔离,并联系家长

每个婴幼儿都具有独特性和个体差异,他们的行为表现存在着多样性和多源性。婴幼儿通过动作、面部表情、声音或手势发出信号,表达自己的生理、心理需求。照护者要在日常生活中通过仔细观察、记录婴幼儿的生理节律、活动和能力水平,逐步了解并掌握其个性特点。将婴幼儿看作独立的个体,能注意到并听懂、看懂其不同需求所发出的信号,并了解其行为背后的含义。准确判断婴幼儿的需求和情绪体验,及其在环境刺激下或受挫折时的反应和所能承受的压力。尝试根据婴幼儿年龄、发育水平、气质特点及场景进行适当的互动回应。敏感识别疾病征兆,妥善处理和应对疾病。

(一)做好全日观察

全日观察可以及时发现患病幼儿的早期症状及异常表现,并能够及时的处理,以减轻疾病对幼儿的伤害。同时,能及时发现传染病患儿并及时的隔离,防止传染病在托育机构内传播流行。另外,全日观察也可避免危险物品被带入托育机构,保障婴幼儿和托育机构的安全。因此,托育机构应该重视全日观察。

(二)对观察中有异常的婴幼儿要加强看护,必要时及时隔离,并联系家长

托育机构在进行全日观察时,要结合婴幼儿的精神状态来判断婴幼儿是否有异常表现,可以从婴幼儿的面色、行为、感知、认知、意识等综合状态来进行观察。通俗地说,就是需要观察孩子"吃喝玩闹睡"与平常是否一样。在托育机构,可以根据一日活动安排,在生活环节中进行观察,如果有以下情况,则需要加强看护,必要时及时隔离,并联系家长。

---

① 《婴幼儿龋防治指南》。

1. 晨间锻炼、户外活动环节

如果婴幼儿改变了以往的行为,喜静,不爱运动,面色差或苍白,精神不佳,有轻咳、流涕。

2. 游戏活动环节

如果婴幼儿活动中无精打采,打哈欠,瞌睡,流鼻涕,轻咳却不发热。

3. 进餐环节

如果婴幼儿进食不积极,进食缓慢,小勺在碗里拨来拨去;有恶心症状,厌食,呕吐(区分厌食呕吐和病理性呕吐);剩饭剩菜多;体温超过 37.3℃ 或不发热。

4. 睡眠环节

如果婴幼儿体温超过 37.3℃ 或不发热,烦躁,睡不安稳,有咳嗽或哮喘。

5. 午间检查与午后检查

是否发热;观察幼儿起床后的情绪、精神状态;幼儿皮肤是否异常,如出疹、出血等。

思考与练习

1. 简述 7~12 个月、13~24 个月、25~36 个月婴幼儿生活与卫生习惯的保育目标。
2. 结合婴幼儿生活与卫生习惯的保育目标和保育要点,谈谈保育人员在婴幼儿生活与卫生习惯方面要注意什么。

第八章 动　作

📚 **学习目标**

- 1. 掌握婴幼儿动作领域的保育目标；
- 2. 熟悉婴幼儿动作领域各年龄阶段的保育要点；
- 3. 了解对托育机构在婴幼儿动作发展领域的保育指导建议。

第一节　目　标

动作发展包括躯体和四肢的动作发展。从涉及肌肉的广泛性来看，动作可以分为粗大动作（或大肌肉动作、大运动）和精细动作（或小肌肉动作），这也是目前最常用的动作分类方式，大多数动作都可以简单地归为这两类中的一种。[1]

总的来说，0～3岁婴幼儿动作发展遵循从整体到分化、由上到下、由近到远的规律。[2]

（1）从整体到分化。

0～3岁婴幼儿首先发展的是粗大动作，比如全身、腿和手臂等部位的大肌肉动作，然后发展的是手和脚的精细动作，比如用手捏东西、搭积木、使用工具等。

（2）由上到下。

0～3岁婴幼儿的生长发育遵循从头到脚的顺序，比如婴儿期宝宝抬头、翻身、坐、爬等一系列的动作发育，都是由头部逐渐发展到躯干再到上肢，又进一步发展到下肢的延伸过程。

（3）由近到远。

0～3岁婴幼儿生长发育是从身体的中心部位发展到四肢的。儿童最早发展的是身体中部如头和躯干的动作，越接近躯干的部位动作发展就越早，反之较迟。

在托育机构中，从乳儿班开始就应当重视动作能力的发展，根据婴幼儿动作发展基本规律，在一日活动中进行动作能力训练。

---

[1] 《儿童早期运动发展与促进》。

[2] 《0～3岁儿童观察与评估》。

一、掌握基本的大运动技能

大运动是在大脑皮层的支配和控制下，由全身大肌肉群、骨骼和关节体参加的运动，也被称为粗大运动。① 大运动的正常发展是婴幼儿神经系统和肌肉、骨骼发育成熟的重要标志，通过各种大运动训练，可以促进婴幼儿身体和各种能力的发展。

图 8-1　大运动技能

0～3 岁婴幼儿的大运动技能主要包括抬头、躺卧、翻身、坐、站立、走、跑、跳、平衡、投掷、接抛球等。我们可以通过大运动发育进程表来了解儿童发育过程中的里程碑，从而有针对性地提供适宜的支持。

表 8-1　0～3 岁婴幼儿大运动发育进程②

月龄段	大运动发育进程
1 个月	卧时能抬头 1～2 秒钟。
2 个月	俯卧时头能稍微向上抬起； 能交替踢腿。

① 《婴儿运动能力的发展与训练》。
② 《上海市 0～3 岁婴幼儿家庭科学育儿指导手册生长发育系列》。

（续表）

月龄段	大运动发育进程
3个月	俯卧时能抬头45度,较稳; 俯卧时双手可支撑身体几分钟; 仰卧时双手被拉住,头不向后落; 竖抱时头能竖起,颈部可以自由地转动。
4个月	俯卧时可以很稳地抬头,用手支撑上半身,与肩胛成90度,并可以转动头部; 竖抱时头竖直,颈部可以自由地转动; 尝试从侧卧位到仰卧位翻转。
5个月	扶坐时头身前倾,头部稳定,腰部能伸直一会儿。
6个月	能扶坐,用手撑着地面或桌面坐着; 扶站时小脚可上下跳动; 很自然地从仰卧翻到俯卧,再翻回来。
7个月	会坐稳并用双手玩玩具; 俯卧时,身体、手臂和腿部都会用力,身体用力扭动起来会后退或原地转。
8个月	能坐稳,背部竖直,坐直时身体可以左右转动,向前倾不稳时会自己调节位置保持平衡; 翻身自如; 能匍匐运动,学着爬。
9个月	可以弯曲膝盖跪爬,并能伸出一侧手向前取物; 能扶着小桌椅站起来。
10～12个月	能爬行; 躺在小床上时,会拉住床栏杆自己坐起来; 从扶站到能独站; 开始使用学步带学走路。
13～18个月	开始学走路; 会独自行走,不需要支持并且走得比较稳(15月龄); 开始学后退走(15月龄); 可以独自在家具上爬上爬下(18月龄); 开始跑(18月龄)。
19～24个月	能扶着栏杆上下楼梯; 会奔跑; 能倒退走; 当球滚向宝宝时,会独立踢球; 可以自己下楼梯而不需要搀扶。

（续表）

月龄段	大运动发育进程
25～30 个月	双脚能同时离地跳起； 会独自上下楼梯； 会踢球。
31～36 个月	会跑、会跳、会踢球； 双脚能同时离地跳起； 能熟练地爬，脚步交替上下楼梯； 能顺利弯下腰而不倒下； 在不扶任何东西的情况下，可以单脚站立约 1 秒钟； 知道穿衣服、睡觉、去洗手间和洗手。

二、达到良好的精细动作发育水平

精细动作是指利用手和手指的小肌肉或小肌肉群进行的活动。[1]

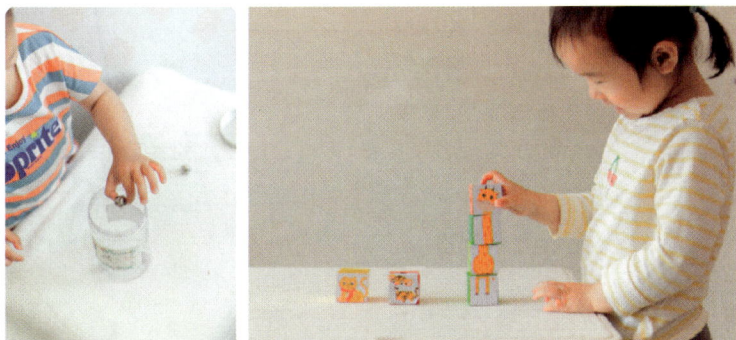

图 8-2 精细动作

0～3 岁婴幼儿的精细动作主要有抓握、把弄、握笔画、搭积木、书写、绘画和劳作等技能技巧。

表 8-2 0～3 岁婴幼儿精细动作发育进程[2]

月龄段	精细动作发育进程
1 个月	被触碰手掌时会紧握拳。
2 个月	可以观察到宝宝的两只小手从出生时紧握拳的姿势逐渐松开。

---

[1] 《婴儿运动能力的发展与训练》。
[2] 《上海市 0～3 岁婴幼儿家庭科学育儿指导手册生长发育系列》。

（续表）

月龄段	精细动作发育进程
3 个月	宝宝的两只小手可以举到中线，手掌张开并开始自己玩手； 会抓拨浪鼓。
4 个月	尝试用手去接触玩具。
5 个月	会抓物体放入口中。
6 个月	会用手抓物体； 自己能独自玩弄较小物品； 会伸手或身体前倾够想要得到的玩具。
7 个月	出现物品换手，捏、敲物品等探索性动作； 自己能独自玩弄小物品； 能用手或口去探索，喜欢拿起物品放在嘴里。
8 个月	会尝试用拇指和其他四指夹起葡萄干大小的物体； 给宝宝一块积木，可以将积木从一只手换到另一只手； 会双手传递玩具，会敲打两块积木。
9 个月	可以用拇指和食指指尖拾小丸子等小物品； 出现喜欢撕纸的行为。
10～12 个月	能将握在手中的物体放掉； 可以握住画笔； 让宝宝双手各拿一个玩具，宝宝会把玩具对着敲打； 在给宝宝穿衣时，宝宝知道配合，如抬脚。
13～18 个月	能自己用水杯喝水； 从喂饭时抢小匙到自己会用小匙吃； 能搭 2～3 块小积木； 能翻看图画书，识别简单的形状； 会用蜡笔乱涂乱画。
19～24 个月	会叠稳 4 块方积木； 会一页一页地翻书； 能模仿乱涂乱画； 能自己吃饭； 能自主把瓶里的小丸子倒出来； 能模仿或协助大人一起做家务，如扫地、送簸箕、擦擦自己的小凳子等。
25～30 个月	能一页一页地翻书； 会串珠子； 能自己进食； 自己会穿外套、短裤、袜子或鞋子等； 能搭 5～6 块积木，并能摆成一列有烟囱的"火车"； 能模仿画圆圈和直线。

（续表）

月龄段	精细动作发育进程
31～36 个月	能叠 9～10 块积木； 能用铅笔或蜡笔画竖线、横线和圆圈； 能拉开拉链，用手拨开糖纸； 能拧紧或拧开广口瓶盖、螺帽和门把手。

第二节　保育要点

一、7～12 月龄

（一）鼓励婴儿进行身体活动，尤其是地板上的游戏活动

7 个月以后，宝宝逐渐产生一些自主的动作，保育人员要鼓励婴儿进行各种身体活动，特别是给宝宝创设地板活动的环境，让宝宝多进行地板游戏。

· 实践案例 ·

在乳儿班，保育人员就通过一些地板游戏，帮助婴儿进行身体活动。比如在婴儿爬行垫上摆放能发光、发声的玩具，通过声光引发幼儿的兴趣，进而促发婴儿去看、听和摆弄玩具，可以让宝宝练习趴、双手摆弄物体的动作；或者在宝宝伸手就能拿到的位置，摆放颜色鲜艳、易抓握的小玩具，让宝宝尝试用一侧手臂撑起身体，另一侧手臂伸出去够取玩具，可以锻炼宝宝的身体力量、手眼协调能力。这些地板游戏，都可以促进婴儿的粗大动作和精细动作能力的发展。

拓展学习

地板时间（floor time），这一概念由美国精神病学家斯坦利·格林斯潘提出。当幼儿表现出哭闹行为时，照护者不应减少对孩子的关注，反而应给予孩子更多的关注。在地板时间中，儿童与照料者进行半小时的一对一的互动。在此过程中，照护者唯一的

目标就是及时回应单个孩子。另外,照护者要坐在地板上与儿童互动。地板时间的活动环境有利于儿童玩耍,因为周围摆满了有趣的玩具。照护者并没有任何计划或期望,只是观察孩子将会做什么并且给予回应。

(二)鼓励婴儿自主探索从躺位变成坐位,从坐位转为爬行,逐渐到扶站、扶走

随着婴儿动作能力逐渐熟练,他们的身体粗大动作愈发灵活了。在这个阶段,我们可以通过环境和材料的支持,让宝宝自主探索进行身体活动。在宝宝自由活动的基础上,还可以通过一些动作训练活动,锻炼宝宝身体动作的灵活性。

1. 环境支持

图 8-3 婴儿的活动空间

7~12个月的婴儿能自主活动了,保育人员就要特别注意宝宝活动范围内的环境安全。为避免发生危险,托育机构应在硬地板上面铺设软垫,保护幼儿活动安全;为了防止宝宝将小拼块抠起来误食,避免选用小拼块的软垫;在活动室的家具上做好安全防护,这样就算婴儿不慎撞到,也能将伤害降到最低。活动室里还应调整物品的放置,所有不适于婴儿触碰的物品,托育机构都应把它们放在远离婴儿的地方。

为了保障婴儿身心健康发展,需要为婴儿的成长营造清洁、安全、温馨的和谐环境,激发宝宝身体活动的兴趣。托育机构的设施设备布局就要做到合理规范,物品的摆放都应是取用方便、有序、相对固定的。

2. 材料支持

有趣的玩具材料也可以提升宝宝自主探索的兴趣。在玩具选择上,托育机构应提供便于宝宝抓握的、体积较小的玩具,比如不同材质的抓握球、软积木等。托育机构还要根据婴儿的月龄特点和发展需求,选择不同类型的玩具。比如在宝宝学习爬行、站立和行走的阶

图 8-4　婴儿的玩具材料

段，提供拖拉玩具或者不同大小、颜色、材质的皮球，方便宝宝追着玩具爬行或拖拉着玩具行走，激发宝宝活动的兴趣。在宝宝能坐稳后，可以选择有声音的指拨玩具、敲打玩具，让宝宝在坐着的时候方便用手按、拍、敲打和摇晃。

3. 游戏互动支持

在托育机构中，保育人员可以结合婴儿的发育进程和宝宝个体发展的特点，通过游戏和玩具来支持婴儿进行动作练习。

比如从坐位转为爬行的练习。可以在宝宝坐着玩耍的时候，在其面前放一个玩具逗引，使其有从坐姿转为趴下、向前爬行去够取物品的意识。当我们观察到宝宝有想要爬行的动作时，可以用两手轻轻地托起婴儿的胸脯和肚子，帮助宝宝手和膝盖着地，然后再向前稍微送一下让其有爬的感觉，帮助宝宝反复锻炼双腿的力量及重心移动的动作，逐渐学会灵活地从坐位转为爬行。

还能通过一些辅助，让幼儿进行扶站和扶走动作的练习。一般在 6 个月以后，婴儿在生理上具备了学习扶站的能力，可以结合宝宝的发展情况，扶住宝宝的腋下或拉着两只手，使宝宝由坐到站立。在这个时候不过分用力，应让婴儿主动自然地顺着自己的力站起来。在平时也可以多训练宝宝自己抓住其他辅助物站起来，当宝宝能自己扶物站起来以后，就可以让宝宝尝试扶着物体站稳，从而训练宝宝扶着物品迈步走了。

在进行扶走练习时，可以将婴儿脚放在自己的脚上，左右交替迈步；扶住婴儿的腋下向前推动，让婴儿左右脚交替迈步；随着

图 8-5　拉宝宝双手帮助宝宝从坐到站立

宝宝对迈步动作的熟悉,可以再引导婴儿扶着小床、栏杆或沙发边移步,或者借助玩具或婴幼儿感兴趣的东西在前面逗引。在扶站到扶走的过程中,一定要注意宝宝的活动安全,防止摔跤和碰撞。

(三) 提供适宜的玩具,促进抓、捏、握等精细动作发育

当婴儿能坐起来之后,就开始大大解放好奇心,能够使用双手去探索身边的事物了。

1. 提供促进精细动作发育的玩具

在 7~12 个月,需要为宝宝提供适宜的玩具,促进宝宝进行各种手部动作的练习,促进宝宝精细动作的发展。

表 8-3 7~12 个月宝宝的玩具选择

玩具类型	说明	意义
指拨玩具	比如按下能发声的小电话等电动玩具。	有趣的声音能吸引宝宝用手指去拨弄探索。
敲打玩具	可以选择敲敲琴、小鼓等可以敲打的玩具。	宝宝在玩这类玩具的时候,需要握住敲打的小棒,并且用它们敲击琴键或鼓面,不仅锻炼了宝宝抓握的能力,还会促进宝宝手眼协调的发展。
翻翻书	选择方便翻页的翻翻书,比如不易撕坏的布书、洗澡书,或者是适合这个阶段宝宝小手抓握的小尺寸的书籍。	宝宝在尝试摆弄和翻动书页时,可以促进精细动作、双手协调的发展。

2. 组织精细动作游戏活动

可以通过一些游戏活动,帮助宝宝进行抓、捏、握动作的练习。

乐乐正在做抓握的游戏。这个游戏使用的是十分常见的材料——罐子和小铃铛。婴儿学习拿、放玩具一般都有个过程,乐乐也是一样。开始时,他并不会有意识地放下手中的铃铛,而只是随便地松手将铃铛扔掉。这时,保育人员观察到了他的动作,在乐乐面前做拿起、放下的示范动作,并反复强调"放下"。通过这个过程,乐乐逐渐学习将"放下"和放下铃铛的动作联系到一起,并尝试模仿保育人员的动作,有意识地进行拿和放。

大拇指动作游戏。这个时期婴儿开始形成各种姿势的抓握。可以选择一些小游戏促进大拇指的运动。比如拿有柄的玩具(如拨浪鼓)给婴儿,让宝宝尝试自己抓握拨浪鼓的柄,促进宝宝锻炼。

图 8-6 让宝宝抓起小玩具放
进罐子里,再拿出来

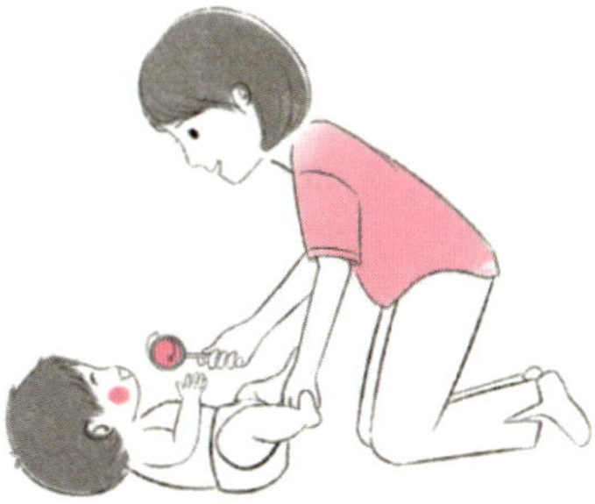

图 8-7 让宝宝尝试抓握住
拨浪鼓的柄

图 8-8 宝宝用手指捏取玩具

拇指、食指配合的捏取动作游戏训练,可以让婴儿用食指拨动玩具、拨按电话键,还可以让婴儿把食指伸进小瓶子里做抠的动作。当婴儿学会用拇指和食指捏取小物体的时候,保育人员可以让婴儿练习剥糖纸、拿饼干、摆弄积木、套盒子等。用拇指、食指捏取物品对婴儿来说是动作发展的一个小飞跃,开始时可能会显得比较笨拙,保育人员应多给婴儿练习的机会,婴儿获得成功后,保育人员可以用语言、亲吻等方式给予鼓励,激发宝宝对手指动作游戏的兴趣。

📝 **拓展学习**

有些宝宝没有经历爬行的阶段,到了 12 个月左右也开始尝试迈步走了。这时有的家长认为,不会爬行没关系,宝宝会走就可以了。其实这个观念是错误的,爬在儿童动作发展中很重要,它不仅可促进全身动作的协调发展、锻炼肌力、为直立行走打下基础,而且能够让儿童较早地正面面对世界,主动接近和认识事物,促进儿童动作能力的发展。

研究认为,对于很少进行爬行练习的 7~8 个月的儿童,将来很可能会出现语言上的障碍。这是因为，人在爬行时，头部必须抬起，这样，颈部的肌肉就可以刺激大脑皮层上的语言中枢，这种经常性的刺激，有利于儿童将来顺利地学习语言。有专家研究发现，让儿童经常做爬行练习，有利于孩子长大后阅读、写字能力的发展；因为儿童在爬的时候，手与头的距离大约为 30 厘米，这正好是两眼焦距结合的部位。

二、13～24 月龄

（一）鼓励幼儿进行形式多样的身体活动，为幼儿提供参加爬、走、跑、钻、踢、跳等活动的机会

1 岁以后的幼儿能够站立和行走了，在这个阶段，可以通过形式多样的身体活动进行大运动技能的练习。在托育机构，我们可以通过组织有趣又有益的运动游戏，锻炼幼儿爬、走、跑、钻、踢、跳等动作能力，促进幼儿大运动能力的发展。

1. 爬行动作练习的运动游戏

虽然宝宝已经可以自己站立和行走，但由于幼儿好奇和好动的特点，他们也会经常爬高爬低。在这个阶段，幼儿可以进行较为综合的爬行动作锻炼了，可以通过这些游戏组织活动和指导幼儿：

爬斜坡或台阶的游戏，比如"宝宝爬山"。保育人员可以准备倾斜的爬行器械或者小台阶，在器械上方放置宝宝喜欢的小玩具，鼓励宝宝爬上斜木或者台阶去拿取玩具。

钻爬的游戏，比如"钻过隧道"。这个活动可以由保育人员自制材料，只需要找一个大纸箱，用胶布将纸箱两边开口的翻盖粘成隧洞状，然后在隧洞中铺点质地柔软的铺垫。保育人员把一个玩具放在隧洞的另一头，让宝宝爬过去得到它。对幼儿来说，爬着通过隧洞是一个非常神秘和令人激动的游戏，爬着过隧道也是藏猫猫的一种形式，人忽然不见了，又忽然出现了，就像变魔术一样，能激发宝宝的运动兴趣。

障碍爬的游戏，比如"翻山越岭"。保育人员在地毯上设置简单的障碍物，如大的枕头、沙发垫、绒布玩具等。鼓励幼儿爬行翻越设置好的障碍，可以用一个幼儿喜爱的玩具引路，保育人员在每个障碍物前晃动这个玩具，让幼儿想抓到它，增加游戏乐趣。

2. 行走练习的运动游戏

1～2 岁是幼儿行走动作能力快速发展期，被称为行走动作敏感期。当幼儿独立步行动作成熟后，他们会独立行走自如、步伐快、很少跌倒，这个时期的幼儿对反复行走运动充满兴

趣,由于行走视野增宽,幼儿会乐此不疲地行走。保育人员可以通过行走练习的运动游戏,帮助宝宝提高行走技能,促进幼儿的眼手协调性、眼脚协调性、平衡能力和空间体位控制等能力的发展,从而促进幼儿观察力和注意力等认知能力的提高。

我们可以通过运动游戏和日常活动帮助幼儿掌握行走动作的技巧。

在运动游戏方面,保育人员可以准备有趣的拉绳玩具或推车玩具,让幼儿拉着玩具走,或者推车走。这个活动可以在户外,特别是有高低起伏的草地上进行。刚开始可以由保育人员带着玩具走动,让幼儿走着去抓玩具,幼儿熟悉后,可以让幼儿自己拉着拉绳玩具或者推着小车自由行走。

图 8-9　幼儿推着小车行走

图 8-10　幼儿排队行走

在日常生活方面,保育人员可以通过生活环节中的行走练习,提升幼儿的行走技能。比如在组织集体活动时,增加一些请幼儿从座位到教室中央的互动环节,让幼儿独立起身并走到保育人员指定的位置,锻炼身体控制能力;当幼儿独立行走自如之后,我们可以让他们尝试自己做事情,比如自己搬椅子走到指定的位置、自己够取挂在墙上的用品、排队上下楼梯等。通过生活环节的反复练习,幼儿能迅速掌握行走的技巧,也能很好地促进幼儿自理能力的发展。

3. 综合运动游戏

除了进行专项的动作练习游戏之外,在幼儿熟悉动作之后,保育人员也可以充分利用运动器械,将单个的动作练习转换为综合的、多样的运动游戏。通过一些综合运动游戏,锻炼他们跑、钻、踢、跳等动作技能,提高幼儿综合运动能力。同时,户外玩耍是引导幼儿有兴趣进行综合运动的好方法。比如行走,可以变成综合感知变化行走训练,如走步道、走公园道路等,按照标记范围走和跑,不踩到花草等,可以吸引幼儿有兴趣进行变化行走运动。在这个过程中,还可以不经意间促进幼儿视觉认知、听觉认知、触觉认知、平衡协调能力等能力的发展。

图8-11　在户外活动场地,幼儿通过器械、玩具材料进行锻炼

(二)提供多种类活动材料,促进涂画、拼搭、叠套等精细动作发育

1~2岁的幼儿在精细动作方面,已经能较为熟练地使用手指、双手进行一些操作的动作,还可以使用一些简单的工具进行灵活的活动。保育人员需要提供适宜的活动材料,帮助幼儿进行手部动作练习,促进幼儿精细动作能力的发展。这个阶段的幼儿正处于直觉行动思维阶段,保育人员需要准备适宜的活动材料,为他们增加练习手部和手指能力的机会,鼓励幼儿自己想办法探索、摆弄,让幼儿在不断尝试、操作错误的过程中积累经验。

在这个阶段,可以为幼儿提供各种材料,引导幼儿进行游戏活动,让幼儿在抓、拿、穿、倒和挤压玩具及材料的过程中发展精细运动技能。

第一,串珠玩具。保育人员要根据宝宝精细动作发展的特点,为处在不同发展进程中的幼儿提供多层次的串珠玩具材料。比如宝宝在刚接触串珠玩具的时候,可以提供穿苹果玩具和毛毛虫造型的小棒方便宝宝抓握,较为简单的穿孔也能让宝宝更容易有穿珠成功的体验,能引发宝宝对串珠游戏的兴趣。当宝宝的穿珠动作较为熟练后,可以提供颗粒较大的串珠和带有小木棒的穿绳,引导宝宝探索和练习。当宝宝熟练掌握穿珠的动作后,可以提供多种造型和色彩的串珠玩具,让宝宝在穿珠过程中表达自己对颜色、事物的感受。我们会惊喜地发现,有的幼儿会自发地进行一定造型的穿珠,或者是按照一定的排列规律进行穿珠,这些都是幼儿想象力、创造力和认知能力提升的表现。

第二,镶嵌玩具。保育人员需要根据宝宝的兴趣特点提供不同类型的镶嵌玩具。比如带抓手的嵌板玩具,可以让宝宝用手指去抓取嵌板,再尝试转动手腕,将嵌板以正确的角度放回去,这个练习能锻炼宝宝手指抓握的灵活性和手眼协调能力。根据宝宝动作能力的发展情况,保育人员还可以提供无抓手的嵌板玩具、多层嵌板玩具等,通过不同造型、不同难度的材料投放,让宝宝逐渐提升手部动作和手眼协调能力。除了嵌板玩具之外,保育人员也可以提供套叠玩具,比如套杯、套娃玩具等;在拿出来、放进去的过程中,宝宝不仅能锻炼手部动作的灵活性和双手的配合,还能在反复的拿拿放放中发现不同大小套叠玩具叠放的规律,发展宝宝的观察力和专注力。

第三,涂画材料。1~2岁的宝宝已经能尝试使用画笔涂画,也能在帮助下操作剪刀。这个阶段的宝宝小手的肌肉和骨骼还很不发达,只能在纸上随意地乱画。在这个过程中,宝宝能体验到视觉和动作快感,有利于促进宝宝心理健康发展。在活动室里,保育人员可以给幼儿创设涂鸦的区域,提供如蜡笔、造型笔刷、印章等不同材料的涂鸦工具,让幼儿尝试自由涂鸦。

第四,拼搭玩具。拼搭积木可以锻炼婴幼儿手指精细动作能力、手眼协调能力;帮助幼儿认识积木的颜色、形状、大小等,感受积木在空间上的变化,理解高矮宽窄等概念,也对宝宝认知能力发展有促进作用。保育人员可以根据宝宝动作发展规律,提供不同难度的拼搭玩具。比如可以从积木的拼搭开始,引导幼儿尝试用积木排火车或者搭高楼。当宝宝熟悉搭建的技巧后,保育人员可以指导宝宝搭小桥、城堡等更加复杂的造型。

除了这些常见的玩具材料之外,还可以利用自然材料、生活材料,引导宝宝动手操作,发展宝宝精细动作技能。比如自然中常见的沙子,可以引导宝宝使用铲子或其他工具去铲、挖、翻,锻炼宝宝使用工具的技能技巧。还可以借助常见的生活材料,比如海绵,让宝宝用来吸水、再挤压放水,反复动作,锻炼宝宝手的控制能力。

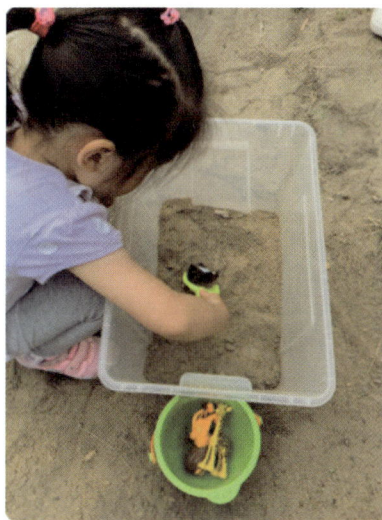

图8-12 宝宝玩沙子

(三)鼓励幼儿自己喝水、用小勺吃饭、自己翻书等

对1岁以后的幼儿来说,生活自理能力的养成是他们成长中必不可少的经验。在托育机构,可以通过生活活动的学习,在满足幼儿生活需要的同时,进行粗大动作和精细动作能力的练习。幼儿许多精细动作的发展得益于完成一些自理任务。当他们学习自己喝水、用小勺吃饭、自己翻书时,他们运用双手和手指的能力也在不断发展。如果保育人员有随机教育的意识,能够捕捉随机教育的时机和条件,渗透在日常生活中的动作练习会取得更好效果。

保育人员在组织幼儿参与生活活动的各个环节时,可以通过巧编儿歌进行指导,促进幼儿动作能力的发展。通过对儿歌押韵规律的掌握,并基于幼儿语言发展特点,保育人员可以将生活活动中的动作技能、良好习惯要点总结起来编成简短的儿歌。

这些儿歌能准确地表达幼儿在做这些事情时的动作,帮助幼儿进行生活自理能力学习的同时,让幼儿在拿取物品、穿脱衣物、洗手洗脸等活动的过程中,进行手眼协调、手口协调、双手配合、身体平衡等多方面的动作练习,有效促进幼儿动作能力发展。

幼儿的习惯培养和自我服务技能的获得,都需要保育人员给予练习的机会和指导。因此,在生活活动中,保育人员要注重进行渗透性的随机指导。儿歌朗朗上口,便于幼儿理解、接受和记忆,利用念儿歌的方式,对幼儿进行言语指导,让幼儿边听边做、边说边做,帮助幼儿掌握动作技巧,达到动作练习的效果。

《喝水儿歌》

小水杯,手中拿。

一口一口慢慢喝,全部喝完不浪费。

《穿衣儿歌》

一件衣服四个洞,

宝宝钻进大洞洞,

脑袋钻出中洞洞,

小手变成小夹子,

衣服袖子拉拉紧,

小手伸出小洞洞。

三、25~36月龄

(一)为幼儿提供参加走直线、跑、跨越低矮障碍物、双脚跳、单足站立、原地单脚跳、上下楼梯等活动的机会

2岁左右的幼儿,已经具备一些动作技能,比如能走直线、跑、跨越低矮障碍物、双脚跳、单足站立、原地单脚跳、上下楼梯等。他们的动作正逐步向自主性动作发展,比如灵活地躲避障碍跑、进行有目标的投掷等。我们要根据幼儿的年龄特点,为幼儿提供各种活动机会。

在托育机构中,可以通过组织一些运动活动的方式,引导幼儿参与游戏,促进幼儿大运动技能的提升。

在活动组织上,做到活动内容全面综合。2~3岁幼儿可通过基本动作练习,如:爬、走、跑、跳、跨越、拍球和投球、投掷等,逐步提高身体动作的灵活性,增强体力。因此,在活动创设时要注重全面性,考虑幼儿各种动作技能的全面发展,保证幼儿各方面能力得到均衡锻炼。比如拍、投的活动有助于锻炼手臂力量、跳的活动有助于锻炼下肢力量、爬的活动有助于锻炼身体协调性等。

活动也需要根据幼儿的兴趣特点进行巧妙设计,充分考虑多个动作或能力的协调发展,

促进幼儿运动兴趣的培养。

其次,活动设计要做到因地制宜。一般来说,托育机构的运动场地包括室内场地和室外场地;其中室内场地一般包括专用运动室和临时用作运动活动的教室;室外场地除了户外的运动场地,还包括屋顶花园、阳台露台等。因此,保育人员在活动设计时要因地制宜,科学合理、巧妙地开展活动设计。

图 8-13　利用草地、塑胶跑道建造的户外活动场地

图 8-14　利用地下室打造的室内活动场地

图 8-15　利用露台打造的运动场地

图 8-16　利用屋顶打造的运动场地

在利用场地时,要巧妙发挥场地特点。比如室内运动中,狭长的走廊可以提供投掷、跳跃的空间;可以利用楼梯开展培养双脚交替上下楼梯的能力、锻炼身体的协调性的活动。户外运动中,草地适合开展走、跑等活动,骑车适合在塑胶场地进行;用网栏围起一块区域,让幼儿在其中自由选择进行球类游戏,包括抛球、踢球、滚球、投球、用不同棍子击球等,既满足了幼儿玩球的兴趣又能有效地将球控制在一定范围内。

图 8-17　在围栏边缘划分出一条适合骑车的
　　　　　小路,成为幼儿骑车的"公路"

图 8-18　将可组合的大型器械放在操场中央,
　　　　　根据活动需要巧妙调整组合方式

　　在活动设计时注重提高空间的利用率,让普通的物品在幼儿运动活动中发挥重大作用。比如在开展室内运动时,可以巧妙利用教室中的桌椅开展形式多样的体育游戏;户外运动中,可以利用户外的小丛林,将幼儿喜欢的玩具藏在草丛、树林里,开展"寻宝"活动,凹凸不平的丛林小道,让活动充满了挑战性与野趣,能很好地锻炼幼儿的走、蹲等动作技能以及身体的平衡性和灵活性。

图 8-19　利用桌子作为"球门"进行踢球入门游戏

(二) 提供多种类活动材料,促进幼儿搭建、绘画、简单手工制作等精细动作发育

　　2~3 岁幼儿的精细动作发展迅速,在这个阶段,我们可以为幼儿提供不同种类的活动材料,鼓励幼儿使用各种形式表达自己对身边事物的认识,组织幼儿进行搭建、绘画、简单手工制作等活动,锻炼幼儿的手部精细动作,促进幼儿创造力、想象力的发展。

　　2～3岁幼儿尚处在随意涂鸦阶段,幼儿并无绘画的目的,常常只是对绘画工具感到新奇;由于动作协调性不够,他们画的常常是断断续续、曲曲弯弯的一些凌乱的无方向的不规则线条,并常会将线条画出纸外。保育人员要根据幼儿的动作发展特点和个性化特征进行指导,组织幼儿进行绘画活动,锻炼他们的精细动作能力,促进幼儿创造力、想象力的发展。

　　通过手工制作,可以让幼儿反复练习手指和手腕的动作、体验双手合作玩耍的动作以及使用工具和材料进行制作的动作。在活动中,保育人员可以有意识引导幼儿模仿,提高他们的手部精细动作和手眼协调能力,发展幼儿的探索本领,为培养动手能力和学习能力做准备。

实践案例

　　丽丽老师在为她的班级准备游戏材料,她所带的班级是托大班,孩子们年龄都在2～3岁之间。这一周的探索区和美工区的材料要做重点布置,丽丽老师按照备课本中的记录开始准备了。

　　丽丽老师在探索区为孩子们准备了搭建的材料,包括各种材质和样式的小积木、不同类型的拼插积木等,可进行多样变化的积木能激发幼儿的创造性思维,支持幼儿进行搭建游戏。

　　除了从托育机构购买的玩具里选择适合的材料,丽丽老师还会从班级的"百宝箱"里为孩子们准备材料。"百宝箱"里是丽丽老师和同事们日常积累的生活用品、自然物品。比如洗干净消毒后的瓶瓶罐罐,或者是孩子们在户外玩耍时带回教室的"战利品"——落叶、小石头等。丽丽老师会根据孩子们的兴趣,将"百宝箱"里的材料也放进游戏区域里。

　　这一次,丽丽老师准备了扁平的石头,它们可以用来进行垒高游戏,搭建"高楼";丽丽老师还将奶粉罐做了简单的装饰,将它们作为搭建的材料,可以用来建造"城堡""金字塔"等。这些生活中幼儿熟悉的材料,在活动中也更能调动幼儿的活动兴趣,激发幼儿动作操作的欲望,提升幼儿动作的灵活性。

图8-20　幼儿团捏、粘贴纸球,进行手工创作

　　丽丽老师还准备了一些手工制作活动所需的材料,如纸工,包括撕纸、折纸、贴纸、揪纸、团纸

团、搓纸绳,直至能用剪刀学习剪纸;泥工,包括分割、揉、挖、搓圆、搓长、压扁,最后能进行简单的组合造型等。

这些活动帮助幼儿进行了动作练习,在促进动作能力发展的同时,还可以培养幼儿的手工制作技能和专注性。

📝 拓展学习

教育家苏霍姆林斯基曾说:"儿童的智慧在其手指尖上。"通过以儿童为创意主体的建构活动,不仅让孩子们获得了"一切材料皆可创意"的建构认知,也进一步培养了孩子们乐于思考、勤于动手、协商合作等良好学习品质,真正通过游戏操作获得综合能力的发展。搭建游戏是一项既创意又具有挑战性的活动,能培养孩子的想象力和创造力,也能够对儿童的语言能力产生积极影响。通过与其他人合作搭建积木,孩子可以学习新的词汇和表达方式。搭建积木需要遵循一定的规则和指令,孩子需要理解和遵循这些指令,这有助于提高孩子的听力和理解能力。孩子在搭建积木的过程中,会不断地进行实验和尝试,通过试错不断改进自己的设计,从而提高他们的思维和逻辑能力。

(三)鼓励幼儿自己用水杯喝水、用勺吃饭、协助收纳等

生活中的自理能力要求,不仅锻炼了宝宝的自我服务能力,也是一种重要的动作训练。在日常生活中,可以指导幼儿学习用水杯喝水,自己吃饭,尝试自己完成生活环节中的一些动作。在每次活动结束之后,可以指导幼儿在成人的帮助下学习收拾材料,每次操作之后的简单收拾也应该让幼儿在成人的帮助下去尝试。

1. 引导幼儿学习自主喝水

幼儿的皮肤较娇嫩,特别是秋冬季节的天气较干燥,多给幼儿喝温水,可补充体内的水分,也可滋润皮肤,以免出现干燥、起皮、发痒等症状。

幼儿多喝水,能生成较多的尿量充盈膀胱,增加排尿量,有利于冲洗尿道,可预防尿路感染;平时多饮水可促进肠道蠕动,使肠道得到滋润,软化粪便,促进粪便排出,有利于帮助消化,增加幼儿的食欲,还能预防上火;幼儿多喝水,能够促进机体的新陈代谢水平,能在一定

程度上提高机体的抵抗力和免疫力,对疾病预防有一定的效果。

特别是天气较热,出汗量比较多时,体内丢失的水分较多,此时需给幼儿多喝水。

保育人员要鼓励宝宝学习自己拿杯子喝水,并逐步养成定时饮水的习惯,乐于喝白开水。利用幼儿喜欢象声词、喜欢游戏的心理特点,用有趣的墙面环境、拟人的口吻和游戏方式引导幼儿多喝水,如小鱼吐泡泡、给小树苗浇水等。平时保育人员也要注意饮水,幼儿在喝水时,保育人员也一同喝水,为幼儿树立良好的榜样。

帮助幼儿学习正确使用水杯喝水的动作:右手持杯柄,左手扶杯身,避免水洒出和水杯滑落。坐在指定座位上,用"眼睛看一看水有没有热气"或者用"嘴巴轻轻贴水试一试"等方式,感受水的温度是否适宜,避免烫嘴。喝完后,将水杯放回对应位置。

2. 引导幼儿学习自己吃饭

幼儿学习自己吃饭的过程,对他们的运动技能也是一种锻炼。幼儿学习抓握勺子或者筷子,舀起或夹起食物并放入口中等动作,都是对手部精细动作和手眼协调能力的锻炼。而餐前餐后的洗手、擦嘴、收拾餐具等动作,都能够让幼儿在完成生活环节的同时,锻炼动作的灵活性,促进运动能力的发展。

保育人员要提前了解幼儿的饮食习惯和偏好,充分理解并接纳幼儿原有的饮食或进餐习惯。对刚入托还不适应在托育机构就餐的幼儿,可以建议家长从家中带幼儿平时喜欢用的小勺,激发幼儿自己用勺子吃饭的兴趣。

不苛求所有幼儿都能同时正确地用勺子吃饭,允许个别还用手捏菜或大把攥握勺子的幼儿逐渐通过游戏的锻炼,逐渐学习正确的用勺方法。在进餐时,可以根据幼儿情况提供筷子,让幼儿尝试使用筷子进餐,注意使用筷子的安全。可以请家长在家庭中为幼儿准备筷子,让幼儿在家中练习使用筷子,逐渐掌握使用筷子的小技巧,发展手部精细动作的能力。

3. 引导幼儿协助收纳

蒙台梭利认为:"在儿童生命的某一个时期,快乐就在于在适当的场所找到物品。"孩子对秩序感有天生的喜好,收拾整理的行为正是起源于孩子对秩序感的认识和体验,孩子在"收纳"中可以提升秩序感、专注力以及协调动作的技巧。

(1)制定规则。

保育人员和幼儿一起制定合理的"收纳"规则,如:用完的物品要及时归位、自己用的东西要自己整理、书本看一本拿一本等,这样的规则有利于促进孩子建立起收纳的习惯。

(2)为幼儿提供方便收纳的环境。

在幼儿活动室里提供尺寸大小合适的小柜子、收纳架或收纳筐,让孩子能分门别类地取放书本、玩具或其他用品。

不宜将所有玩具都放在一个篮子里,因为孩子每次只玩一两个玩具,却可能要倒出所有的玩具才能找到自己需要的。

对于刚开始学习收纳的孩子,可以在柜子上贴上相应物品的照片,帮助孩子对照着摆放,逐渐形成分类收纳的能力。

活动室里的玩具、书籍的提供量要有所控制。保育人员可以根据孩子的年龄、兴趣,挑选一些合适的玩具或书籍给孩子,并定期进行更换,而不是提供得越多越好。

第三节 指 导 建 议

一、在各个生活环节中,创造丰富的身体活动环境,确保活动环境和材料安全、卫生

环境对婴幼儿有潜移默化的教育和影响作用。在个体发展过程中,当婴幼儿在一个比较宽松、束缚较小的空间中活动,并能得到心理需求的满足时,内心便会产生安全感。这种安全感的建立会激发婴幼儿产生一种自我控制能力,进而可以发展出自我约束行为的能力。这种自我约束的能力建立得愈早,对婴幼儿的心理健康发展愈加有利。

保育人员在进行环境创设和提供活动材料方面,需要做到尊重婴幼儿的认知特点;提供整齐有序的环境以及有序的活动流程,培养婴幼儿的秩序感;尊重婴幼儿的兴趣爱好,尊重婴幼儿的自由选择,培养愉快情绪;让婴幼儿获得放松的感受,不限制、不干扰婴幼儿的活动,培养专注力、耐力、毅力及良好习惯。这种和谐精神环境,能使婴幼儿在心理上感到绝对安全,有利于婴幼儿的身心成长。

注意户外场地的安全,有无凹坑、玻璃、碎砖,如有嬉水池或带棱角的花坛,要让幼儿避开;不要让幼儿去触弄带刺的植物或采摘小果子,以免误入呼吸道发生意外;不要让幼儿搬运过重或影响视线的桌子、器材、玩具等,以免发生意外。玩户外大型玩具必须在保教人员的照顾和帮助下进行,玩前要先检查大型玩具是否潮湿、脱漆、松动,是否有裂口、翘刺、翘钉,提醒幼儿按顺序玩,不要拥挤和推打。

托育机构应当建立室内外环境卫生清扫和检查制度,每周全面检查 1 次并记录,为儿童提供整洁、安全、舒适的环境。应当有防蚊、蝇、鼠、虫及防暑和防寒设备,并放置在儿童接触不到的地方。集中消毒应在幼儿离园后进行。保持室内空气清新、阳光充足。采取湿式清扫方式清洁地面。卫生洁具各班专用专放并有标记。抹布用后及时清洗干净,晾晒、干燥后存放;拖布清洗后应当晾晒或控干后存放。要注重玩具卫生,保持玩具表面的清洁,每周至少进行 1 次玩具清洗。

通过对环境创设和活动安全、卫生的重视,为婴幼儿提供安全、舒适的心理环境和具有

支持性的物理环境,让婴幼儿乐于活动身体,促进婴幼儿动作能力的发展。

二、充分利用日光、空气和水等自然条件,进行身体锻炼,保证充足的户外活动时间

早在 30 多年前,上海就对幼儿户外活动时间进行了规定。2022 年发布的《幼儿园保育教育质量评估指南》明确要求"幼儿户外活动时间在正常情况下,每天不得少于 2 小时,运动不少于 1 小时"。

自然中的日光、空气和水等是促进幼儿身体健康发展的关键之一,托育机构可以结合场地情况,做好户外活动安排,引导幼儿进行身体锻炼,发展婴幼儿的动作技能。

• 实践案例 •

如何在较小的场地和空间,开展户外活动和运动,是上海探索和实践提升幼儿在园运动质量的重点之一。如黄浦区瑞金一路幼儿园将小路、过道、走廊等区域联通,形成迂回运动路线,延长运动距离。选用了多个占地 1 平方米的运动材料,灵活放置在户外零散空间,让孩子们在"走过路过"中体验运动的乐趣。园所还充分利用周边公园资源,丰富幼儿爬山、翻滚在草地、长距离奔跑的经历。

拓展学习

宋庆龄在上世纪四五十年代很强调给孩子"三浴",即日光浴、空气浴、冷水浴。冷水浴是通过水温和水的机械作用,对身体进行刺激,达到清洁皮肤及锻炼的目的。空气浴使婴儿的皮肤和黏膜得到锻炼,使婴儿适应气温变化,身体变得越来越壮,不易生病。在婴儿熟悉了空气浴以后,可开始进行日光浴,阳光可促使血液循环,促进人体所必需的维生素 D 的合成,预防佝偻病。

图 8-21 中国福利会托儿所强身健体的"三浴"锻炼中的阳光浴

三、安排类型丰富的活动和游戏，并保证每日有适宜强度、频次的大运动活动。做好运动中的观察及照护，避免发生伤害

（一）安排类型丰富的活动和游戏

幼儿喜欢丰富的活动和游戏，保育人员要进行合理的时间规划和活动组织，保证幼儿每天都有适宜强度和频次的大运动活动。活动安排上，保育人员要注重幼儿在集体活动中的自发、自由和自主，使其体验运动活动的好玩有趣，并且在活动时需要做好运动中的观察和照护，避免伤害事故的发生。

世界卫生组织于 2019 年发布了《关于 5 岁以下儿童身体活动、静坐行为和睡眠的指南》，指出"五岁以下儿童要想健康成长，必须减少坐下来看屏幕，或被限制在婴儿车和座椅上的时间，应当获得更高质量的睡眠，并有更多的时间积极玩耍"。

婴幼儿的运动不仅是锻炼幼儿的体格，更对幼儿的整体发展和主动发展具有积极意义，涉及学习品质、道德意志和团结合作等全方位的养成。因此，托育机构要开展不同形式的活动和游戏。

托育机构可以通过各类器械、音乐、探索游戏，提高幼儿速度、反应、爆发力、灵敏、协调、稳定、方位、空间、自我保护等运动核心能力，促进幼儿动作与体能的全面发展。

1. 结合器械和教具的运动游戏

可以室内配备各种运动器材比如软体器械、悬挂器械以及小型体能教具等，给婴幼儿提供多维度的体能探索环境。

2. 结合音乐的运动游戏

在一日活动中，还可以将音乐结合运动，通过音乐节奏、速度和音量的变化，控制体能活动的间隔、速度、动作频度和幅度，不仅能够培养孩子们的节奏感，激发他们的运动兴趣，也能很好减轻孩子们运动时的负荷。

3. 结合角色扮演和故事情境的运动游戏

通过创设不同主题的环境和情境，让孩子在故事情境中进行运动游戏，引导婴幼儿在角色的扮演、"小任务"的达成中自然锻炼体能和综合能力。

例如，保育人员设置动物园情境，带领小朋友们前往"动物园"，认识不同的动物并开展一系列有趣的动物主题游戏。孩子们时而变身为小考拉，爬到"树"（悬挂攀爬梯）上摘桉树叶吃；时而变身为小熊，四肢着地爬行斜坡，还偷偷爬上树干（充气柱）去偷蜂蜜吃；又时而变身为小马，小心翼翼地驮着货物走过小河、石子路。

通过这些室内外结合、形式多样的活动,可以提升幼儿对运动的兴趣,达到促进运动能力发展的目的。

(二)保证每日有适宜强度、频次的大运动活动

婴幼儿适量运动表现为:

运动前精神饱满、情绪稳定、面色如常、无出汗、呼吸平稳。

运动中注意力集中、情绪愉悦、面色红润、出汗适中、呼吸中速稍快。

运动后精力充沛、情绪轻松舒畅、面色红润、微微出汗、呼吸快速恢复平稳。

保育人员可通过观察儿童在运动前、运动中、运动后的情绪、面色、出汗、精神状态等来判断运动量是否适宜。除此之外,还可以通过技术赋能,了解婴幼儿在托育机构中的运动数据,更好地了解婴幼儿的运动状态,促进婴幼儿运动能力发展。

● 实践案例 ●

技术赋能,数据"说话",让运动更具针对性

作为上海学前教育数字化转型的试点园,杨浦区翔殷幼稚园从 2017 年至今,深入思考如何基于数据的持续采集与深入分析,读懂儿童、支持儿童。幼儿园为孩子配备了运动手环,根据幼儿心率的高低,及时帮助他们调节运动量。现在,幼儿也会跑来看自己的心跳是不是变快了,或是运动量够不够,在对数据的关注中慢慢建立起自我管理的意识。

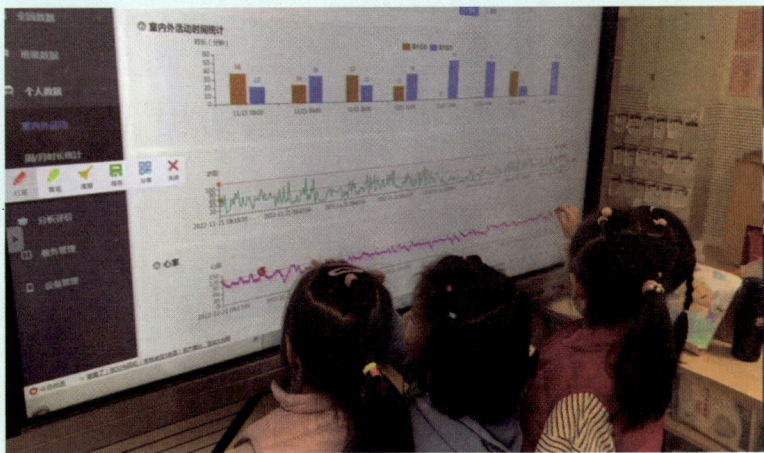

图 8-22　杨浦区翔殷幼稚园孩子们正在看自己的运动数据

借助智能运动手环,可以更好地监测孩子户外活动情况,科学开展 2 小时的户外活动。例如,户外活动 2 小时时长是否达成,每天 1 小时的体育活动和一定量的中高强度运动是否达标。让孩子进行有质量的身体锻炼,增强孩子的体质体能,促进身心健康。近三年来,该园孩子的发病率逐年下降,从 1.8% 下降至 0.86%,肥胖率始终控制在 3%~5%。

通过大数据的"眼见为实",帮助幼儿尝试着进行自我评价和自我管理。例如,老师发现了几个孩子心率一直时不时处于较高状态,也就是超出运动量了,就会问孩子"你的身体有什么反应吗?"孩子们回答:"头上出了很多汗。""跑的时候我张大嘴巴在喘气。""我发现好朋友也是这样的。"其实,到了这样的状态时,就是超出运动量,要休息了。也有的孩子发现自己不怎么出汗,心率却还是高,他的表达是感觉自己的小心脏快要跳出来了。结合大数据,孩子们发现,原来每个人都是不一样的,在这个过程中关注自己,也在了解别人。

(三) 做好运动中的观察及照护,避免发生伤害

0~3 岁是婴幼儿生长发育最快的时期,运动能力也发展很快。但是,由于神经系统发育和功能仍不成熟,婴幼儿往往缺乏独立运动的能力和自我控制能力。另外,婴幼儿的安全意识还未形成,还缺乏保护自己身体安全的能力。因此,婴幼儿在运动的时候,保育人员要全程看护,并做好安全保护。

1. 运动前

在运动前,保育人员要做好运动环境的安全检查,不管是在室内还是户外运动,都要提前检查设施和场地安全。

保育人员和婴幼儿都要穿着方便活动的衣服。不合适的衣着、佩戴首饰配件等都有可能成为运动中的安全隐患。

保育人员要留意当日的天气和进行运动的环境,避免在高温及湿度太高或太低的情况下,带领婴幼儿进行剧烈运动。

运动前,保育人员要引导婴幼儿做充分的热身,避免引起肌肉抽筋、关节扭伤等,确保运动安全。在饭前及饭后半小时内不宜进行剧烈运动。

2. 运动中

对宝宝的每个动作发展训练要做到循序渐进。宝宝动作的发展都有一个过程,因此在

运动时,保育人员要注意,游戏的难度需要由易到难。

保育人员需要观察宝宝的精神状态、情绪、面色、出汗和呼吸情况,合理安排宝宝的运动时间和运动量。

进行两人或两人以上的身体接触游戏时,保育人员宜安排体型相似的幼儿为一组。

幼儿心跳较快且易疲倦,不适宜长时间持续运动,要安排中场休息。

运动时排汗是正常的,但需要汗后及时补充适当水分。

3. 运动后

在婴幼儿结束运动后,保育人员要引导婴幼儿进行整理运动,以舒缓肌肉紧张及疲劳。

四、关注患病婴幼儿

(一) 处于急慢性疾病恢复期的婴幼儿,及时调整活动强度和时间

保育人员要关注患病婴幼儿,如果有处于急慢性疾病恢复期的婴幼儿,保育人员需要根据婴幼儿的实际情况,进行针对性的照护和支持,帮助幼儿健康成长。

正处于疾病康复期的孩子几乎每天都要接受各种康复治疗,比非治疗时期每天会消耗更大的能量和体力,而患儿的体质比一般正常幼儿弱,如果训练的强度超过了康复孩子的承受能力,会影响肌肉力量提高及运动功能的恢复,反而使康复效果退步。过度训练、过度治疗也会降低孩子的免疫力而导致反复感冒与支气管炎,影响康复治疗。所以在孩子康复治疗中如有精神不振、嗜睡、训练时对抗哭闹、食欲下降、睡眠障碍等,应减少训练量或暂时中止治疗,避免过度疲劳。

对正处于疾病康复期的孩子,保育人员要注意观察幼儿,根据幼儿当天的健康状况,做出运动量的适度调整,如感冒患病的幼儿应减少其活动量。

对于班级中的特殊儿童进行差异化的运动护理,如对于肥胖、超重儿童,可相应增加其运动量。

对营养不良、体弱儿童则应进行适当的休息等。对处在急慢性疾病恢复期的婴幼儿,要及时调整活动强度和时间。

对患病儿童不可强求,降低锻炼强度或让其休息。

(二) 发现运动发育迟缓婴幼儿,给予针对性指导,及时转介

运动发育迟缓主要是指婴幼儿抬头、翻身、坐、爬、站、走、跑、跳等大运动发育迟缓,以及抓握、大拇指和食指捏起东西等精细动作发育迟缓,没有达到应有月龄/年龄的水平。[1]

---

[1] 《儿童保健学》。

表 8-4 0～3 岁婴幼儿运动发育迟缓预警征

类别	粗大动作	精细动作
预警征	3 个月:俯卧不能抬头 6 个月:不能扶坐 8 个月:不会独坐 12 个月:不会扶物站立 18 个月:不会独走 2 岁:不会扶栏上下楼梯/台阶 2 岁半:不会跑 3 岁:不会双脚跳	3 个月:双手握拳很紧 6 个月:不会伸手抓物,紧握拳松不开 8 个月:双手间不会传递玩具 12 个月:不会用拇指、食指对捏小物品 2 岁:不会用勺吃饭 3 岁:不会模仿画圆

运动发育迟缓的婴幼儿运动发展的速度会较慢,发展顺序会比较发散。如果某个儿童有运动发育迟缓的情况,就应寻求专业帮助,及时转介。

保育人员要鼓励发展迟缓的婴幼儿用适合他们的方式去体验和探索周围的世界,比如提供一些基本的游戏,在游戏中鼓励婴幼儿运用各种感官;提供与正常婴幼儿一起玩耍的机会;给予适当的指导和促进,帮助婴幼儿完成某项活动,为婴幼儿的努力提供关爱和支持等。

一般来说,通过标准化发育筛查量表和发育诊断量表可对运动发育迟缓儿童进行评估,但由于发育评估量表的效度欠理想,发育判断还需要医生的综合诊断。托育机构在儿童保健工作中开展运动发育监测、筛查和诊断应遵循一定的流程,发现有运动发育迟缓可能的婴幼儿,要转介小儿神经科进一步检查才能明确病因诊断。

📖 **思考与练习**

- 1. 简述婴幼儿动作发展的目标及要求。
- 2. 根据不同发展阶段的婴幼儿动作发展特点,分别为 7～12 个月、13～24 个月、25～36 个月的婴幼儿设计一个活动。

- (1) 掌握婴幼儿语言领域的保育目标；
- (2) 熟悉婴幼儿语言领域各年龄阶段的保育要点；
- (3) 了解对托育机构在婴幼儿语言领域的保育指导建议。

第一节　目　标

一、对声音和语言感兴趣，学会正确发音

儿童从出生的第一声啼哭开始，就开启了与人交流的生命旅程。0～3岁的阶段婴幼儿在动作、认知、语言、情绪情感和社会性等方面都循序渐进地变化着，尤其语言发展更为显著，经历了哭啼到牙牙学语，再到说出完整的句子，最后运用语言熟练交流这样一个过程。从人的发展规律（神经学和脑科学）及诸多研究可知，语言教育应从零岁起步，创设环境和条件，促使婴幼儿对声音和语言感兴趣；捕捉婴幼儿的语言信息，给予积极回应；鼓励和强化婴幼儿发音，逐步熟练运用语言这个工具等，都是重要的照护内容。

（一）儿童语言发展的关键期

据研究，儿童能说出第一批真正能够被理解的词的时间是在1岁左右，0～1岁是婴幼儿语言形成的准备期，1～3岁是语言形成期，3岁以后是语言发展期。因此0～3岁是婴幼儿语言发展的关键期，我们要充分重视对0～3岁婴幼儿语言的教育。

（二）语音

语音是指在语言中使用的最基本的声音单位或音素，以及将音素组合起来的规则。语音能力是婴幼儿语言发展的开端与基础。2个月左右，婴儿会发出咕咕声，其中大部分是由元音组成的。在大约4个月的时候，变成咕咕叽叽，此时是重复的辅音与元音的组合。从

1～2 岁开始，幼儿能识别熟悉的单词的正确发音，也会使用语音策略，以简化单词的发音。3～5 岁时，幼儿的语音意识不断提高。[①] 婴儿一出生就像一个"世界公民"一样，做好了在各种自然语言中分辨不同语音差异的准备。研究表明，0～3 岁儿童对母亲的声音表现出语音偏好。

二、学会倾听和理解语言，逐步掌握词汇和简单的句子

在良好教养环境下，0～3 岁儿童在能说话以前，已经能够听懂成人简单语言，也能理解一些简单词汇。从认知发展的角度看，理解总是领先于表达的，大多 0～3 岁儿童在会说话以前就表现出对词汇的理解。[②]

（一）语法

语法包括词法和句法。词法是说明语音怎么构成单个的字和词的，句法是指在什么样的情况下选择合适的字和词。1～2 岁幼儿的词汇量增长到数百个单词，其中在 18～24 个月之间会出现"词汇大爆炸"。这个时期，幼儿会认识很多新的词汇，其中大多数是事物的名称（名词）和关于经验动作的词语（动词）。在一定程度上，句法就是一个句子的结构，即如何把词语构成一个有意义的词组和句子。比如说：

> 宝宝球拍。
> 宝宝拍球。
> 球拍宝宝。

这三个句子虽然包含相同的词语，却传递着不同的意义。显然第一个句子是不符合语法规则的，但第二个和第三个句子是符合语法规则的。这个例子告诉我们：毫无联系的词是如何组合成一个有意义的句子的。可以看到，婴幼儿在掌握和理解一门语言之前，理解语法规则是十分必要的。

（二）语意

语意是语言的意思，语意能力也可以被称为语言理解能力。语意探讨的是单词或句子所表达的意思。在婴幼儿能够听懂和理解别人所说的话时，他们必须掌握单个的词语及其意义，用单词来传达特定的意义，并且将这些单词组合起来构成句子，以表达更多、更复杂的意思。理解语意是婴幼儿开始说出完整准确的句子的基础。[③]

---

①③《0～3 岁婴幼儿语言发展与教育》。
②《0～3 岁儿童心理发展》。

三、学会运用语言进行交流,表达自己的需求

当婴儿的咿呀发声得到保育人员回应时,这样一来一往的语音互动鼓励着婴儿积极地模仿各种声音,在这个过程中,婴儿会有意识地关注到词语的节律、音高和发音。语言成了一种互动的方式,它既可以让婴儿表达自己的兴奋,又可以将他们需要的保育人员"呼唤"过来,满足自己当下的需求。见证婴幼儿从一开始只是对语音做出回应而不理解词语的意思,到随着认知、思维的发展逐步理解词语而做出有意义的回应,是一个让人充满欣喜的经历。

语用是指如何运用语言,即如何利用语言进行有效的沟通。婴幼儿语言学习成熟的标志之一就是能够自由表达自己的观点,利用语言进行有效的社会交往。在此之前,他们可能是通过哭闹或者是利用单个音节去表达意愿,展现情绪。但是随着语言运用能力的发展,他们开始熟练地运用语言进行沟通。这标志着他们的语言学习开始走向成熟。[①] 语用是语言作为一种交流工具中最重要的部分,也是婴幼儿早期语言能力发展中最需要培养的内容。

四、愿意听故事、看图书,初步发展早期阅读的兴趣和习惯

早期阅读能力的发展,为儿童现在和今后的口头与书面语言能力奠定了基础。儿童其他领域的发展,如感知动作、情绪和社会性发展等,也能在早期阅读中得到积极的促进。目前的研究表明,在婴儿满月以后就可以开始进行阅读教育。

儿童语言发展特点表明:每个正常的婴幼儿天生都是学习语言的专家,学龄前是儿童掌握语言的敏感期或关键期。这是因为迅速成长的大脑对语言有着极其敏锐的吸收与储存能力。图文并茂、声情并茂的早期阅读是婴幼儿自然地学习口头和书面语言的最好课堂。

有研究提出,2 岁是幼儿口头语言发展的关键期,4～5 岁是幼儿学习书面语言的关键期。成人若能抓住关键期的有利时机及时进行适当的培养,婴幼儿的语言教育就能收到事半功倍的效果。也有一些研究表明,缺乏良好早期阅读经验的儿童入学后会有学习适应上的困难、缺乏阅读兴趣、阅读理解能力差等问题。因此,我们应适时培养婴幼儿早期阅读的兴趣和习惯。

---

① 《0～3 岁婴幼儿语言发展与教育》。

第二节 保育要点

一、7~12个月

(一) 经常和婴儿说话,引导其对发音产生兴趣,模仿和学习简单的发音

语音知觉的发展为语言理解提供了必要的前提。在自然环境中,婴幼儿会听到各种各样的声音,比如不同讲话者的声音、不同速度的声音以及不同情境中的声音。婴幼儿还会逐渐将他们听到的不同声音在知觉上进行归类,将在声学特征上相同的刺激认同为同一音位范畴,这就是范畴化。研究表明,婴儿在 2 个月的时候就具有了这种能力。这种能力对婴幼儿语言的发展起着重要的作用,正是因为婴幼儿的这种自觉范畴化的能力,他们才可以轻松地模仿成人学习说话。[①]

1. 语言发展的准备期

0~1 岁是婴儿语言发展的准备期。这个阶段的主要发展任务是言语的知觉能力、发音能力和对语言的理解能力。语音是语言的声音,它是言语发展的前提。婴儿的发音由发音器官的生理成熟阶段决定,因此语音表达的发展遵循一定的规律性。

(1) 从无意义发音到有意义音节。

进入言语发展阶段,儿童逐渐学会使用语音和语调表达意思。如,嘴里发出"huhu"音,身体朝向喝水的地方,以此告诉成人"要喝水"。这时的语音表达因为意有所指,表现得有意义。

(2) 从元音到辅音。

语音发展过程中,元音的表达早于辅音。较早出现的元音有 a、ei、uo,b、p、m、f 等辅音出现得稍晚。

(3) 从单音节到多音节。

从单音节的语音表达,如 ei、yi、ou 等,发展到发出双音节或多音节的音,如 n-ai、y-ao、ma-ma、ba-ba。

(4) 从不准确到逐渐准确。

进入该阶段,语音发展较迅速。在良好的语音环境下,发音能逐渐趋于准确。[②]

2. 出现更多"小儿语"

快一岁的婴儿咿呀语变得更加丰富,像是提问,又像命令,甚至让人难以理解。当两个

[①]《0~3 岁婴幼儿语言发展与教育》。
[②]《0~3 岁儿童心理发展》。

同龄婴儿在一起时,还会用这样的咿呀语进行"对话"。这些小儿语现象就是婴儿语言真正产生之前的准备性练习。

• 实践案例 •

活动:"你一言,我一语"

支持策略:

(1) 模仿发音:日常照护过程中,保育人员敏感捕捉婴儿的各种发音,并模仿宝宝发音。

- 当宝宝发出"α\e\i\αo……"等元音时,保育人员看着宝宝,模仿宝宝发音。
- 对宝宝发出的元音,结合辅音进行发音示范,如:b-α——ba\m-α——ma……

(2) 模仿音节:保育人员在照护宝宝的过程中,对正在使用的物品、动作发出音节。如:宝宝喝牛奶,保育人员发出"niu——nai"的音节。

说明:较6个月之前,7~9个月的婴儿开始发出不同的连续音节,并且数量明显增多,语调也开始有多样性了,逐渐熟悉母语中的所有音素,这个过程与外界的语音强化有很大关系。这个阶段是婴儿第一年中最善于模仿的时期,是最适合进行语音教育的月龄段。在以上活动中,保育人员与婴儿之间进行互相模仿发音,这个过程是对宝宝发音的强化,使宝宝积极快速地积累语音,为开口说话做好准备。

(二)向婴儿复述生活中常见物品和动作,帮助其逐渐理解简单的词汇

熟悉和重复是早期学习的基础。婴儿语言刺激亦需要一个反复发生的情境,而日常照护中的许多照护环节都是每天重复稳定发生的,保育人员作为婴儿的"语言伙伴",为婴儿准备好了自然的语言学习的优势条件。

1. 接受性语言

婴儿的接受性语言是指他们能够理解别人说话,这是他们第一年语言发展水平的重要衡量标准。婴儿在自己说出这些词语之前就能理解这些词语的意思。从一开始的只对语音做出反应,到开始理解词语的意义做出反应。如:在一个四五个月的婴儿眼前晃动泰迪熊,并发出"泰迪熊"的音,婴儿情绪愉快,这是动作、成人的语音激发了婴儿反应;当婴儿到八九个月的时候,成人讲出"泰迪熊",婴儿就转向泰迪熊,这就是真正的接受性语言。

2. 懂得简单的词、手势和命令，但理解具有情境性

通过保育人员不断地给婴儿语言刺激，此时的婴儿已经能听懂很多日常生活中的语言，能辨别家里不同的人的称谓，会指认一些婴儿常见的物品。此时的理解具有很大的情境性，婴儿并不能完全理解保育人员所说的话的意思，而是在一定的语境中，根据保育人员的语调、手势、动作判断出来的。如保育人员给婴儿泡牛奶时用积极的语调："宝宝要喝牛奶了。"然后，在婴儿眼前出示和晃动奶瓶，在这个过程中，婴儿逐渐理解奶瓶、泡牛奶，以及"饿"和"牛奶"的关系。

实践案例

活动：看图听话

材料建议：准备图片（直接用照相机拍下的婴儿日常用的各种实物和场景照片）。

支持策略：

（1）保育人员与婴儿一起玩"指指认认"的游戏。

● 7～9个月婴儿：看实物图片说出名词，如：杯子、毛巾、苹果……

● 10～12个月婴儿：扩充词汇，增加词汇的复杂性，根据实物的特点加上形容词、量词、象声词。如：小狗——一只小狗——一只毛茸茸的小狗——一只毛茸茸的小狗，汪汪叫……

（2）看情境图片，用简单的句子描述，如：妈妈和小雅在看书、小鹿在玩球……

（3）看有动作的情境图片，保育人员可以带着宝宝模仿图片中的动作并描述。

（4）保育人员还可以和宝宝玩"看图取物"的游戏，如：宝宝，橘子在哪里？

说明：听懂成人的话是婴儿开口说话的前提。7个月以后的婴儿能发出更丰富而复杂的语音，对语言的理解具有情境性，在日常情境中逐渐熟悉了很多的字、词和短句子，9个月左右已经逐渐能理解简单的指令。在此阶段，保育人员结合日常照护的情境创造丰富的语言环境，与婴儿玩将动作、语言与图片匹配的游戏，鼓励婴儿尝试发出新语音，刺激婴儿学说话，通过图片积累更多的词汇和句子等，这些都是极其重要的语言学习活动。

（三）引导婴儿使用简单的声音、表情、动作、语言表达自己的需求

儿童从出生就开始协调他们的手势并发出有意义的声音，他们用自己的方式向成人表

达自己的需求。"哭泣"是最早使用的沟通方式,还伴随着各种声音、动作(如蹬腿)、微笑等引起和获得保育人员的关注。婴儿组织声音、表情、动作、语言,使它们变得易于理解,以方便交流。随着婴儿各方面能力的逐步发展,用声音、表情、动作等信号进行互动的意愿和行为越来越明显、清晰、准确。

1. 婴儿语言发展参考[①]

(1) 7~9 个月婴儿语言发展。

- 咿咿呀呀的音量、语调和节奏有了变化。
- 在咿咿呀呀中有了 d、t、n、w。
- 会发出"mama"或"baba"的声音,但不一定指向父母。

(2) 10~12 个月婴儿语言发展。

- 会用手势表达,用语言手势影响保育人员,如频繁指向、摆手表示再见。
- 表现出对词汇具有一定理解能力。
- 说出第一个能够被识别的单词。

2. 手势语的发展[②]

0~3 岁儿童手势语随月龄的增加而发展,这种能力直接反映 0~3 岁儿童的沟通能力,并对后期言语的发展产生重要作用。

6~7 个月,婴儿开始伸出手够东西。这时的伸手是一种本能行为,婴儿的眼睛只盯着面前的物品,这个动作并没有沟通的意义。但如果成人很敏感,察觉到婴儿想拿这样东西,帮其拿过来,慢慢地,婴儿就会知道,做出"伸手"的动作,成人就可以帮其拿东西。

8~9 个月,婴儿会用手指着东西,眼睛却看向成人。这时候,通过手势与成人交流的方式开始出现。并且,由"请求"向"交流"发展。由最初的"需要拿到东西"逐渐发展到"分享喜爱的东西"。

10~12 个月,婴儿从模仿周围成人习得常见的约定性手势语。如:摇头表示不要、点头表示需要、挥手再见、拍手欢迎等。通过模仿,婴儿学习着自己文化中特有的手势密码。正常教养环境下,这部分常见手势语婴儿在 10~12 个月时可以掌握 50%,12 个月可以达到 75%。

3. 日常照护中的语言环境

(1) 一个有交流的空间。

创设一个舒适的交流空间,光线充足,有靠垫,有简单阅读材料(如绘本),空间容纳一两

---

① 《聪明宝宝从这里起步——牙牙学语》。
② 《0~3 岁儿童心理学发展》。

个婴儿和一个保育人员，可以在户外。

提供一些玩偶、奶瓶、毛毯、玩具车等日常婴儿经常使用的用品或者玩具，以促进婴儿围绕游戏中的共同经历进行交流。

（2）敏感捕捉互动的机会。

欣赏并及时回应婴儿的语言和非语言交流。例如，妞妞成功把积木塞进一个盒子里，抬头看着你，脸上有惊奇和兴奋的神情，你可回应说："老师看见，妞妞把积木放进盒子里，很开心。你需要老师帮你拿更多积木吗？"妞妞点头，"好的，老师去拿更多积木。"

描述婴儿正在进行的游戏或动作。例如，露露伸手指向另一个保育人员："露露看见陈老师了，和陈老师招招手，'我在这里'。"保育人员辅助婴儿向陈老师招手示意。

日常中示范社交性的互动，轮流说话。例如，一个婴儿吃完磨牙饼干，打开双手示意"没了"，保育人员说："饼干没有了，宝宝还要吗？"宝宝点点头，保育人员鼓励宝宝："哦，宝宝点头了，宝宝还需要。宝宝说'要'或者示范说'饼干'。"当宝宝主动模仿发音时，保育人员积极肯定"要，宝宝要饼干。"

解析或拓展婴儿的简单发音或动作。例如，一个婴儿向保育人员示意，用双手交叉抱着自己，表示"同伴睡觉了"，还指向旁边的摇篮，发出"嗯嗯"。保育人员说："是的，你的朋友睡着了，我们轻轻地说话。"

（3）每日重复的生活环节是最自然的练习机会。

婴儿每天反复进行的喂食、换尿片、清洁等环节是练习的最佳机会，保育人员在照护过程中重复并扩展婴儿所表达的信息，对他们的信息进行确认。例如，当婴儿在吃点心时表情流露着兴奋，拍打着桌子，保育人员将婴儿的行为信息进行描述："准备吃点心了，你看起来很开心。"并询问婴儿："你需要牛奶还是橙汁？"婴儿指向牛奶："你需要牛奶。这是牛奶。"保育人员引导幼儿用语言表达。在互动中，观察婴儿接收到信号以后的反应，并进行回应。

在婴儿一日生活常规的步骤中，引导或邀请婴儿用动作或语言进行下一步操作。例如，当婴儿在洗手时，保育人员说："宝宝要洗手了，我们先做什么呢？"婴儿手指向水龙头或者去打开水龙头。"对的，我们打开水龙头。小手弄湿了，现在要做什么？""让我们抹一些洗手液，然后搓一搓。"在每一个不同的动作环节，保育人员都稍作停顿，邀请婴儿主动进行下一步的操作，保育人员在过程中进行描述和解释。

在婴儿一日的生活环节中，为婴儿提供选择，以促进交流。例如，当婴儿在洗澡时，保育人员可询问婴儿："宝宝想脱衣服？还是裤子呢？"观察婴儿做出反应，同样在洗完澡穿衣服时，也提供互动机会。

婴儿需要互动的语言伙伴来学习语言。以上我们列举了在一日生活的过程中，保育人员如何在各个生活环节对婴儿的动作、表情、声音等互动行为进行描述,这样的练习拓展了婴儿的表达方式,对互动交流产生积极良好的体验感,激发更进一步交流。尤其在情境中的交流更容易巩固和加强婴儿对语言的理解和运用,从而促进用语言来表达的能力。

📝 拓展学习

　　自我谈话和平行谈话是叙述的两大类型。

　　自我谈话是指保育人员在进行照护时用语言描述自己正在做的事情。自我谈话的价值在于,能让婴幼儿在有意义的语境中理解单词与短语,例如,"现在我要把衬衣从你的身上脱下来。"通过自我谈话,即便只有成人在说话,婴幼儿也在积极地听着和看着、收集声音、记忆正体验的情境。随后,婴幼儿逐渐学会通过倾听熟悉的言语来预测将要发生的事情。例如,婴幼儿一听到"现在我要把你的小脸蛋擦干净",就会转动自己的头,期待着将要发生的事情。

　　平行谈话是指成人用语言描述婴幼儿正在做什么。例如,"你看到外面树枝上有一只小鸟。是的,那是一只小鸟! 我知道你喜欢看那只小鸟,因为你在微笑。"当成人关注婴幼儿的兴趣并且花时间为婴幼儿描述正在发生的事情时,他们就是在促进婴幼儿的语言发展。[①]

（四）为婴儿选择合适的图画书,朗读简单的故事或儿歌

　　保育人员应给儿童提供阅读的空间和时间,即便是还不会说话的婴儿。为婴儿选择合适的绘本,讲述简单的故事,唱诵朗朗上口的儿歌,能让儿童从婴儿期开始就建立良好的阅读习惯,同时也是促进语言发展的最佳途径。

　　7～12 个月的小月龄婴儿会关注儿歌或歌曲中熟悉的词汇或符号,并开始通过触摸或啃咬等感知器官来探索图画书。当保育人员指着或说出一个人、动物或物体的名字时,婴儿能注意到熟悉的人、动物或物体的图片。他们十分乐意听保育人员讲述书中的图片,并且在保育人员的帮助下有序翻页。

---

① 《与 0～3 岁婴幼儿一起学习》。

· 实践案例 ·

活动:阅读时间

材料建议:带有简单图片的纸板书,可用生日卡片等自制纸板书,可将图片过塑增加耐用性。

支持策略:

(1) 在一个舒适的、光线充足的地方,保育人员和婴儿舒服地坐着。

(2) 和宝宝一起阅读有熟悉物品的纸板书,指出图片和文字,并使用简单的词汇向婴儿解释这些内容。例如,用语言描述"嘎嘎嘎,鸭妈妈和鸭宝宝"。

(3) 可以将儿歌制作成简单的图片,边看图片边读儿歌,用语言、动作、表情呈现儿歌内容。如右图,边哼唱《摇呀摇》,边将宝宝舒服地放在腿上,跟着儿歌节奏轻轻摇晃。

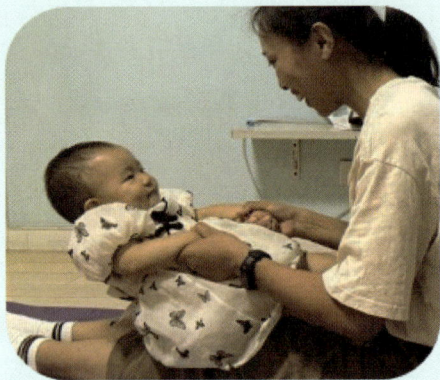

图 9-1 摇呀摇

(4) 当婴儿想要翻页或摆弄书时,保育人员要允许,并简单描述婴儿的动作。

说明:保育人员通过图片和纸板书,向婴儿传达语言,为婴儿提供了专门性的语言学习机会,因为这些语言在日常生活中不一定会经常使用。保育人员要提供婴儿自主"阅读"的机会。这个时期婴儿的自主阅读就是在捣鼓和摆弄书籍,他们会一会儿把书本颠倒、一会儿敲打;翻书的时候会连翻好几页;甚至啃咬书籍。这说明婴儿正在"探索"书,保育人员应允许婴儿用自己的方式来"阅读"。在婴儿探索书的同时,对手部精细动作发展而言也是很好的练习机会。

二、13~24 个月

(一) 培养幼儿正确发音,逐步将语言与实物或动作建立联系

经历了一年的语言准备阶段,婴幼儿开始进入学习口语的全盛阶段,13~24 个月被称为语言发生阶段。在这个阶段,婴幼儿会继续使用"小儿语",但小儿语有明显的旋律和音调变

化,听起来像成人说话。在发音的过程中,有的语音婴儿可以在出生不久便正确发出,有的需要等待几个月甚至更久,婴幼儿能否正确发音和外界的语音刺激是否合理有很大关系。保育人员利用语境,引导婴幼儿正确发音,是这个阶段支持婴幼儿语言发展的重要内容。

1. 发音上出现一些特殊的发音策略

常见的有以下发音情况:

- 省略音:省略词首或词尾辅音,如 xingxing(星星)说成 xixi(西西)。
- 替代音:用浊辅音替代清辅音,如 gege(哥哥)说成(dede)。
- 重叠音:这是婴幼儿早期语言发展中最普遍的情况,日常生活中幼儿经常说"吃饭饭""坐车车"。

2. 13~24 个月语言发展的四个阶段

13~24 个月是幼儿语言表达发展的重要时期,根据婴幼儿发展的基本情况,可以将这个阶段的语言发展分为四个阶段:13~15 个月的语言沉默阶段、16~18 个月的词义"错误"阶段、19~21 个月的词汇爆炸阶段、22~24 个月的双词句阶段。[①]

· 实践案例 ·

语言活动:说说常见动物

材料准备:准备常见动物,如猫、狗、小鸟等的图片或情境照片。

支持策略:

(1) 说说动物名称。保育人员出示动物图片,通过提问动物名称、叫声,让幼儿学习词汇和发音。保育人员描述动物特点,建立名称和实物的关系。当幼儿自主举起图片时,保育人员回答:"这是小猫,喵喵叫。"

(2) 学一学小动物。找出一张动物图片,保育人员说说、做做动物的动作,跑跑、跳跳、走走,并引导幼儿学做、学说。

(3) "捉迷藏"。保育人员将小动物放在不同地方或者不同的方位,发出信号:"小狗在哪里呢?"幼儿寻找,找到以后,保育人员描述:"小狗在桌子上面。"

说明:从幼儿 1~2 岁的语言发展看,这个时期要经历语言沉默阶段和词义"错误"阶段。在这两个阶段,幼儿的语言理解多,语言表达少,保育人员要抓住日常各种机

---

① 《0~3 岁婴幼儿语言发展与教育》。

会,创设一些幼儿感兴趣的话题、场景等,让幼儿主动说话、愿意说话。幼儿十分喜欢小动物,日常还有一些和小动物相处的经验,因此幼儿在动物话题上一直较有兴趣。此阶段的幼儿对指认动物、模仿动物叫声都十分有兴趣。在这样的语言环境中,幼儿学会了名称,将动物图片和动物叫声进行了匹配,并理解了跑、跳等动词。既提高幼儿认知,又丰富了语言技能。

📝 拓展学习

如何正确对待"小儿语"

儿童语言发展有明显的阶段性特点,小儿语一般出现在 1~2 岁阶段。在这个时期,保育人员适度使用小儿语和幼儿交流是有一定益处的。保育人员使用小儿语对自我意识正在发展的幼儿而言有认同、肯定的作用,更容易激发幼儿以积极情绪与保育人员互动,这个过程利于增加幼儿的词汇量。但保育人员也要注意不要一直迁就儿童的表达水平,应该有正确的示范,这种自然而规范的语言环境能刺激儿童的语言向更高阶段发展。

(二)鼓励幼儿模仿和学习使用词语或短句表达自己的需求

随着婴儿的哭声和咿呀学语得到保育人员的不断回应,儿童逐渐学会将这些声音精细化,最终发出语音信号。进入 1 岁以后,儿童理解的词汇与日俱增,儿童的交流能力显著提高。使用并熟练掌握语言这个交流的工具,对促进儿童自我调节、思维和认知有着巨大的影响。

儿童开始能够使用简单的单词或手势进行交流,例如说"不"或用手势表示"还要一些"。他们会采取一些策略,如重复某些词汇或行动,让他人参与社会互动;他们也可以通过词汇或行动,如展示或递给别人物品等方式参与交流。当他们问简单的问题时,他们会有音高和语调的变化。13~24 个月幼儿词义和句法的表达特点如下:

1. 词义表达

词是语言中独立运用的最小单位,0~3 岁儿童获得词义的过程比获得语音、句法的过程缓慢。词义表达是以词为工具,将思维所得的成果用语音词调、单字、词组等方式反映出来的一种行为。① 以下是婴幼儿词义表达的发展过程。

12～18 个月的儿童处于具体理解阶段。虽然在此阶段,幼儿所说词汇不是太多,但能听懂并理解的词汇远远多于所说词汇,如常见家用物品、动物、人物称谓、身体部位等。此时,儿童理解词义存在泛化、窄化、特化现象,如"爷爷"指自己的爷爷,若遇见其他老人让其叫"爷爷",其会流露出疑惑的神情。

19～24 个月,儿童对词义的理解逐渐加深,对词的概括能力在逐步提高。此时,幼儿开始理解"爷爷"也可指所遇见的其他男性老人,开始由具体认识发展为概括理解。②

2. 句法表达

句子是由词或词组按一定语法规则构成的表达完整意思的最基本语言单位。儿童句子的发展总体经历以下几个阶段。③

(1) 单词句阶段(1～1.5 岁)。

指儿童用一个词表达比这个词意义更加丰富的意思。此阶段儿童说出的词具有以下特点。

① 以词代句。儿童用一个词代表多种物体或者代表一个句子。如:儿童说"要"这个词,有时代表要喝水,有时代表要拿玩具,还有的时候代表要拿其他东西。

② 单音重叠。这个阶段的儿童喜欢说重叠的字音。如,"娃娃、衣衣、抱抱、灯灯"等,也喜欢用象声词代表物体的名称,如把汽车称为"滴滴",把小猫叫作"喵喵"。出现这个特点是因为儿童发音器官缺乏锻炼,还在进一步的发展中。重复前一个属同一音节、同一声调的发音,较为容易发出。

③ 联系情境。儿童用单词句表达意义时,常伴随动作和表情,并与特定情境相联系。成人需要根据儿童的用语情境和语调动作才能判断其含义。如要妈妈抱时,在说出"抱抱"的同时会向妈妈的方向伸出双臂。当说"球球"时,不同情境表示的含义不同,如"这是球球""球球在那儿""球球不在了""我要球球"等。

(2) 多词句阶段(1.5～2 岁)。

多词句是由两个单词句组成的不完整句子,一般出现在 1.5～2 岁左右。1.5 岁以后,儿童说话的积极性开始增强,此时他们言语的发展表现为开始说由两三个词组合在一起的句子,如"妈妈抱抱"等。多词句表达的意思比单词句明确,具备句子的基本成分,但因为表现形式是断续、简略、结构不完整的,就像成人打电报时所用的语言,因此也被称为"电报句"。

---

① — ③《0～3 岁儿童心理发展》。

·实践案例·

语言活动：我喜欢……

材料建议：一本自制的儿童在托育机构或在家生活的照片集，可命名为"我喜欢……"或者"我在……"。

支持策略：

（1）收集儿童在家和托育机构的生活、游戏的照片，制作照片集。

（2）制作时，可以一侧放一张宝宝做事或玩游戏的情境照片，一侧用一句简单的话描述宝宝做的事情。如：我渴了，在喝水；我喜欢看书……

（3）保育人员的描述句要尽量完整，根据宝宝的表达进行必要的扩展。如：宝宝说"水"，保育人员拓展词语"喝水""宝宝在喝水"等。

说明：保育人员根据幼儿的表达特点进行示范是帮助幼儿学习语言的重要策略。此阶段的幼儿喜欢听成人说重复的话，而且擅于模仿。因此，保育人员要熟悉幼儿发音和表达的特点。如：在 13～18 个月这个阶段，幼儿的句法表达特点是单词句的方式，在吃点心时，宝宝说"要"，就代表"要吃饼干"，保育人员模仿幼儿发音，肯定认同幼儿，同时也示范正确的表达方式。在玩"我在……"和"我喜欢……"的语言游戏时，幼儿使用这种句式进行交流，能帮助幼儿形成对自己需求的觉察和表达，促进自我认知和自我体验。

另外，制作照片集并附上注释的相册，是积极促进幼儿语言发展的独特而有效的方式。在相册书里，幼儿可以吸收到很多关于图片与语言、图片与文字的信息，而这些信息大大促进了幼儿语言交流、认知、思维和自我意识的发展。

（三）引导幼儿学会倾听并乐意执行简单的语言指令，积极使用语言进行交流

简单的指令对这个阶段的幼儿十分适宜。他们能遵从指令，从完成指令的体验中获得成就感。因此，保育人员可以通过发出简单的指令来拓展幼儿的语言学习。

1. 语言理解水平迅速发展

在这个阶段，幼儿所能理解的语言大量增加，尤其是动词和名词，其次是表示日常事件和活动意愿的动作，例如，能理解"宝宝准备洗澡了"的事件、"宝宝自己戴上帽子，好吗"的征求意愿的表达，还能够理解呼应句。

2. 语言理解逐步摆脱具体情境的制约

此阶段儿童逐渐进入真正的理解词语的阶段,即幼儿逐渐摆脱具体情境,准确把词与物体或者动作联系起来。如要求幼儿把玩具小熊拿过来时,幼儿能准确拿到玩具小熊,而不是拿出所有玩具动物了。

词语对婴幼儿心理活动和行为的调节作用也日益明显,这使婴幼儿逐渐能按照成人的言语指示去支配和调节自己的行动。如可以指令婴幼儿到什么地方去把什么东西拿来,什么东西不能动以及婴幼儿动作快点或慢点等。[①]

• 实践案例 •

请递给我一个……

支持策略:

(1) 利用日常的生活场景,通过指令与幼儿进行互动。例如:

- 请把杯子放在桌子上。
- 请把毛巾放进脸盆里。
- 请把电话递给我。
- 请把这本书放在书架上。

(2) 在幼儿完成每个指令任务后,可以适时引导幼儿说一说其中的名词和动词,并对幼儿道谢,言传身教礼貌教育。

说明:在这个阶段,幼儿能听懂指令并完成指令是一件让人惊喜而愉快的事情。说明幼儿能理解的词汇越来越多了,而这样的指令互动又进一步促进幼儿理解更多的词汇和各种实物之间的关系。

(四) 提供机会让幼儿多读绘本、多听故事、学念儿歌

让阅读成为幼儿生活的一部分。美国斯坦福大学的研究员雪莉·布赖斯·希思发现,互动式阅读可以帮助孩子成为更好的阅读者。保育人员为婴幼儿提供多读绘本、多听故事、学念儿歌的机会,并在阅读时不断和儿童交流,幼儿在阅读方面就会表现得更好。

---

① 《0～3岁婴幼儿语言发展与教育》。

实践案例

活动:托小班互动式的阅读环境

支持策略: 在环境的创设、日常互动中,有目的地营造一个互动式的语言环境。

1. 环境

(1)创设一个阅读区,让婴幼儿能轻松拿到图书。例如:创建一个有大枕头、大靠垫的舒适的位置,将婴幼儿感兴趣的绘本放置在低矮书架上,供婴幼儿自由选择阅读。

(2)在环境中加入反映语言、文化和婴幼儿兴趣的各种图片、照片等印刷材料,例如:超市的宣传册、生活杂志、各种标志、托育园的生活照片。

2. 互动

(1)保育人员指读图片或者绘本,使用音调、手势和面部表情来帮助表达文字的意思。例如:与婴幼儿一起看一本关于动物的绘本时,指着每一种动物并说出它的名字,发出每一种动物的声音,说说动物的明显特征。

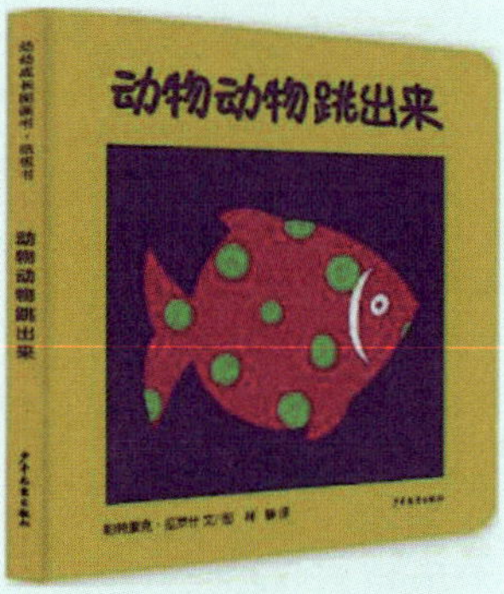

图9-2 《动物动物跳出来》

(2)与婴幼儿一起阅读有重复词汇或短语的绘本。

图9-3 《快出来快出来》

(3) 在阅读过程中,保育人员根据婴幼儿的兴趣来选书。讨论他们感兴趣的图片,重读页面或不按顺序阅读。

(4) 阅读有儿歌韵律的绘本,还可以使用道具,让婴幼儿觉得有趣。例如:

- 在阅读《咚咚咚,小咚宝》时,可以用小鼓来演示音效。
- 在阅读《蹦》时,可以用手偶来表演故事情节。

图 9-4 道具

(5) 经常给婴幼儿念韵律丰富、节奏明显、简单重复的儿歌。

3. 生活常规

(1) 日常照护中,念或唱一些与一日生活活动相关的儿歌或歌曲,鼓励婴幼儿在参与照料活动时一起唱。例如:收玩具的时候,可以唱"收起来呀,收起来;收起来呀,收起来。玩具收起来。"

(2) 在餐饮时间,向婴幼儿展示图片或真实的食物,鼓励他们指出或说出他们想吃什么。

(3) 引导婴幼儿阅读各活动区域的标志和规则标识。如在婴幼儿洗手前,一起阅读洗手的图片,强调每个洗手的步骤。

说明:0~2 岁这个阶段属皮亚杰所说的感觉运动阶段。婴幼儿是通过感觉体验和动作操作来认知世界的。因此,投放材料创设一个互动式的语言环境是促进婴幼儿语言发展的重要学习策略,而保育人员则是语言环境中的观察者、沟通者、指导者、组织者。以上列举的环境、互动和生活常规的语言教育环节,直观地呈现了营造语言环境的方法、方式,供大家参考和思考。

三、25～36 个月

(一) 指导幼儿正确地运用词语说出简单的句子

2 岁以后,幼儿在掌握语音、词汇和口语表达能力方面都较之前有了明显进步,已经基本能用语言与人交往,用语言表达自己的需求与情感,语言成为社会交往与思维表达的一种工具。幼儿已经逐渐能用3～5个单词组成句子来与人交谈。

1. 2～3岁词义表达的特点

2～3岁,随着词汇量的增加,幼儿能够理解越来越多的词汇。研究表明,此阶段儿童能掌握接近1 000个词汇,对语言的理解能力也迅速提高。词义的泛化、窄化、特化现象开始减少,概括性在进一步提高。如对"狗"这个词的理解不仅指家里的狗,还包括这一类特征的动物。只不过,受思维发展特点的影响,对某些词汇的理解还具有直接性和表面性,只能理解词汇的常用意义。如"凶猛"一定与老虎相联系,"臭"一定与闻起来味道不好的东西相联系。[①]

2. 2～3岁句法表达的特点

(1) 完整句阶段(2～2.5岁)。

2岁以后,儿童开始学习运用合乎语法规则的完整句准确表达思想。

① 能说完整的简单句,并出现复合句。儿童逐渐能够用完整的简单句表达自己的意思并开始会说一些复合句,如从"两个娃娃玩积木"的简单修饰句到"我吃完就去玩玩具了"的连动句。

② 词汇量迅速增加。该阶段儿童的词汇增长非常迅速,已经能掌握1 000个左右的词,丰富的词汇量为儿童表达完整句奠定良好基础。

(2) 复合句(2～3岁)。

复合句指由两个或两个以上意思关联密切的单句组成的句子。复合句一般在2岁以后出现,此时儿童使用复合句的特点是结构松散,缺乏连词,多由几个单句并列组成,如"妈妈不要说了,宝宝要睡觉了"。[②]

> ● 实践案例 ●
>
> #### 语言活动:图片接龙说句子
>
> **材料建议:**能产生关联的图片。
>
> **支持策略:**
>
> **1. 看图片说句子**
>
> 保育人员或者幼儿选两张图片,引导幼儿将两张图片的内容联系后用句子进行表

---

①② 《0～3岁儿童心理发展》。

达。例如:一张有娃娃的图片,另一张为生活中熟悉的物品,如滑梯、苹果等,用"宝宝滑滑梯""宝宝吃苹果"进行表达,游戏反复进行。

在幼儿30个月以后,根据幼儿语言发展能力,可以增加图片内容,可将人物、动作、地点放在一起,引导幼儿匹配并用句子表达,如:宝宝骑着滑板车去公园。

选择几张有关联的图片,"什么动物喜欢吃什么""这是哪只小动物的'衣服'"等,引导幼儿配对,并用语言描述。

自制图片:直接用相机拍下幼儿的日常物品,用这些熟悉的物品照片,也是幼儿喜欢的。

2. 说说"还发生了什么呢"

准备几张有先后情节顺序的图片,或者日常幼儿喜欢看的有简单情节的绘本,保育人员通过简单的提问,引导幼儿按照顺序逐看一看,说一说:"这是谁? 还看见了什么?""它在干什么呢?"……

根据幼儿的月龄和发展水平,保育人员可以引导幼儿联想并表达后续发生的事:"上完厕所,后来小熊去做什么了呢?"

说明:2 岁的幼儿开始探索事物与事物之间的关系以及自身与事物之间的关系。幼儿可以通过仅会使用简短的词汇到正确表达句子这一过程,来理解事物之间关系。例如在游戏中,保育人员可以通过图片引导幼儿理解不同动物与食物之间的关系;还可以通过提问图片中的情景,能帮助幼儿建立事件之间的联系,如上完厕所需要洗手。生活中,多让幼儿描述自己看到的事物,促进幼儿学习、理解、表达正确的句子结构,为独立口语表达做准备。

拓展学习

正确对待幼儿"口齿不清"的现象

当儿童进入 2 岁后,会存在明显的发音和表达的个体差异。有的幼儿已经有较好的发音和语言表达能力了,可有些幼儿却处于"口齿不清"的状态。针对口齿不清的现象,保育人员要先弄清幼儿口齿不清的真正原因才能"对症下药"。首先,要分清是病理性口齿不清,还是非病理性口齿不清。针对非病理性口齿不清,具体的建议如下:

（1）正确示范。带养人是宝宝的第一个语言老师。在和宝宝用语言交流时，父母要特别注意，一定要口齿清楚，发音抑扬顿挫。

（2）不要模仿宝宝的不正确发音。在宝宝吐字不清的情况下，带养人勿因为好玩而学宝宝的发音，不然会强化其错误发音。

（3）引导宝宝放慢说话的速度。带养人和宝宝说话时要心平气和，耐心地倾听宝宝话语，等其把话说完后，再提问或发表意见。[1]

（二）鼓励幼儿用语言表达自己的需求和感受

2岁的幼儿会使用越来越复杂的语言技能，比如将词汇或手势组合成短语，来与他人交流。他们发起、继续和扩展与他人关于各种话题的交流，包括过去、现在或未来的感受和经历。

2岁儿童不仅能够理解成人说的大部分语句，同时快速增长的词汇量，还能让他们用语言来表达自己。现在，儿童能够说出由两三个词语组成的句子，如"吃饼干"和"宝宝在搭积木"。逐渐地，他们能够说出由4个、5个、6个词语组成的句子，如"宝宝躺在小床上""积木倒在地上了"。同时，2岁儿童开始使用人称代词，如"我""你""我的""他的""你们"和"他们"，并且运用在句子中，如"我想要我的书包"。

2岁的幼儿情绪情感逐渐发展，保育人员积极引导幼儿表达自己的感受是情绪认知和梳理的重要前提与方式。例如"我很难过，你抱抱我"是重要的表达，需要在互动中不断强化。

·实践案例·

活动：我想要……

支持策略：

（1）在日常照护的活动与游戏中，保育人员关注幼儿游戏，在适当的时候示范"我想要那个木偶，请帮我拿一下"等。引导幼儿用"我想要……"来表达自己的需求，并试着完成幼儿的愿望。

（2）在幼儿有明显情绪感受的时候，引导幼儿说出感受（开心、难过、害怕），再启发幼儿表达"我想要大笑""我想要哭""我想要回家"等。

---

[1]《聪明宝宝从这里起步——牙牙学语》。

(3) 可以与幼儿玩专门的"我想要……"的互动游戏。如：挑选一些物品放在地毯的中间，幼儿依次以"我想要"为句首造句。

- "我想要那本绘本"。(将绘本递给幼儿)
- "我想要乌龟小布偶"。(将布偶递给幼儿)

说明：幼儿语言的发展日新月异，保育人员对幼儿的指导和支持也应与时俱进。这个"时"指的是幼儿语言发展的节律和特点，尤其要关注个别性发展的特点。2 岁的幼儿爱说的话是"我要……""我想……"所以这个小游戏有助于以轻松有趣的方式帮助幼儿表达自己的需求和感受。语言表达能力对幼儿各方面发展都十分重要。"我想要"可以被看作催化剂，能够加速幼儿语言发展。

(三) 创造条件和机会，使幼儿多听、多看、多说、多问、多想，谈论生活中的所见所闻

对话是语言发展的关键。游戏、讲故事、日常活动中的互动等经历，都能帮助提高儿童的语言能力。因此，保育人员需关注和重视为儿童创设语言环境，提供对话机会。

· 实践案例 ·

创设托大班语言环境

1. **环境**

(1) 创设舒适空间，供幼儿与成人、与同伴交谈。例如：阅读区有质感舒适的地毯、沙发、儿童尺寸的摇椅、可容纳至少两个人的帐篷。

图 9-5 创设舒适空间

（2）提供各种鼓励合作游戏和对话的材料。例如：各种手偶、指偶、围巾等，幼儿感兴趣的图片，电话、点读笔等可互动的材料。

图9-6　提供各种材料

2. 互动

（1）在日常照护和游戏中，寻找机会拓展幼儿的语言，示范完整的句子。例如，在装扮游戏中，幼儿说："宝宝生病了。"保育人员："宝宝生病了？我们能为宝宝做点什么呢？"

（2）保育人员以"伙伴"的身份参与幼儿游戏，游戏中提出一些开放性问题，开启或拓展与幼儿的对话。例如，当幼儿正在看一本关于动物园的绘本时，提问："你去过动物园吗？看到了哪些动物？"

（3）保育人员积极主动与幼儿进行对话，讨论对他们有意义的话题。例如：

● "你的宝宝生了什么病呢？你是怎么帮助他的？"

● "我很喜欢你画的这幅画，能和我说说你画的是什么吗？"

（4）发现幼儿在玩同一类游戏时，启发幼儿与同伴进行交流。例如："我看到你们一起在厨房煮了很多好吃的。介绍一下你们的美食吧。"

（5）在与幼儿进行对话时，保育人员要注意不要纠正幼儿不正确的表达方式，包括发音、语序等。保育人员只要示范正确的表达就可以了。

3. 生活常规

(1) 在一日生活环节中有计划地安排社会性交流,促进幼儿轮流说话。例如,在点心环节,保育人员开启话题:"今天的点心是水果条,苹果是我最爱吃的! 小鹿,你最喜欢的水果是什么? 展展,你最喜欢吃的水果是什么?"

(2) 当幼儿用肢体动作、语言表达他们的需要时,保育人员要给予回应,并提供适当的支持。例如,当幼儿抱着球来找你并说"玩球"时,回答说:"你想要玩球是吗? 好的,我们一起支好投篮筐。"

说明:当幼儿处在适宜的语言环境中,常常是主动开启对话的人,当他们这样做时,这些对话往往比由成人开启的要持久很多。因此,我们依照上述的建议,保育人员应在环境材料和日常照护的互动中,策划适宜的语言环境,与幼儿开展积极的语言对话。作为回应性语言伙伴的保育人员,将有助于幼儿语言发展。

(四) 培养幼儿阅读的兴趣和能力,学讲故事、学念儿歌

1~3 岁是语言飞速发展的阶段,这个阶段,幼儿的语言理解能力增强。特别是 2 岁以后,语言表达能力迅速提高,成人要通过与幼儿交流、一起念唱儿歌、阅读绘本及各种有趣的文字图文资料来促进幼儿语言发展。

2 岁以后,一直到入学前,是幼儿基本掌握口语的阶段。根据幼儿语言发展的特点,可以把这一时期划分为四个阶段:简单句阶段(25~27 个月)、疑问句产生阶段(28~30 个月)、疑问句高峰阶段(31~33 个月)、多词句与复合句阶段(34~36 个月)。在这个语言发展特点明显日新月异的阶段,儿歌、重复句式明显的故事是促进幼儿语言发展的"好伙伴"。

儿歌韵律感强,末尾的音经常都是押韵的,这样有趣好听的节奏能刺激幼儿开口,幼儿经常反复诵读。对于儿歌中相似的音,或者生活中幼儿容易读错的音,在童谣中有情境的连接,有风趣的形象引导,能让幼儿不断听辨、练习,巧妙记住发音。另外,有重复句式的故事,节奏稳定,能增强语言记忆,也让幼儿十分喜爱阅读并复述。

· 实践案例 ·

语言活动:我和木偶说说唱唱

材料建议:手偶或指偶。

支持策略：

（1）选择宝宝喜欢的木偶，每次可以是一样的木偶，也可以是不一样的木偶。

（2）保育人员用手偶或指偶，生动有趣地念诵儿歌或讲故事。

（3）在幼儿熟悉儿歌或故事以后，可以用"接唱"或者"你一句，我一句"的方式来表现。

（4）当日常幼儿自言自语唱诵儿歌或讲故事时，保育人员可以情绪饱满地进行"附和"，鼓励幼儿反复进行表达。

（5）保育人员应有意识地选择与幼儿语言表达特点相吻合的儿歌或故事，例如：绘本《这是好吃的吗?》的内容都是通过疑问句的句式来讲述的。

说明：许多受婴幼儿欢迎的绘本、儿歌都有丰富的韵律和节奏。2岁以后的幼儿进入了词语的快速增长期，运用诙谐生动的、重复稳定的表达方式，可以帮助幼儿准确发音、恰当运用词语、说完整句。木偶是开启与幼儿互动、交流的很棒的刺激物。

相关研究，美国的吉尔·斯塔姆博士在《0～5岁，怎样让孩子更聪明》一书中说，儿童在不同的发展阶段对木偶的喜爱原因不同。她建议使用五颜六色的木偶刺激语言，帮助儿童开始对话。随着年龄的增长，儿童也许会对木偶寄予更多的情感，对木偶的掌控感也会让他们感到舒适。[①] 因此，用幼儿喜爱的小木偶来呈现童谣和故事，是有益而恰当的选择。

第三节　指 导 建 议

一、创设丰富和有应答的语言环境，提供正确的语言示范，保持与婴幼儿的交流与沟通，引导其倾听、理解和模仿语言

婴幼儿从出生那一刻起，就积极地学习着语言。他们识别、分析并把语言组织为模式。他们将其储存在神经回路中，这些神经回路发挥语言地图的作用。这些地图在很大程度上来源于婴幼儿所接触的日常语言和对话。因此，婴幼儿语言能力的发展依赖于那些照护他们的人在语言上的慷慨。婴幼儿对语音进行"试验"。许多语言学习产生于听讲故事、绘本，

---

① 《0～3岁婴幼儿活动方案》。

以及唱歌、手指游戏,这些都是鼓励婴幼儿使用语言的常规活动。婴幼儿时期快结束时,婴幼儿成为了有能力的沟通者,可以使用自己的语言来支持其他领域的学习,如交朋友和维系友谊、解决问题、理解和表达情感以及分享故事和对话。[①]

● 实践案例 ●

创设语言区

精心创设的语言区,为儿童提供了成为有效的倾听者、说话者、阅读者所需技能的学习机会。

(1) 创造一个舒适的、井然有序的语言区,让幼儿能够独立参与阅读活动。阅读活动是指幼儿通过翻阅、摆弄、观察等视觉途径,获取图文信息,刺激思维发展的活动。阅读游戏的材料主要包括绘本、照片、图片、符号等。

图9-7 语言区

(2) 创设一个幼儿愿意表达、自由表达的空间。表达类游戏是指幼儿用语言、表情、动作等方式将自己的思维反映出来的活动。通过这类游戏,幼儿可以练习口语表达、复述记忆语言内容,也可以积累表达沟通的自信。

图9-8 材料

---

① 《与0～3岁婴幼儿一起学习》。

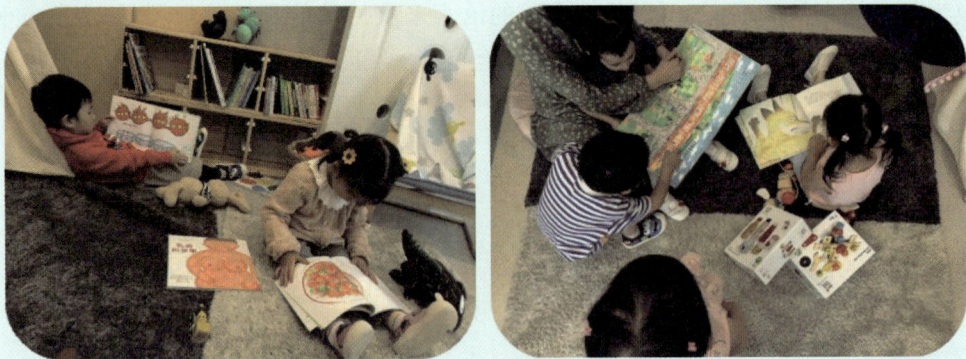

图 9-9 表达类游戏

创设语言区的材料和原则：

- 设置在安静且采光较好的地方。
- 阅读区应能容纳教师和儿童共读。
- 舒适美观、引人入胜；拿放自如。
- 积极参与：手偶、指偶、语言材料。
- 数量充足的高质量的图书。
- 更换图书和道具，每两周更换 3~5 本。
- 反映多元文化。
- 创建"图书修补箱"或"图书医院"。

(3) 创设倾听区，促进儿童倾听能力的发展。倾听类游戏是指幼儿凭借听觉器官接收言语信息，随后通过思维加工，进行理解的活动。这类游戏能强化幼儿听觉发展和语言发展之间的联系，帮助幼儿理解语言内容。

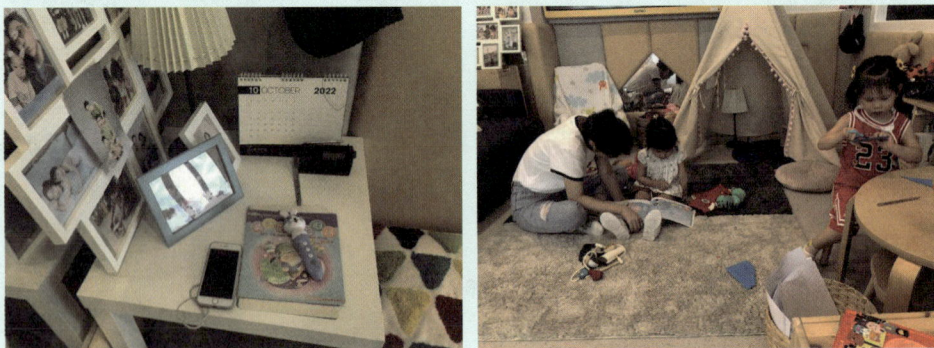

图 9-10　倾听区

创设倾听区的材料和原则:

- 保证倾听区的舒适。
- 分类标记好材料,便于幼儿取放。
- 提供各种故事和活动的手指游戏、音乐和倾听游戏。

通过以下方式鼓励儿童积极倾听:

- 听歌曲或儿歌,并且边唱歌边做动作(快慢不同、声音大小不同)。
- 边听故事录音边翻阅相应的图书。
- 用木偶、绒布玩具或其他道具表演故事。
- 倾听故事并和同伴讨论故事。
- 玩倾听游戏,为儿童提供录音材料。

(4) 户外语言区。户外阅读环境与自然更接近,在布置和创设时可以采用更多自然元素,如:座椅放置在草坪上、把藤蔓植物或者纱布用作棚顶遮光。户外语言游戏环境给户外活动中的幼儿提供了一个舒适而且有趣的休息场所,让他们可以更快地从激烈的运动或情绪中恢复。大自然形成的隔断使语言区域更幽静,能满足幼儿独处的需求。

图 9-11　户外语言区

二、为不同月龄婴幼儿提供适合的儿歌、故事和图画书,培养早期阅读兴趣和习惯

喜欢阅读的儿童通常有较多积极的阅读经验。他们认为阅读是他们擅长的趣事。儿童会拿书,并把书与他们自己的故事或信息联系起来,能辨认图片和一些符号、标志或文字,能从图片和故事中理解意义。阅读的学习始于出生时,整个幼儿时期的经历会影响阅读能力的发展。当幼儿参与早期的阅读活动时,如与成人一起阅读故事书或假装写作,他们能够发展一些基本的读写技能,这对以后正式阅读和写作的发展非常重要。

● 实践案例 ●

为婴幼儿提供合适的阅读资料

和儿童一起阅读,意义非凡。给孩子朗读,能建立孩子必备的知识体系,引导他们最终踏上成功的阅读之路。

0~3岁,正是开始培养孩子良好阅读习惯的黄金年龄。儿童不识字,但他们一样可以通过成人讲故事的声音、通过画面,自如地去感受一本书带来的快乐,产生对阅读的兴趣。研究表明,当儿童处在一个启发性的环境,并同时有成人为他们提供有效支持的时候,儿童习得阅读能力的效果最好。作为保育人员,我们要引领儿童走进语言和文字的奇妙世界。首先,了解儿童喜欢怎样的图画书,为儿童选择图画书是保育人员必须具备的技能。

以下推荐一些绘本:

1. 促进感知觉发展的绘本

(1)促进视觉——卡片、卡片书、照片书。

 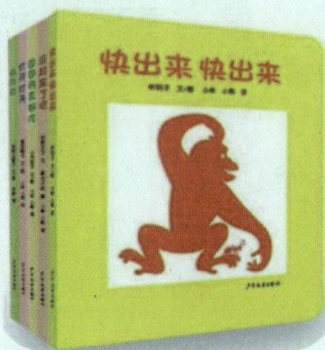 

图9-12 卡片　　　　图9-13 卡片书　　　　图9-14 照片书

说明:将幼儿日常生活中熟悉的事物通过图片展现出来,引导幼儿认识物体名称、特征等,是促进视觉发展的最佳方式。另外,将幼儿熟悉的家人和日常生活的场景打印出来,形成照片集,让幼儿翻看也是很好的阅读资料。卡片和照片书呈现的是真实的物体,这适合婴儿快速理解事物,发展从实物到表征的认知。陪伴幼儿阅读时,使用稳定、重复的句式,十分适合语言准备期的婴儿"储备"各种语音素材,同时也适合在1~3岁语言发生发展阶段促进幼儿积累词汇,使其逐渐学会用句子表达。

适合月龄——7~36个月。

(2)促进触觉——洞洞书、触觉书。

图9-15　触觉书　　　　　　　　　　　　图9-16　洞洞书

说明:触觉是婴幼儿认知世界的一个重要感知觉方式。用手等身体部位去"探索"书,促进感知觉刺激,也是让婴幼儿"爱上"阅读的一种直接而有效的方式。

适合月龄——7~18个月。

(3)促进听觉——声音模仿书。

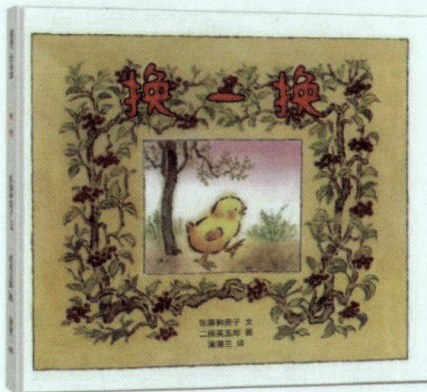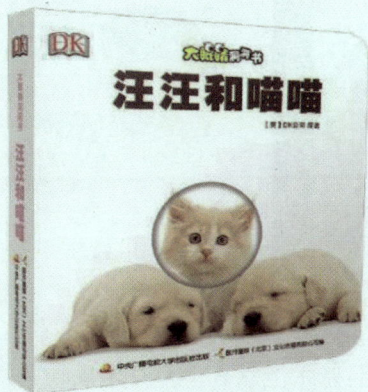

图9-17　声音模仿书

说明：各种不同的、有趣的、诙谐的声音能刺激婴幼儿听觉，激发兴趣，产生快乐的情绪。给婴幼儿提供声音模仿书，或者在讲故事时，使用象声词、动物叫声等富含音节变化的语音形式，会十分受婴儿的喜爱。动物叫声是大多叠音，正在学习发音婴幼儿，在聆听的过程中能产生自我认同的愉悦感，同时是引发婴幼儿模仿、刺激听觉发展的好道具。

适合月龄——10～36个月。

2. 促进认知发展——藏找游戏书

图9-18　藏找游戏书

说明：婴幼儿十分乐衷于藏找游戏。藏找游戏书以"藏找"的形式呈现，阅读过程中婴幼儿体验着藏找带来的惊喜和乐趣。从藏找中体会成就感，是幼儿很好的自我肯定方式，能让亲子互动愉快而自然。这样的阅读喜好会从4个月左右一直持续到幼儿期。

适合月龄——7～36个月。

3. 促进情绪情感发展——亲情故事书

图9-19　亲情、情绪故事书

说明：基本上从8个月开始反映亲情和依恋的图画书开始受到幼儿的喜欢。因为8个月左右是宝宝陌生焦虑的最典型时期，宝宝表现出对家人，特别是对母亲的强烈依恋，这时候就可以提供体现亲情的绘本故事了。例如《连在一起》《抱抱》等,在阅读的时候与宝宝亲昵地互动,亲一亲、抱一抱,能够满足婴儿的依恋情感体验。这种情况会一直持续到宝宝3岁左右,甚至更长时间。2岁以后,幼儿情绪发展进入关键期,保育人员借助情绪类绘本帮助幼儿识别和梳理情绪,是促进幼儿情绪情感发展的必要教育。

适合月龄——8～36个月。

4. 促进社会性发展——习惯养成绘本

图9-20　习惯养成书

说明:秩序期是培养幼儿良好习惯的好机会。习惯养成绘本包含了宝宝的生活内容和习惯。在回忆、体验日常经验中,习惯养成绘本可轻松帮助幼儿形成对正确习惯的认识。绘本中有熟悉的情境和生动的动物形象,幼儿与绘本主角有许多相同经验,可以让婴幼儿产生认同和喜爱。保育人员利用这样有趣的情节将习惯培养融于其中,轻松帮助幼儿形成对正确习惯的认识,培养良好生活习惯和技能。可根据每个月龄段需要培养的生活或行为习惯,选择相应的绘本进行讲述。

适合月龄——10～36个月。

5. 促进认知、语言发展——情节故事书

图9-21　情节故事书

说明:情节故事以重复的句式、基本稳定的构图方式讲述一个情节既简单又富有变化的故事,具备了故事起承转合的文学特性。故事情节符合不同月龄幼儿的认知特点,适合幼儿阅读理解。15个月以上的幼儿逐渐爱看有情节的图画书。当然,情节应非常简单,让幼儿的观察与理解能力在愉悦的阅读过程中悄然提高。

情节故事书在幼儿绘本中占很大的比例,是促进幼儿认知语言等方面发展的"好工具"。为月龄小的宝宝增加一些语气词,可以帮助幼儿理解画面,增加趣味;大月龄宝宝可以用对话、提问等方式进行讲述。

适合月龄——13~36个月。

6. 促进想象力发展——无字联想书

图 9-22 无字联想书

说明:画面背景图能激发宝宝想象,促进幼儿了解事物,加深认知;帮助幼儿在变化中掌握规则,自然展开联想;激发幼儿的语言表达。初次阅读时或者小月龄幼儿可以通过用语气词,让幼儿在自己的认知上理解画面,随着幼儿月龄和认知能力的提高,可以通过命名和提问,帮助其理解画面因果关系。

适合月龄——24个月以上。

另外,相关研究《童谣:不止为了孩子》一文提出,童谣在孩子成长过程中至关重要。因为它们有助于培养孩子的语言能力,押韵和节奏都能帮助孩子分辨词语中的声音和音节,有助于孩子的学习与阅读。

备注:童谣并没有严格的月龄界限,每一首韵律活泼、有趣生动、简单重复的童谣都适合每个月龄的婴幼儿。

（以上资料参考《聪明宝宝从这里起步——亲子阅读》）

三、关注语言发展迟缓的婴幼儿，并给予个别指导

发育迟缓是指 6 岁以前的儿童因为各种原因（脑神经或肌肉神经等生理疾病、心理社会、环境因素等）所导致的认知发展、生理发展、语言及沟通发展、心理社会发展或生活自理技能等方面明显落后或异于同年龄儿童。语言发育迟缓是众多发育迟缓诊断类型中较为常见的一种，若能通过筛查对语言能力较弱的婴幼儿及时开展早期治疗与干预，便可以有效降低发育迟缓的可能性，并促使婴幼儿的语言能力回归正常水平。大多数关于婴幼儿早期语言干预的研究都指出，越早发现婴幼儿的异常表现并加以及时的干预，其干预的效果越好，回归正常儿童能力水平的可能性也就越大。[①]

📖 思考与练习

- 1. 列举日常照护中，观察到的 7～12 个月婴儿的语言现象，并描述此阶段婴儿的语言发展特点。
- 2. 设计一个适合 13～24 个月幼儿的语言游戏，并说明依据。
- 3. 在户外创设一个适合托大班幼儿语言学习的环境，并说明依据。
- 4. 在以下这段描述中，婴儿的语言有哪些特点？保育人员的语言有哪些特点？保育人员的互动方式对婴幼儿的语言发展有什么帮助呢？

十个月的妞妞是一个安静可爱的小女生。保育人员准备给妞妞换个尿不湿。一直照护妞妞的老师和妞妞有着一样的气质，活泼而不失沉稳。她们在一起时的互动，如同优雅的舞蹈。

保育人员环抱着妞妞走到了柜子前面取尿片。"妞妞来拿尿片了，妞妞的柜子是哪一个呢？"只见妞妞将小手伸向一个粉红色的布筐，拉了出来。"对的，这个是妞妞的布筐，布筐。"保育人员轻轻拿出一个布包，妞妞挥舞双手并拉住布包说："包、包。"保育人员边示范打开布包边说："是的，包，这是一个布包，一个布包。妞妞来拿尿片吧。"保育人员展开布包，妞妞慢慢拿出一片尿片，"妞妞真棒，拿到尿片了，这是尿片。""我们把包收好，来妞妞把布筐推进去吧。""对，推进去，把布筐推进去。"配合妞妞的动作，保育人员耐心地反复解说着。

[①]《0～3 岁婴幼儿语言发展与教育》。

学习目标

- （1）掌握婴幼儿认知领域的保育目标；
- （2）熟悉婴幼儿认知领域各年龄阶段的保育要点；
- （3）了解对托育机构在婴幼儿认知领域的保育指导建议。

第一节 目 标

一、充分运用各种感官探索周围环境，有好奇心和探索欲

婴幼儿具备好奇心和探索欲，是天生的学习者。好奇心是指婴幼儿对探索和了解自己、身边的人及周围世界的一种渴望。婴幼儿拥有与生俱来的探索欲望。感官为婴幼儿的学习提供了通道，大脑已经准备好有效快速地利用各种感官，支持婴幼儿智力等的认知发展。

（一）感知觉的概念以及它们之间的关系

感知觉是人脑对当前直接作用于感官的客观事物的反映。相对而言，感觉是人脑对刺激个别属性的反映，知觉是人脑对直接作用于感官的客观事物的整体反映。

感觉也可以说是人脑对事物的个别属性的认识。例如，当一只小猫从我们面前走过，我们是怎样认识这只猫的呢？首先我们看到了猫的外形、猫走路的姿势，听到猫的叫声，我们的头脑接收并加工了这些关于猫的属性，建构了我们对猫的认知。这个过程就是感觉。

人们通过感官得到了外部世界的信息，这些信息经过头脑的加工（综合和解释），产生了对事物整体的认识，就是知觉。例如，当我们听到一首曲子，觉得曲子旋律很优美；闻到一阵花香，觉得沁人心脾；一阵微风吹过，觉得凉爽舒适……这些都是知觉现象。

知觉和感觉都是感官作用于物体而产生的，同属于对客观现实感性认知的形式。知觉以感觉作为基础，但它不是个别感觉信息的简单总和①。

---

① 《0～3岁婴幼儿认知发展与教育》。

(二) 如何保护孩子天生的好奇心和探索欲

当我们要实践"如何保护",首先要理解和学习一个理念就是"婴幼儿是主动的意义建构者"。大量的研究为婴幼儿的探索、调查、试验和分析提供了强有力的证据。他们专心地进行调查、对所见和所闻进行统计。他们收集人和物的详细信息,并建构概念,为数学、科学和艺术的学习奠定基础。他们一出生就具备了各种技能,特别适合探索周围的世界。这种如饥似渴地探索和学习的生物学能力打破了人们长期以来认为婴幼儿缺乏思考、聆听、观察和感知能力的观念。从众多研究中,我们认识到婴幼儿是天生具备好奇心和探索欲的。

好奇心开始是一种惊讶的感觉,是对一些意想不到的事情的反应。这些反应不仅通向知识的途径,还是婴幼儿愿意一次又一次重复这种(好奇心)循环的原因,继而产生好奇心诱发的探索与调查行为。如:两个 32 月龄的宝宝在摆弄一个标本时,对小虫子被镶嵌在玻璃里的样子感觉非常新奇。

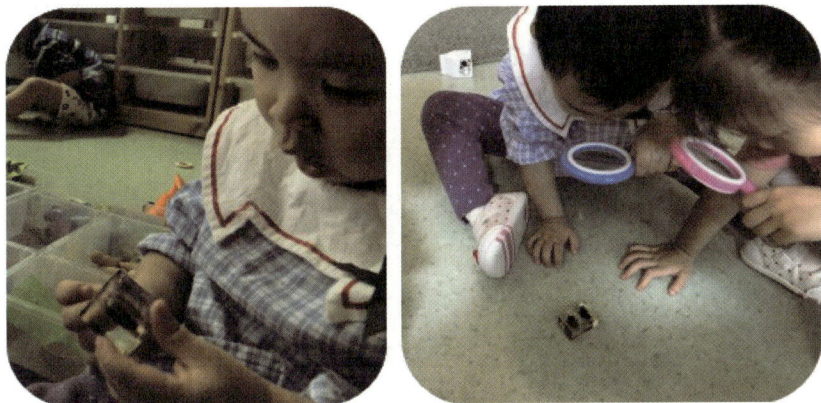

图 10-1　被动物标本吸引的幼儿

对婴幼儿保育人员的来说,要保护孩子的好奇心和探索欲,首先保育人员自己要有好奇心。儿童的好奇心会受到成人语言以及行为的影响,只有拥有好奇心的保育人员才能培养出拥有好奇心的儿童。其次,创设适宜的儿童游戏和活动的空间,让教室对儿童而言充满复杂性和不确定性。儿童的好奇心和探索欲需要教育者提供有趣的材料、引人入胜的细节以及适宜的挑战。促进儿童在"是什么"到"会怎样"以及"为什么"的认知过程中发展。第三,通过提问、对话与交流等互动方式,鼓励儿童在解决问题的过程中,享受好奇心和探索欲带来的满足和快乐。

二、逐步发展注意、观察、记忆、思维等认知能力

保育人员要利用一切的机会进行教育,我们做的事对婴幼儿的发展非常重要,增加婴幼儿的各种体验就是增加最终的智力。促进婴幼儿认知发展是婴幼儿发展领域的重要部分。

认知能力包括注意、观察、记忆、思维等。这些能力通常被称为学习品质。

(一) 注意的含义、特点

注意是心理活动或意识对一定对象的指向与集中。注意有两个特点：指向性和集中性。[①]注意的指向性是指人在清醒状态时，每一瞬间的心理活动只能选择倾注于某些事物，而同时离开其他事物。注意的集中性是指把心理活动关注于某一个事物。注意分为无意注意和有意注意，是学习的第一步。

1～3岁儿童无意注意发展的主要特点有：(1)注意的发展开始受到表象的影响。当看到的事物和儿童已有的表象之间出现矛盾或差距较大时，儿童会产生最大的注意。(2)注意的稳定性提高，2.5～3岁的儿童最多能集中注意20～30分钟。(3)注意开始受到言语的支配。例如在马路上大人说到"汽车"，儿童便会把注意集中到汽车上。(4)注意对象增多，范围变广。儿童开始能够注意到自己的内部状态，也开始注意周围人的活动。(5)注意转移和分配能力有了较大发展，但还不成熟，这与其大脑神经系统抑制能力和第二信号系统的发展有关。

有意注意是指有预定目的，需要一定意志努力的注意。有意注意是一种积极、主动的注意。它往往与一定的任务和目的联系，并且受人的意识自觉调节和支配。

当儿童双手的操作能力得到发展，特别是可以独立行走后，会惊奇地发现可以探索的世界变大了，更惊喜的是可以进行一些独立的探索活动了。他们开始主动关注周围的环境和各种事物，充满了好奇和探索的欲望。但他们还很难自我控制，让自己的注意集中在当前的探索活动中，注意力总是一不小心就被其他事物"勾走"了。但是当有成人在一边协助，给予一定的引导和鼓励时，儿童的有意注意时间可以得到延长，促进其有意注意的发展。[②]

(二) 记忆

记忆是在人脑中积累和保存个体经验的心理过程，运用信息加工的术语表达，就是人脑对外界输入的信息进行编码、存储和提取的过程。人们感知过的事情、思考过的问题、体验过的情感或从事过的活动，都会在头脑中留下不同程度的印象，其中有一部分作为经验能保留相当长的时间，在一定条件下还能恢复，这就是记忆。[③]3岁之前的婴幼儿主要以动作记忆、形象记忆和情绪记忆为主。保育人员可以观察到，小婴儿能记住之前自己是如何玩玩具的，较大的婴儿和学步儿能记得他们最喜欢的玩具放在哪里。

(三) 思维的含义、特点

思维是人脑对客观现象概括的、间接的反映，它反映的是一类事物的本质以及事物之间

---

① ③《0～3岁婴幼儿认知发展与教育》。
②《0～3岁儿童心理发展》，周念丽。

规律性的联系。思维属于人的一种高级认识能力，是智能的核心。思维是和第二信号系统，即言语的发展分不开的，可以说婴儿时期的思维是比较低级的思维。这种思维可称为前言语的思维，主要是具体形象的思维，和婴儿手的抓握与摆弄物体相联系。1 岁以后，婴幼儿在言语发展的基础上才开始向抽象逻辑思维发展，但这时仍是以直觉行动为主，概括水平也是很低的。我们可以根据婴幼儿思维的这些特点，注意调动他们感觉器官的作用，不断丰富对环境的感性知识和经验，并启发积极的思维，培养他们用基本的语言进行抽象思维。保育人员可以为婴幼儿提供丰富的材料，让幼儿在具体、直观的感知环境中探索。

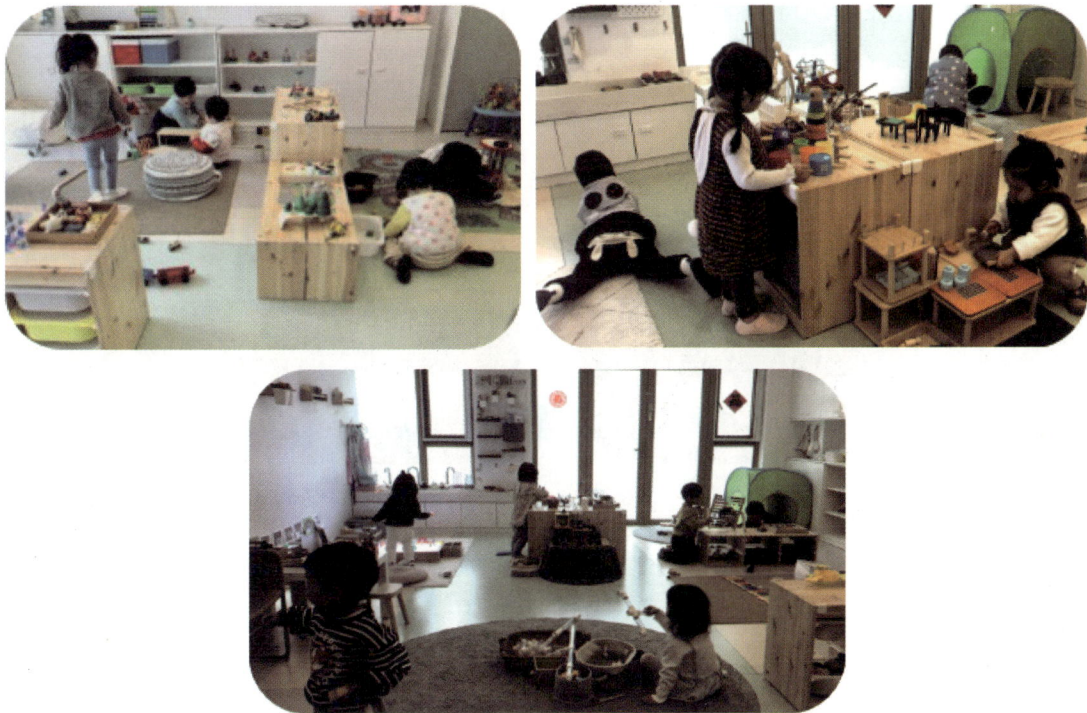

图 10 - 2 幼儿在直观、感知丰富的环境中探索

三、学会想办法解决问题，有初步的想象力和创造力

问题是指期望实现某个目标，同时又需要弄清楚如何实现这个目标。[①] 婴幼儿一直在不断地解决问题。

（一）问题解决

对婴幼儿来说，问题是以多种方式呈现的。例如，引起能立即提供安慰的人的注意，把

———————————

① 《与 0～3 岁婴幼儿一起学习》。

物体从一个地方搬到另一个地方,把一个物体放在另一个物体的上方,弄清楚物体是如何工作的以及如何获取想要的玩具。每种情况都呈现了一个有待解决的问题。随着婴幼儿不断成长,他们能解决愈发复杂的问题。[①] 日常生活的一切经历为婴幼儿提供了很多尝试和思考的机会,同时也创造了问题解决和寻求帮助的练习,保育人员要鼓励婴幼儿解决问题,切不可包办代替婴幼儿解决问题。问题解决是婴幼儿认知策略之一。

(二)想象力

想象是对头脑中已有的表象进行加工改造,形成新形象的过程。想象是一种高级的认知活动。[②] 以下几张图片,我们将看到幼儿想象游戏行为。

图 10-3　幼儿用自己的方法将小动物送回家

图 10-4　幼儿摆放的关于家庭的一个生活场景

图 10-5　幼儿用遥控器给小汽车测体温

---

① 《与 0～3 岁婴幼儿一起学习》。
② 《0～3 岁婴幼儿认知发展与教育》。

　　谈到想象力,我们必须提及表征能力。出生后的第二年,当婴幼儿使用一个物体或动作代表另一个不在场的物体或动作时,充满想象和创造的表征能力就出现了。维果茨基提出,运用想象力,将世界如何运转、规则如何形成的内在理解用行动表现出来即假装游戏。想象力在假装游戏中起着重要的作用,想象力是创造的源泉。婴幼儿在假想、建构、涂鸦、阅读等使用各种媒介进行表征的过程中发挥想象和创造,从而勾画出他们的世界的样子。下图中的小乌龟因为盘子里没有食物,"号啕大哭"的样子,幼儿用一根小棍子象征"眼泪";然后幼儿给小乌龟准备了好吃的食物,小乌龟"吃得津津有味"。这只小乌龟的经历充满着幼儿丰富的基于生活经验的想象。

图 10-6　小棍子象征眼泪　　　　　图 10-7　小乌龟吃到好吃的食物了

第二节　保育要点

一、7~12个月

(一) 提供有利于视、听、触摸等的材料,激发婴儿的观察兴趣

　　研究儿童认知发展的科学家称婴幼儿为"摇篮里的科学家"。他们从婴儿期开始就通过触、听、看、尝等感知觉,对事物的大小、形状、颜色、气味、味道以及声音等信息进行收集、统计、分析,从而建构概念,促进智力发展。

　　12个月之前的婴幼儿,当他们会主动地抓握玩具时,保育人员可提供各种不同材质、形状、大小的玩具给幼儿玩要,例如:捏响的塑料玩具、木制短柄的摇铃、绒布玩具、细长绳状的拖拉玩具、抚触球;生活中的物品也是很好的选择,在保育人员的陪伴下,选择便于幼儿"捣鼓"材料,如:瓶子、盒子、纸巾、围巾、合适的食物等。

1. 口尝敏感期

根据蒙台梭利的理论,0～1岁的婴幼儿正处于口的敏感期。根据婴幼儿神经系统的发育规律,口周神经的发育早于手部的神经。这个时候,婴幼儿探索世界的工具就是嘴巴,他们会通过口周肌肤、牙床、舌头来感知、探索一切接触到的物体,主要表现就是啃咬、吮吸等。对于大多数婴幼儿来说,如果前期拥有了充分的用口探索世界的机会,随着月龄的增长,这种探索方式会慢慢减弱,直至消失。婴幼儿啃咬、舔舐物体是感知、探索世界的重要方式。[①]

婴幼儿口尝行为需要根据实际情况进行实际分析,了解产生行为的原因,例如:长牙阶段也容易出现口尝行为;或者出现紧张、害怕等负面情绪时,也会出现通过口尝进行缓解。一般来说婴幼儿在2岁前出现口尝都属于正常现象。

2. 客体永久性

客体永久性由瑞士心理学家皮亚杰提出,指当知觉对象从视野消失时,认识主体仍能知道它的存在。在婴儿获得客体永久性的概念前,当原先感知的客体从其视野中消失后,就会以为该客体不存在了。如果这个时期的婴儿正要伸手去够眼前的某个物体时,成人用一块布将该物体遮住,婴儿会呆呆地看着物体消失的地方,但是不会揭开布去寻找该物体,并很快将注意力转移到其他地方。一般认为婴儿的客体永久性在其接近1岁时出现。这个时候如果在其眼前将物体用布遮住,婴儿会知道东西仍然存在,会掀开布去寻找。从记忆的角度来看,婴儿会去寻找被隐藏的物体,是因为虽然物体的形象从眼前消失,但其大脑中保存有该物体的印象。[②]

表 10-1　7～12 个月婴幼儿认知发展关键经验(教养方案)

7～9 个月	10～12 个月
• 会用很长的时间来审视物体 • 注意观察大人行动,喜欢模仿大人动作 • 会寻找隐藏起来的东西,如拿掉玩具上的盖布 • 能分辨地点 • 尝试做出一系列有计划的行为完成一件事,如从椅子上起来,再爬向玩具,挑出彩球	• 会用手指向自己感兴趣的东西 • 故意把东西扔掉再捡起,把球滚向别人 • 手眼逐渐协调,会将大圆圈套在木棍上,从杯子中取物放物 • 感知分辨能力进一步提高,如区分动物和车、把红色的物体归为一类 • 喜欢凝视图画 • 能按要求指向自己的耳朵、眼睛和鼻子 • 尝试使用工具解决问题,如用一根棍子拨回物体

---

① 《宝宝心语》。
② 《0～3岁婴幼儿心理发展》。

· 实践案例 ·

活动:各种各样的球

材料建议:各种不同的球。

材料特点:提供对视(颜色、形状)、听(碰撞或摇晃能发出不同的声音)、触(软、硬、光滑、粗糙等)产生不同刺激的球。

支持策略:

(1) 保育人员逗引宝宝,将球置于宝宝视线范围内,说:"宝宝看,这是什么呀?"

情况①:宝宝被吸引。宝宝专注地看着保育人员手上的球,保育人员用语言将球的特征进行描述,"这是一个红色的、圆圆的球。"还可轻轻摇晃吸引宝宝听到声音,并描述:"丁零零、丁零零。"

情况②:把球藏起来。保育人员和7～9个月的宝宝互动时,可将球在宝宝的注视下藏在纱巾下面,问:"球躲在哪儿了呢?"宝宝找到球,保育人员:"这是乒乓球,黄色的、光滑的乒乓球。"保育人员和10～12个月宝宝互动时,可以将球藏在不透明的物品里(容器或布),引导宝宝发现并描述球的名称与特征。

情况③:宝宝自主摆弄。摆弄过程中可能出现啃咬、摇晃、扔等动作,保育人员根据宝宝的动作行为,给出积极描述:"这是乒乓球,咬一咬,乒乓球硬硬的。""咕噜噜,乒乓球滚走了。"

(2) 注意事项:

① 保育人员尽量少说话,避免婴幼儿在主动探索时,过多的声音刺激带来"干扰"。

② 在婴幼儿发出需求,例如:眼睛看着保育人员,或发出"嗯""啊"声音时,保育人员根据婴幼儿的动作、表情等,描述物体的特征和婴幼儿情绪体验。

③ 做好物品消毒,保证婴幼儿放入口中的物品安全、清洁。

说明:球是婴幼儿十分喜爱的一种玩具材料。提供不同颜色、大小、材质的球,刺激婴幼儿的视觉、听觉、触觉是促进婴幼儿认知发展的一个有趣的游戏。类似游戏材料还有各种各样的盒子、各种各样的瓶子等。在婴幼儿捣鼓各种各样球的过程中,会出现用嘴、舌去舔咬、吮吸的现象,这种现象对于"口尝期"的婴儿来说是有好处的,这是他们想了解自己、了解这个物体,积极探索外界的表现。同时也说明他们支配自己的能力有了很大的提高,标志着手、口动作互相协调的能力已达到一定水平,保育人员应该支持婴幼儿通过口尝并鼓励婴幼儿调动各种感官,感知物体的大小、形状、颜色、材质等。

在玩球游戏的过程中,我们可以看到婴幼儿会"模仿大人",当保育人员双手击打球时,婴幼儿也出现了"击打"动作,而且情绪愉快;"婴幼儿有计划地完成一件事情",比如当球滚走的时候,婴幼儿会朝球滚动的方向爬去捡球;年龄稍大的婴儿,在球滚入沙发底下时,还会出现用小棍子捡球的行为;另外,运用捉迷藏的方式与婴儿玩球是支持婴幼儿客体永存性发展的积极策略,7 个月以后的婴儿会寻找藏起来的东西就是客体永存认知的体现。喜欢模仿、乐衷藏找都是 7~12 个月婴幼儿认知发展的方式。因此,此类游戏十分适合 7~12 个月婴幼儿。

(二)鼓励婴儿调动各种感官,感知物体的大小、形状、颜色、材质等

婴幼儿会用通过啃咬、触摸和摇晃、扔等各种各样的动作来探究周围人和物。他们会反复体验能给他们带来快乐或期望结果的行为。例如 8、9 个月以后的婴幼儿可能会反复地从高椅上扔下一个玩具,然后等待成人帮他们把玩具捡起来。在这样重复体验的过程中,婴幼儿充分感知到物体的大小、形状、颜色、材质等物理属性。

1. 感知运动经验:皮亚杰

皮亚杰的研究为丰富儿童认知发展方面的知识做出了重大贡献。他将婴儿从出生到 2 岁这一阶段,命名为感知运动阶段。当婴儿开始认识到他们能控制自己和周围的人和物(客体)时,他们就"沉迷"于因为自己的动作而带来事物变化的体验和探索中,并且不断地验证它。就是在这样的经历中,婴幼儿获取了各种信息,并将获取的信息纳入先前发展的心理概念或类别中,从而不断建构概念。

2. 回应性互动

"回应"一词在婴幼儿照护项目的各类描述中频繁出现。回应,既指成人能充分地理解婴幼儿想表达什么(儿童发出的信号),也指成人能有效地(迅速地、适时地、恰当地)回应婴幼儿。[①] 在与婴幼儿互动的过程中,回应无时无刻不在发生;同时,伴随着时间的推移,成人会计划接下来的互动、环境和活动,以满足婴幼儿的需要和兴趣。成人的回应影响着婴幼儿对于他人会如何对待他们的期待。

回应式的互动让婴幼儿获得自我价值感。婴幼儿需要保育人员的肯定和鼓励。我们需

---

① 《0~3 岁婴幼儿发展与回应式课程设计》。

要给予更加明确、具体的肯定,而不是只说"很棒"。我们可以说"你很努力"或者"你成功了,你爬到那个垫子上了"。他们确信你会用感情回应,使他们在你的眼睛和声音里看到自己的价值。他们需要机会去学习并掌握新的技能。

7~12个月的婴幼儿正处于皮亚杰理论的感知运动阶段。这个阶段婴幼儿开始协调他们的感觉,并从感觉和运动中获取信息,通过重复一个有趣的反应或维持有趣现象来建立关于物体、世界和他们的关系。

实践案例

活动:百宝箱

材料建议: 一个容器,各种玩具:积木、动物手偶、一次性杯子、勺子、海绵等。

材料特点: 感知丰富,例如:容器可以是一个纸盒、一个布筐、一个塑料筐、一个编织筐等;在形状、颜色、大小、材质上有变化。

图 10-8　各种材质不同的材料

支持策略:

创设一个轻松、自如的玩耍环境,例如:在一块材质舒服的地毯上,放上一个"百宝箱"。

做法 1: 宝宝用舒服的姿势坐着或者由保育人员环抱着。保育人员观察宝宝是否主动摆弄材料,宝宝在看或者没有主动操作时,保育人员可以顺着宝宝的目光描述物品或逗引宝宝关注框子里的玩具材料,"宝宝看,这里有好多玩具!"保育人员取出一个玩具,通过摇一摇、拍一拍等动作,引起幼儿兴趣并观察幼儿的动作、表情、声音,根据幼儿的反应,给予进一步的引导。

做法 2: 当宝宝主动摆弄玩具材料时,保育人员根据幼儿的动作行为,给出积极描述,"哦,宝宝咬一咬,这个勺子是硬硬的,它是塑料的。"在宝宝反复操作各种材料的过程中,保育人员适时进行语言描述。

备注:每天有规律地、反复地和宝宝玩"百宝箱"游戏。

注意事项(同"各种各样的球")。

说明:在婴幼儿与材料的互动中,实现了皮亚杰关于感知运动阶段动作就是思维的理念。婴幼儿在不断捣鼓、摆弄材料的过程中,保育人员用语言将婴幼儿即时动作进行连接。这个过程输入了物品的特征,并建构了概念。如上述例子,当保育人员对幼儿咬勺子进行描述后,幼儿对勺子是硬的、塑料的这个概念进行了理解,从而建构了对勺子的认知。另外,图片中所呈现的材料,我们可以看到有塑料的长柄勺子、不锈钢的圆勺、海绵球、玻璃小罐等生活材料,这些材质丰富的材料对婴幼儿通过动作来了解物体特征,从而建构概念十分有益。在保育人员与婴幼儿的互动中,可以看到保育人员对婴幼儿动作、表情、情绪的观察,在观察的基础上作出了对物体特征的描述,在这样即时语言与婴幼儿动作匹配的描述中,婴幼儿输入了有效的外部信息,感知对象,积极建构概念。

📝 拓展学习

生活玩具

在经济为基础的社会中,消费者的消费心理和观念会认为,商店里买的玩具才是"玩具",而且玩具价格越贵,玩具的价值就越大,游戏的效果就越好。作为专业的婴幼儿保育人员,我们要清楚并且秉持一个关于玩具的理念,那就是"最好的玩具是能促进婴幼儿发展的、孩子们感兴趣的玩具",而生活中有很多的物品和材料,都十分符合这个理念。例如,我们看到婴幼儿会对厨房的锅碗瓢盆、妈妈的化妆品、纱巾、拖把、扫帚、纸盒、餐巾纸等材料和物品十分感兴趣,并且会十分投入地进行探索和研究。这些材料感知丰富,易于准备。因此,我们在提供"百宝箱"材料时应多多提供生活中各种类型的物品。

(三)引导婴儿观察周围的事物,模仿所看到的某些事物的声音和动作

通过模仿,婴幼儿向照护他们的人学习。他们学习保育人员说话、移动的方式、手势、态度以及各种技能,这个时期的婴幼儿觉醒的时间越来越长了,逐渐开始注意成人生活,与熟悉的保育人员有了越来越多的互动。坐、爬、扶站等粗大动作逐渐熟练,婴幼儿的探索能力

明显增强。同时这也是从发声到说话的过渡时期,与婴幼儿频繁的互动和交流可以增加语音、语言的输入,由此大大提升和增加婴幼儿的模仿能力和模仿机会。

模仿对于婴幼儿习得文化和语言至关重要。通过聆听保育人员说话和进行简单的模仿,婴幼儿能掌握皮亚杰所描述的"社会认知"。动作、词汇、节奏以及讲话的模式都是通过模仿获得并发展的。婴幼儿在"指指认认"时期,通过模仿学习的物体名词、熟悉的日常事件越多,就越容易听懂成人说话的内容,与成人的沟通和交流就越顺利。保育人员在日常生活中,应多模仿生活中各种各样的声音,如各种动物叫声、汽车的喇叭声、物体丢在地上或者物品互相碰撞等声音,可以使用象声词、为物体命名等描述性的语言与婴幼儿互动。

> **实践案例**

活动:有趣的声音

11个月左右的婴幼儿会频繁地出现用手"指指点点"的指向行为。这种指向一定目标表达意愿的行为在心理学上称为表意性动作,是婴幼儿认识周围人和物的独特方式,也是婴幼儿最初学习的重要内容;这种认知行为,也是婴幼儿发展语言从而尽快学会与人沟通交流的重要前提。在这个时期,保育人员利用照护环境中婴幼儿接触的各种物品,耐心地将物品的名称、特点,不断反复地说给婴幼儿听,婴幼儿就能逐渐准确指出某件物品。

材料建议:能发出声音的生活物品,例如:闹钟、定时器、节拍器、门铃、洗衣机、音乐盒等;碰撞发出声音的物品,例如:用短柄小木棍敲击门、杯子、地板等。

支持策略:

(1) 保育人员怀抱婴幼儿,在教室或户外散步。对宝宝指向的事物,反复详细地描述,"这是闹钟,滴答滴答。""哗哗哗,这是流水的声音。"

(2) 保育人员与婴幼儿在一起,对宝宝指点的事物进行模仿和描述,"砰,这是关门的声音。""哇哇哇,豆豆有点饿了,他哭了。"

(3) 保育人员与婴幼儿共同使用物品或经历同一个场景时,和宝宝一起指认物品。"这是宝宝的杯子,我们喝水吧,咕噜咕噜。""这是电灯的开关,我们开灯吧! 啪,电灯亮了!"

(4) 注意事项:

① 尽可能用不同的发音和词语来描述声音,让宝宝尽量听到各种不同的声音。

② 当宝宝发出声音时,保育人员倾听并模仿宝宝发音,积极肯定宝宝的发音。

说明:认识周围世界的人和物是婴儿最初学习的重要内容,在"有趣的声音"的活动中,保育人员在婴幼儿"指指点点"的指向行为中,用简单的名词、动词对物品进行命名和描述,还使用了"滴答""咕噜""啪"等有趣的象声词,既激发婴幼儿的兴趣,也是有效的语音输入。这样充满趣味的沟通交流方式,刺激婴幼儿模仿语音,理解语义,在聆听与互相模仿过程中促进语言发展。另外,保育人员引导婴幼儿对环境中各种物品以及物品发出的声音,进行充分感知和体验。这个过程能刺激婴幼儿触听视等感知觉,是认知发展的重要机会。

拓展学习

延迟模仿

模仿是儿童的本能,出生不久的新生儿即能模仿成人吐舌头、眨眼等。但这种模仿是在直接感知的基础上进行的。延迟模仿则不是直接模仿眼前的原型,而是在原型消失后进行的模仿,需要记忆的支持。皮亚杰认为延迟模仿的能力出现于 18~24 个月的幼儿。而梅尔佐夫的研究发现,9 个月的婴儿即能模仿他们 24 个小时前看到的一个新异动作(例如,按压一个按钮以产生某种声音)。到 14 个月时,这种延时跨度可以扩展到整整一周。[①]

二、13~24 个月

(一) 引导幼儿运用各种感官探索周围环境,逐步发展注意、记忆、思维等认知能力

感官是信息到达婴幼儿大脑的重要入口。我们来了解一下大脑的工作:在婴幼儿感知周围世界的几毫秒的时间内,大脑将感官信息传输到脑干附近的海马区;之后信息迅速被传送到大脑的边缘系统进行扫描,以识别是否存在危险;再之后,信息被传送至大脑中负责处理这些信息的区域,与大脑中已经储存的类似信息建立联系。[②]

---

① 《0~3 岁儿童心理发展》。
② 《0~3 岁婴幼儿发展与回应式课程设计》。

1. 13～24 个月婴幼儿注意发展的特点

1 岁以后,随着婴幼儿逐步掌握语言,其对客体永久性的反应逐渐稳定,记忆和模仿能力也迅速发展,这一系列的认知发展促使婴幼儿注意力持续发展。1 岁以内的婴幼儿以无意注意为主,随着婴幼儿在日常生活中逐渐关注与成人相关的各种事物,到两岁时能主动听故事、听懂指令并完成任务,出现了有意注意萌芽。此阶段在某个对象上,婴幼儿注意力仍很难维持较长时间,注意也很容易被转移,稳定性欠佳。

2. 13～24 个月婴幼儿记忆发展的特点

婴儿期的回忆主要是再认的形式,比如 6 个月左右的婴儿开始出现"认生"就是比较典型的再认。在 13～18 个月时,我们放两个物体(一个熟悉的,另一个新鲜的)在婴幼儿眼前,他们停留在新鲜物体的时间会明显长很多,因为能认出另一个物体是熟悉的,可见在这个时期婴幼儿有明显的视觉记忆再认能力。到了婴儿期末期,客体永久性和延迟模仿行为出现,回忆的再现形式开始出现。当在一个接近 1 岁的婴儿面前将物体用布遮盖时,他会知道物体仍然存在,会掀开布寻找物体。

另外,延迟模仿是婴幼儿早期记忆的一种形式,延迟模仿需要的是对以往经验的回忆,而不仅是对当前知觉的再认。随着年龄增长,幼儿延迟模仿的能力越来越强,两岁的婴幼儿会在角色扮演游戏里面出现大量的延迟模仿行为。这种延迟模仿的游戏是婴幼儿回忆能力的一种表现,同时也是婴幼儿发展想象力、社会认知能力等的一种形式。[①]

3. 13～24 个月婴幼儿思维发展的特点

13～24 个月幼儿会出现以下几个心理现象:

(1) 指指认认(出现于幼儿 13～18 月龄阶段):见 7～12 个月婴幼儿保育要点,实践案例《有趣的声音》。

(2) 试误出现

1 岁左右的婴幼儿逐渐开始用"试误"的方法解决问题。我们常看到这样的现象:当婴儿几次伸手拿不到放在毯子远端的玩具时,会有意识地试拉毯子,似乎想发现毯子移动和玩具移动的关系。在确认了拉毯子与玩具移动的关系后,婴儿通过拉毯子解决了拿玩具的问题。以后,每当遇到新的问题时,婴儿都会通过类似的"试误"动作来寻求解决问题的方法。在积累了一定经验后,"试误"动作越来越少,头脑中的思考越来越多。"试误"动作的出现说明婴儿有了初步的综合与判断推理能力。思维水平有了质的变化。在这一阶段,婴儿最感兴趣的是不可预测的事件。他们觉得无法预期的事件不仅是有趣的,而且是可以解释和理解的。

① 《0～3 岁婴幼儿认知发展与教育》。

婴儿的发现能够带来新技能的产生,例如,一名14个月大的婴儿非常喜欢从高椅子上往下扔东西,会扔玩具、勺子等,他似乎只是想看看这些东西是如何碰撞到地面的。他很像是在做实验,看看他扔的不同的东西会制造出什么样的噪声,或飞溅成什么样子。[①]

(3)心理表征能力:出现于幼儿19~24个月龄阶段。

心理表征能力是指对过去事件或客体的内部意象。这个阶段是感知运动阶段的终结和向前运算阶段过渡,是一个重要的里程碑。在这个阶段婴幼儿的客体永久性认识又有了进一步发展。这个阶段的幼儿能够想象出看不到的事物可能在哪里,他们甚至能够在自己的脑海中描绘出看不到的物体的运动轨迹。[②]

(4)概念的发展。

概念是思维的基本形式,是对事物本质特征的反映。概念掌握是指个体掌握社会已形成的概念的过程。

① 类概念的发展。

属性相同的许多事物共同组成一个群集称为"类",如碗、勺子、刀叉等可以称为餐具。对类概念的研究发现,婴幼儿的类概念呈现三种等级水平:

● 乱分,即完全看不出分类的依据和标准,也说不出任何分类理由。比如,问婴幼儿为什么这样分,他要么不回答,要么把物体名称重复一下。

● 按照事物外观特征、情境、功用等非本质特征进行分类,此时婴幼儿能说出分类的理由。比如:把红球与红衣服分到一起,是因为颜色一样(按外观特征分);把桌子、书包归到一起,是因为书包是放在桌子上的(按情境分);把床、椅子、车放在一起,是因为都可以坐(按功用分)。

● 按照正确概念分,能抽象概括出事物的本质特征,不再受事物外观的影响。比如,把马、麻雀、狗都称为动物;把汽车、火车、飞机都称为交通工具。

事实上,在日常的生活中,我们常常看到2岁的孩子把汽车、洋娃娃装进玩具柜而不会把衣服、餐具装进玩具柜。[③]

② 数概念的发展。

在婴儿没有掌握口头数数以前,婴儿已具有关于数量关系的模糊概念。5个月大的婴儿能区分3个小物体,幼儿3岁左右能快速且准确地识别出一小组物体的数量而不需要计算,这一技能叫数感。[④] 事实上,由于语言的发展和教育影响,18个月后的婴儿开始能口头数数,他们比较喜欢唱"一、二、三、四、五,上山打老虎……"等儿歌。虽然婴儿会唱数,但这并不等于他们已理解数字和量的关系。[⑤]

---

①②③⑤《0~3岁婴幼儿认知发展与教育》。
④《与0~3岁婴幼儿一起学习支持主动的意义建构者》。

(二) 鼓励幼儿辨别生活中常见物体的大小、形状、颜色、软硬、冷热等明显特征

在促进婴幼儿的认知发展方面,不需要刻意为婴幼儿创设"学业学习"的体验,在日常生活中进行学习就是很好的机会和体验。在日常场景的交谈中,婴幼儿就可以学习到颜色和形状,例如在餐桌上,保育人员描述说:"宝宝的碗是绿色的、圆形的。"

• 实践案例 •

生活活动:用餐时间

环境建议:幼儿用餐时间。

支持策略:

保育人员可以辅助幼儿进行餐前的准备,例如:放置好椅子、碗、勺子等用品,餐后也可以支持幼儿放置好用餐的物品。

做法一:餐前了解食材

(1) 在准备食材的时候,和宝宝一起观察并聊一聊一些常见食材的名称、特点(气味、颜色、外形),还可以通过完成一些简单的操作帮助厨师准备食材。

(2) 大月龄的幼儿可以参与摘菜叶、剥豆子。

做法二:用餐时聊聊美味食物

(1) 用餐了,和宝宝一起说一说美味食物的名称。"今天,宝宝吃的食物有炒虾仁、青菜、胡萝卜。"

(2) 在进餐时,用语言描述对食物色、香、味的体验,"红红的虾仁""绿绿的青菜""香喷喷的米饭"……

说明:幼儿对日常生活中的事物充满好奇,尤其对"厨房"体验特别感兴趣。日常照护活动中引导幼儿认识食材,了解食材是如何变成美味食物的,是一个很好的充分发挥各种感知进行探究体验的认知过程。如上述在用餐时间,幼儿在保育人员的引导下开放各种感官,触(摸一摸)、听(拍一拍)、尝,对食材在生的时候的颜色、形状、软硬、冷热等特征和在煮熟后的特征、呈现出的完全不一样的性状进行了直观的体验,从而建构了对食物的认知。在这个过程中,幼儿还了解了各种不同的食物和身体的关系。

（三）鼓励幼儿在操作、摆弄、模仿等活动中想办法解决问题。

婴幼儿为了理解某样东西的工作原理或为了让事情再次发生，会反复进行同样的动作，并尝试各种办法解决他们遇到的问题。

婴幼儿通过身体去解决问题，问题解决是婴幼儿的学习策略。对婴幼儿来说，学会解决问题是所有课程的重要内容。创设并提供适宜的有挑战的环境和材料是保育人员重要的专业技能。

保育人员要更有效地帮助婴幼儿解决问题，从而支持婴幼儿的发展。对婴幼儿最近发展区进行了解至关重要，它决定了教育的重点在哪里。最近发展区是指儿童在更有能力、更有知识的教师或者同伴的帮助下所能达到的知识和能力范围。[1]

理解空间关系是婴幼儿时期建立的重要概念。婴幼儿非常关注自身、他人在空间里的移动；善于观察并通过填充、调整等操作装满容器，把物体连接、嵌套、保持平衡，从而建构空间关系的概念。在这一学习过程中，充满着解决问题的机会。而此阶段的婴幼儿已经开始使用试误的方式，反复核对、推翻来建构概念。

● 实践案例 ●

活动：瓶盖和瓶子

材料建议： 各种瓶子，各种小玩具或松散材料。

材料特点： 材质不同——塑料的、铝皮的、玻璃的；开关方式不同——弹盖的、按压的、嵌插的、嵌扣的、旋拧的。

支持策略：

（1）提供生活中各种不同的瓶子和盒子，将各种不同材质的松散材料放在分类盒中。

图 10-9　分类盒

---

[1]《0～3岁婴幼儿发展与回应式课程设计》。

(2) 幼儿自主游戏,保育人员对幼儿行为进行观察。

● 观察幼儿打开瓶盖的方式,当幼儿打不开瓶盖时,保育人员与幼儿共同探索,支持幼儿打开瓶盖。

● 观察幼儿匹配瓶子和瓶盖的过程。适时引导幼儿探索发现不同瓶盖和瓶子之间的关系及打开方式并进行操作。以下几幅图是幼儿在使用各种不同的瓶子进行材料收集的游戏行为。

图 10-10 收集材料

(3) 保育人员作为伙伴与幼儿共同游戏,适时引导。

说明:保育人员应提供开关方式不同的瓶子,如弹盖的、按压的、嵌插的、嵌扣的、旋拧的。婴幼儿使用不同的瓶子收集着各种材质、大小不同的松散材料,建构多少、体积、容积等概念。在按压、旋拧等不同打开方式的操作过程中,理解瓶子和瓶盖的关系。婴幼儿观察并带着"这个盖子怎么打开呢?"的思考,调整手部姿势尝试打开盖子,或者尝试匹配瓶子和盖子。这样具有挑战的探索过程就是婴幼儿解决问题的过程。保育人员在幼儿遇到困难时如何支持幼儿是一个关键性的问题,解决该问题的方式体现了保育人员是否将幼儿视为"能干的、有建构意义的独立个体"。

支持幼儿解决问题的注意事项:

（1）提供材料让幼儿自主摆弄、操作，观察幼儿的能力（情绪调节和手部力量等）及经验，为幼儿提供打开难度适宜的瓶子。

（2）观察幼儿操作并及时回应。在操作过程中，当幼儿示意保育人员，提出帮助的需求时，保育人员应运用"脚手架"的支持策略，与幼儿共同探索，通过降低难度又保持挑战的方式支持幼儿解决问题。

（3）注意松散材料的安全管理，关注幼儿在操作过程中是否有口尝或将物品放在口中的行为，避免幼儿吞食。

📝 拓展学习

脚手架即支架。支架是成人在儿童独立解决问题或者独立进行下一步活动时所精心提供的帮助。① 如：幼儿在拼图时遇到困难，反复尝试，但判断不出应该匹配哪一片图片。保育人员可以在剩余的图片中，将选择范围缩小，选出两三片，鼓励幼儿在有限的范围内尝试。这种支持即是保育人员提供了一个适合幼儿当下需求的"支架"。

三、25～36 个月

（一）引导幼儿运用各种感官反复持续探索周围环境，逐步巩固和加深对周围事物的认识

婴儿会一起使用所有的感官进行学习。在很大程度上，婴幼儿的学习能力取决于他们感知信息的能力。他们需要对信息进行处理，获取意义并记住。②

婴儿一出生就开始进行多通道感知学习。婴儿能够通过一种感官获取信息，并将其转化为另一种感官可以用的信息。即使第二种感官从未接触过物体，这种情况也会发生。婴儿还能将来自两个或者多个感官的信息进行整合。

研究发现：婴幼儿收集信息的能力令人惊讶③。在人生短短的前三年中，婴幼儿建构了大量的知识。这怎么可能呢？科学家兼研究者艾莉森·高普尼克认为，婴幼儿能以独有的方式察觉周围的一切。她解释道，婴幼儿有能力瞬间从大量资源中收集广泛的信息。这种

---

①②《0～3 岁婴幼儿发展与回应式课程设计》。
③《与 0～3 婴幼儿一起学习》。

能力是成人所没有的,成人更容易将注意力集中于环境中某个特定的部分以执行某个计划。婴幼儿有成人为他们执行计划,所以他们没有必要缩小知觉范围。婴幼儿能够注意到大量的信息,收集和评估其意义,并将其组织起来,这是一种不同于成人的知觉模式。高普尼克通过把婴幼儿比作灯笼,把成人比作聚光灯,来解释这一差别。灯笼会把光投射在呈现出弧形的周边空间上,而聚光灯聚焦光的范围更窄。正是这种在任何时刻都能认真地关注广泛信息的能力,使得婴幼儿可以注意和辨认周围环境中的很多小细节,在一段相对短的时间内获得大量的知识。

● 实践案例 ●

感知探究游戏:光桌游戏

材料建议:一个光桌,透明塑料积木,各种不同材质的开放性(松散)材料,餐巾纸、丝巾、卫生纸筒等生活材料,松果、羽毛等自然材料。

材料特点:材料在视、听、触等方面提供的感知丰富多彩;物体有透光的、不透光的。

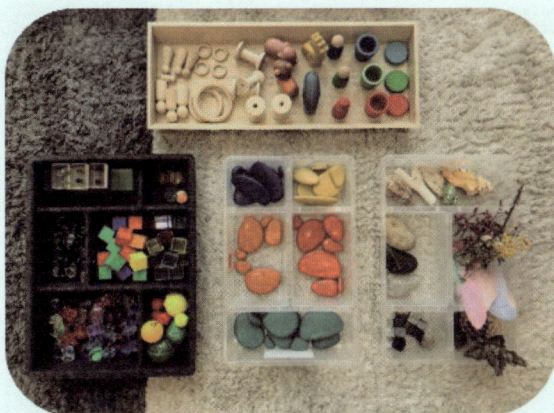

图 10-11　开放性材料　　　　　　图 10-12　各种容器

支持策略:

(1) 创设光桌感知探究区,区域能够同时容纳2~4个幼儿进行游戏。

(2) 可以提供人造材料,各种材质的积木、小动物、小汽车等;生活材料,各种材质的瓶子、杯子和盒子、纱巾、卷发棒等;自然材料,羽毛、松果、鹅卵石、树叶等。

(3) 开放性材料多为小颗粒状,保育人员要通过安全措施来监督婴幼儿使用过程中的安全。例如:幼儿是否有口尝现象、清点材料的数量、清洁消毒等。

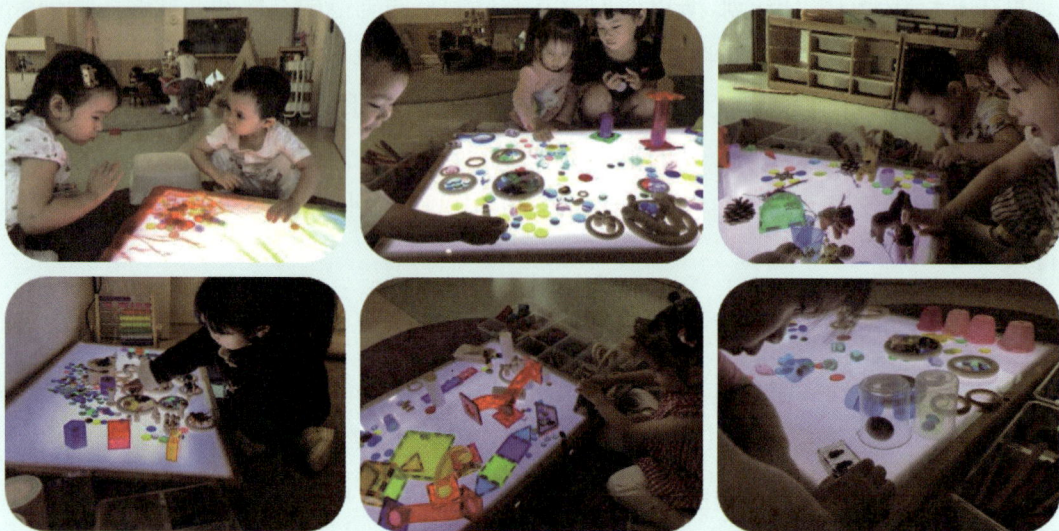

图 10-13　托大班幼儿光桌游戏场景

　　说明：感知探究区激发好奇心、想象力和探究的欲望。感知探究区可以是各种物质媒介，最常见的有水、沙、泥土等。它充满无限可能，只要是可以想到的安全材料，都可以为感知桌增添乐趣。容器和各种道具的使用增添了感知探究的学习机会。以光作为媒介，"光"的环境是十分吸引婴幼儿的体验空间，在这里为婴幼儿呈现各种丰富感知的材料。

拓展学习

开放性材料是什么

　　在幼儿教育环境中，开放性材料也叫松散材料，是指儿童在游戏时可以移动、操作、控制和改变的，吸引人的、很好找到的物件和材料。儿童可以用几乎无穷尽的方式来搬运、组合、重新设计、排列、拆开、复原开放性材料。这些材料没有明确的操作指南，它们可以被单独地使用，也可以与其他材料结合在一起使用。儿童可以把开放性材料变成任何他们想要的事物：一块石头可以成为故事中的人物；一颗橡子可以成为假想的汤羹中的食材。这些物件引发了对话和互动，激发了协作和合作。换句话说，开放性材料促进了社会性发展,因为它们支持创造力和创新。上述能力在这个时期的社会中是非常重要的。[①]

(二)启发幼儿观察辨别生活中常见物体的特征和用途,进行简单的分类,并感受生活中的数学

关于婴幼儿类概念的发展在上述部分(13～24个月思维发展特点)进行了描述。25～36个月的婴幼儿思维刚进入前运算阶段,认知活动中分类、排序和数字的体验需要以直观形象的具体操作,作为促进思维发展的手段。

分类是认知的基础,是探索和解决问题的基本技能。分类在科学、数学、阅读、写作等领域的学习中起着重要作用。婴幼儿在日常的游戏和互动中建立分类的概念,并根据不同的属性进行分类和排序。婴幼儿似乎天生就能够理解数字。这种对数字和数量的内在敏感性为数学的学习打下了坚固的基础。

在出生后的第二年,婴幼儿开始寻找特定类型的物品,会根据物品的颜色、形状、大小或功能自发进行分类和排序。3个月大的婴儿能注意到人与物之间的差异,并期望人的行为与物有所不同。当婴幼儿在游戏区域里发现具有相似特征的物体时,他们就会积极地探索和比较,将一个特征与另一个特征联系起来。在此过程中,他们建构了分类和排序的概念。[②]

> **实践案例**
>
> ##### 日常活动中"数学"
>
> 25～30个月的幼儿能数到10;理解"大、小""多、少""上、下",会比较多少、长短、大小,会指认圆形、方形和三角形。快三岁的幼儿,开始区别"一个"和"许多";能口数6～10,甚至更多,数到越大数字的时候,会出现跳数现象,例如:……8、9、10、11、15、17……,这个月龄的幼儿对排列整齐的物品(如图)能手口一致地数1～5,如果物体排列不整齐时(如图),会出现反复循环点数的现象。

---

① 《开放性材料1——幼儿创造性游戏》。
② 《与0～3岁婴幼儿一起学习支持主动的意义建构者》。

图 10-14　排列整齐的物品　　　　　　　图 10-15　排列不整齐的物品

日常生活为婴幼儿提供了很多自然的学习机会来理解数学知识、建构数字概念，婴幼儿需要经验来建立对数学的理解。

1. 在环境创设中

在幼儿游戏环境中摆放玩具材料时，保育人员可以这样做：在游戏区域里放置相同的物体时，会促使婴幼儿去发现物体的共同特征；当放置相似但又有一个或多个不同特征的物体时，会吸引婴幼儿注意和比较其中的差异。每种组合都带来了思考和推理上的挑战，并支持婴幼儿注意相同和不同的特征。

图 10-16　相似但有不同特征的材料

2. 在"数字和数量"活动中

做法一：在日常照护中。

日常生活为幼儿提供了一个丰富的环境来应用和发展数字和数量概念。保育人员和幼儿将脱下的鞋子分别放入柜子；或者建议他们在餐桌边放两张椅子；或者在幼儿整理玩具时，提议把所有的球都放进筐子里，幼儿都会显示出对数字和数量词汇的理解。在进餐过程中，保育人员用"一些""太多"或"不够"等与数量有关的词语来描述食物的多少。

做法二:在区域游戏中。

说明:将数概念自然融入照护环境中,例如:在娃娃家的物品呈现(如图10-17),同一个物品的数量均在3个或者5个以内。左图中,餐桌上有3个大盘子、3个小盘子,每个小盘子对应着1把勺子,3个碗里分别放着不同的"食物",食物数量均在3或5以内。

图10-17 娃娃家中的数概念

做法三:儿歌游戏。

例:数字儿歌:一只小鸟叫喳喳。

玩法:

保育人员与宝宝面对面,保育人员边念儿歌边示范动作(可以选择跟着音乐或者清唱)。

一只小鸟叫喳喳,两只青蛙叫呱呱,

三只小猪哼呀呀,四匹小马呱哒哒,

五个娃娃笑哈哈,分吃一个大西瓜。

动作建议:

例如:"一只小鸟叫喳喳,两只青蛙叫呱呱"——根据儿歌,和着节奏,出示1个手指,双手呈现小鸟"飞"状;出示2个手指,五指打开,手臂上下摆动,呈现青蛙"蹦跳"状。

做法四:游戏活动。

例:数数游戏——数串珠。

材料建议:各种形状、颜色不同的珠子,带木棒的绳子。

玩法:

(1) 保育人员邀请宝宝一起穿珠子,"我们一起来穿项链吧。"

(2) 请幼儿根据保育人员的要求穿珠子,"宝宝,帮老师拿两个珠子吧。"

（3）保育人员和幼儿一起数一数穿好的珠子，"项链穿好了，我们一起来数一数有几颗珠子。"

注意事项：保育人员语速要慢，引导幼儿关注到保育人员的动作并数数。

说明：在日常生活中，婴幼儿通过游戏和互动来建构逻辑数理知识（包括分类、排序、空间关系、数字和数量）。保育人员应有意识地利用日常照护、与婴幼儿的互动以及专门的游戏和儿歌等，支持婴幼儿学习"数学"。

（三）培养幼儿在感兴趣的事情上能够保持一定的专注力

婴幼儿天生对世界充满好奇。这种好奇是婴幼儿内心强大的学习动机，驱动着他们乐此不疲、孜孜不倦地去探索他们所处环境中的一切。在许多探索游戏中，我们惊叹于婴幼儿的坚持，一个 2 岁的幼儿在玩沙或玩水的游戏中，可能会出现超过 30 分钟甚至更长时间的探究。其中专注力起着重要作用，而在这个幼儿感兴趣的操作过程中，又进一步促进了专注力的发展。

婴幼儿像小科学家一样，试验自己遇到的各种物体。2 岁以后的幼儿，在充分的感知探索中理解了"这是什么"以后，在"我能让它做什么呢"这一问题的驱使下，他们摆弄材料，体验着因为自己的动作而让材料发生的变化，沉迷于探索、摆弄，让材料之间发挥各种作用和有趣的现象。

• 实践案例 •

探究游戏：玩水

材料建议：一个水桌、有水龙头的水槽边或者一个玩水的大脸盆，舀水的容器、量杯、滴管、漏斗等玩水用具。

支持策略：

（1）创设一个自主玩水的环境，提供可倾倒，能满足幼儿将水"移动"意愿的各种用具。

（2）用具中涵盖"知识点"，例如：当幼儿在用大小相同的量杯相互倒水时，可以观察到容器一样，水的多少也一样的现象；当幼儿在用大小不同的量杯互相倒水时，可以观察到大的量杯的水倒进小的量杯时，水漫出的现象。

（3）安全提示：幼儿玩水时，需要保育人员陪伴。

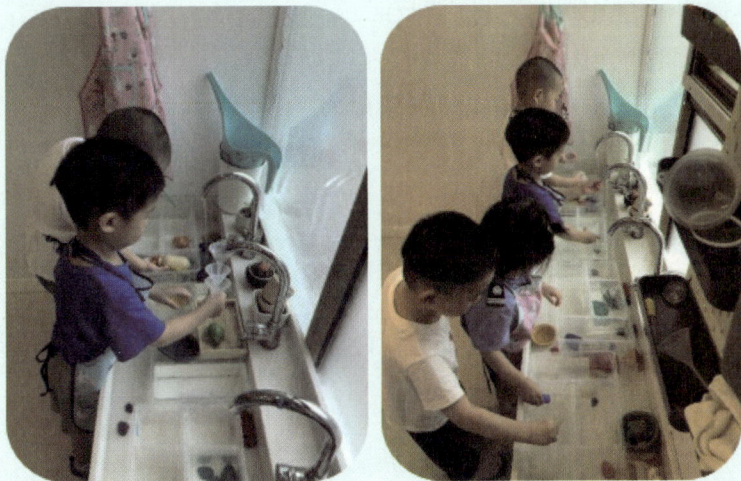

图 10-18 托大班幼儿在水槽边玩水

说明： 从婴儿时期开始，孩子们就非常喜欢水，玩水是婴幼儿乐此不疲的游戏。这种激发幼儿兴趣的天然物质，也是我们游戏环境和材料中的重要部分。在幼儿玩水的过程中，保育人员提供了各种容器和工具，如图中的透明分类盒，各种大小相同和不同的杯子、漏斗、滴管、针筒等，这些材料让幼儿能够倾倒、灌满、移动水，满足了认知需求的体验和操作。保育人员要在幼儿操作的过程中给予鼓励的语言描述、及时满足材料等支持，让幼儿热情而持续"玩耍"着，让幼儿在自由、持续的体验中获得认知发展。

（四）通过各种游戏和活动，鼓励幼儿主动思考、积极提问并大胆猜想，激发幼儿的想象力和创造力

游戏是儿童的天性。应把游戏作为一种学习环境。婴幼儿的学习不是通过隔离式的、高控的活动方式来组织进行的，成人的作用不是去教，而是观察和思考幼儿正在经历什么、思考什么、是如何学习的，并通过创设环境和材料为他们的学习提供支持。在与环境、与材料、与人（教师和伙伴）的互动中，幼儿积极思考、大胆猜想，激发想象力和创造力。在实施和开展游戏过程中，保育人员通过观察、积极地回应婴幼儿，支持婴幼儿在探索环境、调查材料、与成人互动的思考和学习过程中，达到全面发展。

游戏和探索是每一个照护机构工作内容的主要构成元素。游戏中的儿童充满活力而全神贯注，游戏是培养婴幼儿早期各种能力发展的重要途径和方式。3岁之前的婴幼儿游戏更

多的是探索,给予婴幼儿游戏的自由是重要的保育理念。因此,"自由游戏和探索"是保育人员需要学习和掌握的一个重要内容和重要技能。

自由游戏和探索是指在无持续的成人控制或期待结果的情况下,儿童选择去追求他们自己的特定兴趣,成人只需要监管而无须指导儿童。[①]

· 实践案例 ·

创设富有想象与创造的游戏环境

3 岁之前的婴幼儿有着自己独特的个性和成长节律。照护方式"与时俱进"是保育人员时刻牢记的指导思想。"时"指的是婴幼儿的成长节律和每个阶段不同的身心需求。每个婴幼儿都以自己的速度发展,发展还基于过去的机体成熟度和心理经验。因此,照护应遵循婴幼儿发展的年龄特点与个体差异。

在保育人员为婴幼儿提供的安全且舒适的丰富环境中,婴幼儿会为自己设定目标,而这远远比成人为其设定的更有效。游戏中婴幼儿的兴趣不是用所谓的"正确的方法"去利用和操作材料,而是用与自己的动作、认知、经验匹配的独特的方式去调查、发现每一种材料的特点,通过自己的方式了解这个世界。在这样的游戏和探索中,婴幼儿积极发展着。

(1) 在戏剧游戏(也被称为角色扮演游戏或假装游戏)中,婴幼儿通常会将一个物体当作另一个物体,图 10 - 19 中一个 2 岁的幼儿用一个带着圆圆头的小棍子代替棒棒糖,当作小乌龟的零食;图 10 - 20 中的小女孩用书架代表"病房",书本当"被子",创设了一个乌龟生病躺在病床上的情景,旁边还有一只小小乌龟是宝宝,在照顾乌龟妈妈;他们还可能与几个游戏伙伴一起表演一些简单的故事情节,例如图 10 - 21,几个托大班的幼儿一起在餐桌边表演吃饭。

图 10 - 19　棍子代替棒棒糖

---

① 《婴幼儿及其照料者》。

图 10 - 20　"病房"

图 10 - 21　吃饭

(2) 在建构游戏中,婴幼儿使用积木等建构材料进行创造。他们从最开始的堆叠(如图 10 - 22,一个 2 岁的幼儿将一样大小的正方形积木不断垒高),到逐渐有构思,然后再尝试进行创造(图 10 - 23,两个 3 岁幼儿建构的"迪士尼酒店"和图 10 - 24 中 4 岁幼儿建构的城堡)。这个充满想象和创造的过程,是婴幼儿通过自己的认知和经验表达对周围世界的理解和认知。

图 10 - 22　垒高积木

图 10 - 23　"迪士尼酒店"

图 10 - 24　城堡

　　(3) 在探究游戏中,婴幼儿通过探索物体来了解它们是什么,以及能用它们来做什么。婴儿时敲打、啃咬、摇晃、抓握、投掷物体,幼儿时通过更复杂的行为来探索和了解物体可以做什么,婴幼儿通过自己的方式建构对世界的认知。下图中的幼儿一遍又一遍地将蓝丁胶、胶棒(图 10 - 25 和图 10 - 26)涂抹在机器人身上;又一次一次地把胶带(图 10 - 27)缠绕在机器人身上,他们用这种创造性的方式体验蓝丁胶、胶棒和胶带的"黏黏的"属性,了解它们可以黏着物体的特性。

图 10 - 25　体验蓝丁胶

图 10 - 26　体验胶棒

图 10 - 27　体验胶带

　　说明:游戏中,婴幼儿是充满力量的创造者,受到一股强劲的内驱力的推动,积极地创造新世界。虽然他们的创作灵感来源于日常生活经验,但他们的创造成果却个性十足。在游戏中,孩子们可以自主、自由地行动,可以高强度地体验自我、体验世界。比起最终的结果,孩子们更专注于游戏过程中的发现和创造。在幼儿探究游戏中,我们看到一个沉迷用自己的方式体验"黏性"的幼儿。这些游戏是充满想象的,想象性的假装游戏是游戏的最高表现。除了以上列举的一些游戏,婴幼儿的游戏方式还有很多,例如:创意涂鸦游戏、感知操作游戏、阅读书写游戏等,这些都能帮助幼儿主动思考、大胆猜想,促进想象力和创造力的发展。

第三节　指　导　建　议

一、创设环境,促进婴幼儿通过视、听、触摸等多种感觉活动与环境充分互动,丰富认识和记忆经验

"学步儿用他们的全身去学习——而不仅仅是用他们的脑。"[①]婴幼儿的学习是在实践中通过双手触摸、眼睛看、耳朵听、嘴巴说等感知方式来学习,而不是通过被直接告知而学习。因此,提供一个适宜的促进婴幼儿发展的有教育意义空间尤为重要。瑞吉欧教学理念明确指出:课堂环境是第三位教师。创造支持婴幼儿社会发展和认知发展的空间是保育人员的重要技能。

马歇尔认为,神经感觉系统中的永久性缺陷可能是婴儿的社会和物质环境中的干扰、破坏或剥夺造成的[②]。保育人员创设环境应促进婴幼儿所有领域发展。在做出不同学习区域划分和材料提供等教学决策时,首先应该考虑不同月龄婴幼儿的能力、需求和兴趣。精心创设环境、挑选材料以激发婴幼儿的思考和学习。

诸多的观点和理论论述了为幼儿提供丰富的材料经验,是激发0~3岁儿童的脑功能,为日后激增的复杂学习打下基础的重要途径。大量的材料可以帮助幼儿"想象、建立关系、实现项目的想法、做出解释和新发明,用一个词来说,就是思考"[③]。

教育空间必须保证每个儿童和儿童团体的幸福。儿童有权享有促进他们的社会性、情绪、道德、身体、语言和认知发展的教育环境,他们还有权享有没有过度压力、噪声和身心伤害的环境。[④]

> ● 实践案例 ●
>
> 这是一个发生在托大班的关于如何够到草莓熊的故事。
>
> 一天早上,J宝宝(32个月龄)带着她的草莓熊气球(气球下方系着一只毛绒小兔子)进入班级,并放在了探究桌上。草莓熊在高处轻轻摇晃着,十分吸引人。
>
> 这时,进入教室的D宝宝(38个月)看见了,他爬上了探究桌,用手上的玩具去够草莓熊,并拍打着草莓熊。D宝宝看着在他的拍打下摇摇晃晃的草莓熊,露出笑容,情绪愉快。在教室里的两位老师同时靠近探究桌,其中一位教师在距离D宝宝一臂远的

---

①～④《科学照护与积极回应》。

图 10-28　够草莓熊

距离观察并确保 D 宝宝的安全。

　　D 宝宝的游戏激发了 J 宝宝的兴趣,她搬来了小椅子,也踏上了探究桌。同时,D 宝宝向探究桌中间移动,给 J 宝宝让出空间,一边还说"来吧"。J 宝宝为自己爬上探究桌感到兴奋,在桌上蹦跳了两下。同时,一位教师靠近探究桌上的宝宝,并用手臂做出护栏状。D 宝宝和 J 宝宝一起拍打草莓熊。这时,一位教师发出提问:"D 宝,你站在桌上拍到草莓熊了,现在不站在桌上,我们怎么能拍到草莓熊呢?"此时,在场的另一位 L 宝宝(40 个月)说:"把草莓熊拿下来,放在地板上,就可以碰到草莓熊了。"教师积极回应"我们一起来尝试一下 L 宝宝的这个办法。"教师同时帮助两位宝宝从探究桌上下来。回到地面的 D 宝宝拿来了一根 40 厘米长的透明管道,一边去够草莓熊一边说:"这个方法也可以。"

　　请思考:站在探究桌上的 D 宝宝的探索需求和期待是什么? 对于一个有安全隐患的幼儿行为(有踩空从桌上掉下来的危险),你最想做的决策和措施是什么? 为什么这么做?

　　当进行了这些"头脑风暴"后,我们先来看看事件中幼儿解决问题的方式。幼儿发现了一个在高处的草莓熊,可能产生"我怎么能够着这个草莓熊"的想法。在这个想法的强烈驱动下,幼儿爬上桌子,并够到了草莓熊。接着在教师提问"还能用什么办法够到草莓熊"的问题驱使下,继续探索,找到了将草莓熊移动至地板和用长棍子去够草莓熊的办法。整个过程满足了幼儿好奇心和探究欲,教师敏锐观察并回应幼儿,鼓励幼儿寻找解决的办法,幼儿的期待和需求得到了合理而积极的支持。

　　这个案例给大家带来了怎样的启发和思考?

二、保护婴幼儿对周围事物的好奇心和求知欲，耐心回应婴幼儿的问题，鼓励自己寻找答案

"将问题视为学习的机会，并让婴幼儿努力自己去解决问题"是尊重与回应式照护的重要原则。在任何一个课程中，解决问题都是促进婴幼儿发展的重要部分。婴幼儿遇到的很多问题都是具有智力价值的。保育人员要支持婴幼儿自己解决问题，应该以给婴幼儿提供"脚手架"的方式支持婴幼儿自己解决问题。提供有效的"脚手架"的关键是：抓住婴幼儿在解决问题的过程中打算放弃的那一刻。具备敏锐观察能力的保育人员在恰当的时间给婴幼儿提供一点帮助，就可让他们继续自己解决问题。如果帮助来得太早或太晚，婴幼儿都可能会丧失兴趣。

解决问题必须基于婴幼儿已有的经验。婴幼儿会做什么？他们对什么感兴趣？怎样的挑战对婴幼儿的发展有意义？从这样的角度出发思考，照护才有价值。

三、在确保安全健康的前提下，支持和鼓励婴幼儿的主动探索

在婴幼儿照护项目中，确保婴幼儿的健康和安全是提高照护质量的基础。安全最重要的来源是成人的关注以及他们与儿童的互动。[1]

（一）安全的关系

当提及"安全"一词，我们还应该连接到关于"安全的关系"。

在照护项目中，婴幼儿与保育人员建立安全的关系对他们的发展非常重要。当婴幼儿拥有安全感的时候，他们的社交能力、语言发展、情绪调节能力都能提高，更乐于参与到问题解决活动中。一项经典的研究发现，当教师拥抱、抚慰、同幼儿交谈等时，幼儿就能充满安全感地去爱和学习。与严苛（爱批评、威胁和惩罚）或冷漠（低水平互动）的教师相比，对婴幼儿越敏感（温暖、细心和专注）的教师越会让婴幼儿拥有安全感。[2] 这是婴幼儿情绪情感和社会性发展领域的重要话题，我们将在相关领域中，继续学习。

（二）关于安全与挑战

在婴幼儿发展的过程中，环境安全和幼儿发展之间的关系，一直是保育人员需要去面对和时刻权衡的问题。发展意味着在日常任何互动和体验中，时刻站在婴幼儿的角度去理解与支持，而安全意味着觉察和权衡游戏中幼儿行为带来的各种挑战。在我们敏感地观察儿童游戏时，可以规划活动以扩展幼儿的经验，使幼儿能够通过体验这些活动来建造他们的大脑。

[1][2]《0～3岁婴幼儿发展与回应式课程设计》。

📖 思考与练习

1. 一位保育人员为 7～12 个月的婴幼儿准备了一个百宝箱(如图 10 - 29,其中绿色的是海洋球),你觉得这个百宝箱里的材料适合吗? 为什么? 请说明理由。

图 10 - 29   百宝箱

2. 在 13～24 个月这个阶段,关于"瓶盖和瓶子"这个游戏,假设:一个 18 个月幼儿和一个 30 个月幼儿遇到"瓶盖打不开"的问题,并来请求你帮助,你会怎么处理? 为什么这样处理? 其中,你考虑了哪些因素?

3. 一个 32 月龄的幼儿正在收集一些物品放进瓶子里(如图 10 - 30),图 10 - 31 是幼儿已经收集好的材料。请仔细看图并请思考,这个过程能为幼儿在数量、分类、空间等概念方面建立哪些逻辑数理知识呢?

图 10 - 30   收集物品

图 10 - 31   收集完的瓶子

4. 讨论:"最重要的'活动'并非是成人专为促进儿童学习所设计的,而是那些每天都会发生的最基本的生活起居活动或照护行为。"对于这个观点,你的理解是什么? 请通过列举日常照护的例子来说明理由。

第十一章 情感与社会性

学习目标

1. 掌握婴幼儿情感与社会性领域的保育目标；
2. 熟悉婴幼儿情感与社会性领域各年龄阶段的保育要点；
3. 了解对托育机构在婴幼儿情感与社会性领域的保育指导建议。

第一节 目 标

一、有安全感，能够理解和表达情绪

在高质量的婴幼儿照护机构中，有安全依恋的婴儿视保育人员为满足他们需求的资源、视保育人员为信任基地，从而获得勇气去探索。

(一) 安全依恋关系

0～3 岁儿童生来具有注意自己周围的人、与周围的人进行互动、吸引他们注意力的倾向。甚至在生命最初的几个小时里，婴儿就会对周围的社会做出反应，如凝视、对声音和动作的回应。婴儿期的第一个关键任务，是形成与出现在自己生活环境中的一个或者多个重要人物之间的依恋关系，这种依恋关系对儿童今后各个阶段的最优发展来说都是非常重要的[①]。如果儿童在婴儿期的时候就进入托育机构，那么托育机构就有责任确保他们照护的婴儿获得基本的信任感，即与照护人员形成安全依恋。

有安全依恋的儿童与保育人员在一起时，喜欢和保育人员接近，但又不是总是依靠在保育人员身边，他们会自主离开，放心探索，需要的时候又会回到成人身边，保育人员像是一个"安全基地"。安全型依恋儿童占群体的 65％ 左右。

---

① 《0～3 岁儿童心理发展》。

（二）情绪理解和情绪表达

一般情况下，我们把 0～3 岁儿童的情绪理解定义为：能够理解情绪产生的原因及导致的结果，并且利用这些信息对自我和他人进行合适的情绪反应的能力，既包括对自己情绪状态的了解，也包括对他人情绪状态的识别。0～3 岁儿童的情绪理解主要通过对面部表情、声调表情和行为表情的解读来进行。听到熟悉的保育人员的声音，婴儿会显得兴奋。如一个 8 个月的婴儿躺在窗台边咿呀自语。"嗨，宝贝，你在这儿呢。"保育人员一边说着一边朝着婴儿走过去，听到保育人员愉快的声音，婴儿开始手舞足蹈，咿呀声也密集起来。

在熟悉的保育人员的支持下，儿童学习表达一系列的情绪，随着不断成长，儿童能够识别和理解他人的情绪，并在成人指导下管理情绪。婴儿时期开始，儿童逐渐会用哭泣、面部表情和肢体语言来表达各种各样的情绪，对他人的情感表达做出回应，会根据熟悉的保育人员的反应来调整他们的表情，这通常通过模仿成人的情感表达，如成人微笑时他们也微笑。随着对他人意识的增强，情绪情感越来越丰富，出现了害羞、尴尬、惊讶和内疚等。

二、有初步的自我意识，逐步发展情绪和行为的自我控制

保育人员帮助婴幼儿识别自己的情绪并支持他们努力自我平静，也是在培养他们内在的自我指导和自我调节意识。保育人员要支持儿童学习并发展以被社会接受的方式来管理自己情绪和行为的能力。儿童自我意识的发展来自于儿童的早期经历以及与保育人员的关系。儿童的自我意识在帮助他们建立对自己能力的信心和形成积极的人际关系方面至关重要。

（一）自我意识

在婴儿出生的头三年，儿童开始了解自己的能力，并开始了解自己和他人之间的差异。婴儿期的儿童通过探索他们的身体部位以及身体各部分是如何移动的来了解自己。婴儿将自己的手举到眼前，观察、转动、啃咬，当一个熟悉的保育人员叫着婴儿的名字时，他们会以微笑或舞动手臂发出咕咕声等方式予以回应。约从 9 个月开始，儿童开始意识到自己的动作和动作产生结果的关系。逐渐地，这个时期的儿童会有意识地使用动作和手势与他人建立联系。

儿童出生后第二年开始建构客我意识，在著名的"红点实验"中，儿童能清楚地指出不属于自己面部特征的东西，此时的儿童客体自我意识开始发展。自我认知能力随年龄增长而发展。儿童言语自我认知一般发生在第 21 个月。言语自我认知，经历了从名字表达自己（如某某吃饭），到第一人称表达自己（如我吃饭）的发展变化。开始理解他们自己的或他人的想法、情感和喜好。他们在活动中有自己的想法，并寻求自己完成任务。开始理解性别差异，

如能准确说出自己的性别,有初步的性别观念。物品所有权意识增强,能分辨不同成人专属物品,如爸爸的拖鞋、妈妈的化妆品等。重视自己的物品,经常随身带着自己喜爱的东西。

(二)逐步发展自我控制

儿童从出生开始就会表达强烈的情感。婴儿期的儿童会利用照顾者的面部表情、语调和身体接触来帮助自己应对压力和悲伤。随着月龄的增加,儿童具备了新的身体、社交、认知和语言技能,在调节情绪方面的挑战也逐渐增大。由于活动能力、灵活性比较强,对他人的好奇会使婴儿在积极探索的过程中,既有很多的快乐时刻,也会遇到意想不到的冲突,一岁之前的婴儿可能会将愉快游戏瞬间变成痛苦时刻。这个时期的婴儿在体验到强烈情感时,会寻求成人的帮助,或者吮吸拇指,这是婴儿经常使用的自我平静的方式。2岁以后的儿童会使用更多的自我安慰的策略,比如与妈妈分离时说"妈妈,快点来接我。"在情境中感到压力就去寻找熟悉的保育人员,或捂住耳朵以避免噪音等。他们在处理强烈情感和需求时会寻求成人的支持。

3岁之前的儿童应在保育人员的帮助下,学习如何以一种更被社会所接受的方式来管理自己的情绪和行为。例如:当我们看到一个一岁的婴儿在用手拍打一个更小一点的婴儿时,我们可以轻轻握住一岁婴儿的手,然后告诉他:"你喜欢妹妹,这样轻轻地摸一摸。"然后保育人员温柔地轻轻抚摸小婴儿的肩膀、身体。当儿童学会如何恰当地回应环境要求时,他们也会更多地受到保育人员的影响。

三、与成人和同伴积极互动,发展初步的社会交往能力

在生命的前三年里,儿童把自己视为独立的个体,逐渐了解人际关系是如何运作的,了解自己和他人的感受。从婴儿时期开始他们就准备好并渴望了解自己和他人,他们在生命前三年所学到的东西将会成为他们未来一生对自己、对他人以及对人际关系的期望的基础。

(一)与成人的关系

儿童在婴儿时期与熟悉的保育人员在反复互动中、在寻求成人帮助来满足自己各种需求的过程中所建立的积极关系,是未来与他人建立关系所需技能和行为的基础。儿童与成人的这种信任关系是以一致的、可以预期的照料为特征的,它是儿童未来充分探索和参与周围世界的坚实基础。

从出生开始,婴儿对熟悉的成人表现出偏好,如:转向熟悉的声音、与成人面对面时微笑或感到压力时伸手寻找成人。当一个熟悉的成人抱着他们或与他们交谈时,他们往往感到很安心。婴儿通过各种各样的行为来表达他们的需求,比如扭动身体、挥动手臂、皱眉、哭等。在陌生人焦虑时期,儿童与熟悉的保育人员分开时可能会感到不安,当陌生人走近他们

时,儿童会靠近熟悉的保育人员,以寻求安慰。一岁半以后的幼儿能主动与保育人员进行积极的互动,并在遇到困难时寻求帮助,以与信赖的保育人员的积极关系为模板,愿意与陌生人互动。

(二) 与其他儿童的关系

"同伴"是儿童成长和发展过程中重要的角色。同伴关系的形成为儿童的社会性学习和发展提供了宝贵机会,儿童与同伴探索他们共同的和个人的兴趣,在交往互动的过程中学习社会行为等技能,从而提高社会适应力。

从婴儿时期开始,儿童表现出对伙伴的兴趣,能以简单的方式与伙伴互动并建立联系,包括用手触碰伙伴的脸、对同伴微笑,或对其他伙伴发出"呼唤"声;当另一个伙伴玩玩具时,他们会仔细观察,会伸手去拿玩具。随着动作的发展,一岁以后的儿童开始参与更多的互动,他们和同伴互相追逐,来回滚动球;知道一个固定的伙伴的名字和他们喜欢玩的游戏。他们开始坐在伙伴的旁边,使用相同的游戏材料模仿同伴并与其进行平行游戏。

2 岁以后,同伴间互动的复杂性增加了。他们开始逐渐建立友谊,会寻找特定的伙伴进行社交互动,和伙伴一起参与各种游戏,例如在戏剧游戏中一起吃饭、一起照顾宝宝等。还可以进行有共同目标的活动,例如在建构游戏中,与同伴一起为火车建造一条轨道。这个时期的儿童性别意识增强,能准确说出自己的性别。

第二节 保育要点

一、7～12 个月

(一) 观察了解不同月龄婴儿的需要,把握其情绪变化,尊重和满足其爱抚、亲近、搂抱等情感需求

随着各项能力的发展,7～12 个月婴儿的情绪反应不再局限于仅仅满足生理需求,而是产生了更多的心理需求。这时婴儿的快乐不再只是吃饱了、睡足了、尿布舒适等,而是更多通过和保育人员积极交流、自主探索等获得快乐。这个时期,婴儿对陌生人的焦虑情绪逐渐强烈,同时也更害怕与亲人、主要保育人员分离。

1. 陌生焦虑

在婴儿 5 个月左右的时候,会出现"怯生"行为。怯生是对陌生刺激物,特别是陌生人的恐惧反应,婴幼儿在 7～12 个月的阶段陌生人焦虑尤为明显。婴幼儿对母亲的依恋越强烈,

怯生情绪也会越强烈。"陌生人焦虑期"时婴儿极力维持与特定人物(母亲或主要带养人)的接近。我们会看到当一个陌生的客人和一个七八个月的婴儿打招呼时,婴儿会很快转过身体,钻进妈妈怀里;当客人发出友善的声音或者表情友好地逗引婴儿时,婴儿会转过身体,看着陌生人。这样的信号持续发出,婴儿的警戒和害怕情绪就会逐渐得到缓解。

2. 安全基地

婴幼儿的探索是在有"安全基地"的前提下发生的。安全基地是指婴幼儿可以信任的人,也是婴幼儿在感到害怕、紧张、焦虑不安或者伤心、沮丧时可以求助的人。要多创造婴儿和保育人员之间积极互动的机会,建立安全依恋关系,帮助婴儿有更好的探索和发展。安全基地既是婴幼儿的"避风港",让他们感到安全可靠;又是他们的"充电站",让婴幼儿能够再次能量满满地出发去探索世界。

实践案例

共读《连在一起》

共读建议:

(1) 每日的照护时间,随时都可以和宝宝共读《连在一起》这本图画书。

(2) 保育人员怀抱着宝宝,指点着图,照着文字,为其亲切、自然地读这本书。

(3) 故事读完以后,将故事里的情绪延续到现实中来,和宝宝脸贴脸,亲一亲。还可以用故事中的语言来互动:"谁和谁连在一起?"

(4) 故事可以反复多次讲述,宝宝会观察画面并逐渐理解画面的意思。

说明: 保育人员是婴儿除了母亲以外的重要他人,保育人员对婴儿的照护影响着婴儿情绪情感的发展。这是一本体现保育人员与婴儿之间像亲人一般亲昵的故事书。处于陌生人焦虑时期的婴儿,表现出对母亲强烈的依恋,他们特别需要一个能像妈妈一样与其亲吻、搂抱的保育人员。通过故事中情节的启发,保育人员与婴儿用动作(贴贴脸等)、语言(我的小宝贝等)等方式互动,日常的照护中也这样积极交流情感,逐渐建立安全的依恋关系,从而满足婴儿情感需求。随着婴儿的月龄增大,理解能力增强,类似表达情绪情感的书籍还有《背背》《抱抱》等。

(二) 引导婴儿理解和辨别高兴、喜欢、生气等不同情绪

7～12个月龄的婴儿对保育人员表情的理解能力进一步提高。他们会根据熟悉的保育

人员的表情来判断下一步的行为。例如当他们去抚摸一个娃娃时,保育人员用微笑表示赞赏,那么婴儿就会重复抚摸娃娃的动作;当他们去触摸一些危险物品时,保育人员出现惊恐害怕的表情,婴儿会停止动作。这种根据他人的情绪反应来处理自己不确定的情况的现象,即是社会参照作用。

• 实践案例 •

游戏:情绪机器人

游戏建议:

(1) 在沙发或地毯上,放置几个松软的布垫或靠背,保育人员与宝宝用舒服的姿势坐着。

(2) 保育人员与婴儿一起摆弄机器人,引导宝宝关注机器人的表情,并用"机器人很高兴,它笑眯眯的。""机器人好生气呀,它气呼呼的。"等语句描述机器人表情。

(3) 让宝宝自主地摆弄机器人,保育人员根据宝宝的动作,准确描述,突出情绪词汇。

(4) 反复游戏,保育人员还可以引导宝宝指认"哪个机器人生气啦?"提供情绪识别的机会。保育人员还可以模仿机器人的表情,引起宝宝关注并增加理解,当宝宝也模仿出相应表情时,保育人员给予描述"哦,宝宝也生气了。"

(5) 在日常照护中,保育人员模仿或语言描述宝宝情绪,"宝宝喜欢小狗,宝宝高兴地拍手。"

说明:这个阶段的婴儿对情绪的理解以及自身对情绪的体验越来越清晰而准确。在 10 个月以后语言辨义能力的提高,让婴儿能逐渐指认出高兴、难过、愤怒、紧张等情绪。"情绪机器人"的游戏中,婴儿在直观的操作中,学习情绪知识(标识和辨识),以及对不同情绪简单的应对方式。日常体验情绪的过程中,保育人员应利用当下婴儿正在经历的情绪,向婴儿标识和描述情绪的词汇和感受,例如婴儿因听到急促的汽车鸣笛出现紧张而哭泣时,保育人员可以用肢体拥抱、抚摸婴儿,"这个声音很大,你非常害怕,哭得很大声。"

(三)敏感察觉婴儿情绪变化,理解其情感需求并及时回应

7~12 个月的婴儿情绪强烈且不稳定。正处于语言准备期的婴儿,还不能通过语言来表

达自己的情绪和感受,这需要一个敏感的保育人员敏锐地观察到婴儿的情绪变化,并根据婴儿的需求做出积极的回应,满足婴儿需求。

1. 情绪与情感

情绪和情感在婴儿发展早期就联系在一起了。情绪是对某一事件的情感反应,它由外部事件产生,却来自于个体内部。情感即为感受,是指对某情绪状态的身体感觉或意识。也包括回应这种情绪状态的能力。[①] 我们不能低估和忽视处于情绪情感发展阶段婴幼儿的任何一个情绪。他们可能会因为一件微不足道的事情而出现强烈的情绪,但是这种体验是真实的。保育人员要理解和接纳这种情绪,在接纳的基础上,婴儿才能更好地理解和评价自己的情绪和情感,逐渐学会平静自己,并以社会接受的方式来调整自己的行为。

2. 情绪情感的发展

情绪和情感会随着时间而不断发展和变化。新生儿的情绪与即时的体验和感觉有关。新生儿的情绪反应并不明确,更像是一种泛化的唤起或平静的反应。精细化的反应有赖于后续的发展。在出生后的头两年,随着认知、记忆以及理解和预测能力的逐步发展,情绪表达也随之发展。[②] 情绪和情感没有好坏之分,他们都带有能量,拥有目的,为我们自我指导提供了重要信息。

> **实践案例**

日常照护

周一的早上,妈妈抱着背着小书包的小雅,手上拎着小雅的生活用品,进入托育中心。小雅快1岁了,正在学走路,性格活泼开朗,已经在托育中心生活两个多月了。

保育人员情绪饱满地迎面接待妈妈和小雅,小雅转身抱紧了妈妈的脖子。保育人员轻声说:"老师看见小雅抱住妈妈了,是舍不得妈妈吗? 老师先帮妈妈拿东西。"说着,保育人员接过妈妈手中的物品。妈妈弯腰将小雅放下,小雅还是抱着妈妈不松手。妈妈说:"小雅昨晚没有休息好,早上是被叫醒的,一路上情绪都不太好。"保育人员回应道:"小雅是没睡好,有点不舒服,才紧紧抱着妈妈的,老师明白了。"同时,保育人员蹲了下来,轻声询问道:"需要老师帮忙拿下书包吗?"保育人员伸出手微笑着耐心等宝

---

①② 《婴幼儿及其照料者》。

宝反应,在妈妈辅助下,宝宝慢慢转过身面对老师,保育人员轻声说:"小雅有点不开心,老师会帮助你的,老师会抱抱你。"小雅在保育人员温和耐心的引导下和妈妈道别了。

保育人员抱着小雅进入了教室。

说明:案例中保育人员对小雅的情绪很重视,从语言、态度和行为上都对幼儿的情绪进行了积极的关注。当看到小雅紧紧抱着妈妈时,这和日常活泼开朗的小雅入园状态不一样,保育人员没有急着抱小雅,而是让小雅在妈妈的辅助下慢慢适应了。等小雅情绪平稳时,保育人员通过具体的描述感受"你不开心了",标识了幼儿的情绪。可以用"老师会抱抱你"来满足小雅的需求,让幼儿感到自己的情绪是被重视的,这些措施都是缓解和梳理幼儿情绪的最佳策略。保育人员具备同理心,理解幼儿情绪、同情幼儿感受,才能敏感地觉察到幼儿情绪变化,积极地进行情感互动。

(四)创设温暖、愉快的情绪氛围,促进婴儿交往的积极性

7~12个月的婴幼儿各个发展领域持续成长,他们意识到自己是一个独特的个体,陌生人焦虑是这个阶段社会性发展的一个特性。与保育人员形成安全依恋,意味着保育人员要积极地回应儿童,回应越多,儿童得到的鼓励就越多,从而促进儿童与他人积极互动。

• 实践案例 •

营造良好的情绪"环境"

保育人员需要为婴儿营造良好的情绪"环境",在愉快的气氛中促进婴儿积极交往。

(1) 在入园和离园的时候,保育人员给宝宝示范如何与其他伙伴问候、告别。例如:

- "小雅妈妈推着小雅过来了。你可以像这样挥手说'嗨,小雅你好。'"
- "小鹿正准备与她妈妈离开教室。我们去和她们告别一下吧!"

(2) 创设婴幼儿平行游戏的机会,并描述他们的社交环境。例如:

- "小雅,你的旁边是小鹿。看,小鹿在玩小汽车,你需要小汽车吗?"
- 安子正在看小鹿搭积木,可以给安子提供几块积木,说:"小鹿正在搭积木。你也想玩积木吗?"

(3) 观察婴幼儿之间的互动,并用语言进行描述,创造互动机会。例如:

● 当一个幼儿关注到另一个幼儿时,保育人员可给予描述:"安子爬走了,她去捡滚走的皮球了。"

● "小鹿,小灵子正在哭。她很难过。我们给小灵子一个玩具吧。这里有一辆汽车,你能拿给她吗?"

(4) 开展由几个幼儿一起参加的小组游戏,如:手指谣或者律动歌谣。例如:

● 与宝宝一起唱手指谣《请你跟××这样做》。保育人员边唱儿歌边做动作,如果某个宝宝自己发起一个新的动作,保育人员可以邀请其他宝宝一起模仿,"小鹿把手举得高高的,我们和她一起把手举高高吧。"

说明:一日生活的各个照护环节都是社会性学习的机会。保育人员用饱满的情绪、积极的语言营造出一个愉快的情绪环境。保育人员描述和评论儿童动作以及正在做的事情,让儿童关注到集体中其他的伙伴,并为他们创设交往机会。

二、13~24个月

(一)引导幼儿用表情、动作、语言等方式表达自己的情绪

1岁以后的幼儿随着自我意识及各方面能力的发展,能理解一些简单的日常礼仪,例如和妈妈离别时挥手表示"再见",对家里的客人拱手表示"欢迎"。对自我情绪有了进一步的理解,不小心摔倒了会伤心地哭。但情绪也很容易被转移,成人拿一个有趣的玩具,用夸张的表情和动作安抚幼儿,幼儿又很快被逗笑,因为此时的情绪是不稳定的。

· 实践案例 ·

生活中教宝宝几个常用动作和手势

游戏建议:

在日常照护中,我们可以帮助婴儿学习一些简单的适合他们的手势、动作和语言来表达他们的情绪和需求。

(1) 表达"害怕":宝宝摔倒或者遇到危险会哭起来,保育人员可以拍着自己的胸口

说："宝宝害怕了,宝宝哭了。"保育人员抚摸或者将宝宝拥入怀中,"老师抱着宝宝,宝宝感觉好些了吗?"

(2)表达"好开心":保育人员和宝宝一起互动玩球游戏,宝宝出现愉快情绪挥舞手臂时,保育人员可以和宝宝一起挥舞手臂或者鼓掌,"宝宝喜欢滚球,宝宝好开心呀,宝宝拍拍手说'好开心'。"

(3)表达"很喜欢":宝宝明显流露出对某一事物或者某个人的喜爱之情时,可以说:"安子喜欢小鹿,问问小鹿,可以摸摸你的手(脸、衣服等)吗?""小鹿同意了,安子摸摸小鹿的脸,安子说'喜欢小鹿'。"或者抱一抱、亲一亲,保育人员示范用语言询问并在对方允许后用手势、动作表达自己的喜爱。

说明:婴幼儿除了用面部表情来表达情绪外,还会用肢体语言表达情绪。例如上述游戏中对"害怕"的表达,婴儿会模仿保育人员用手"拍拍胸口"的方式与保育人员沟通他的"害怕"体验;可能婴儿还会扑到保育人员怀里,要求抱抱,作为梳理情绪的方式。在这个过程,幼儿完整地体验了情绪的标识、表达和梳理。另外随着语言的发展,他们已经会用口头语言来表达情绪。例如:幼儿看到一只急速奔跑的小狗说"怕怕"。到了一岁半以后,幼儿还会用双词来表达,例如:不要、不开心等表示拒绝或生气。保育人员应根据情境中的情绪体验,通过动作手势、语言等直观的方式来引导婴儿表达情绪。

(二)培养幼儿愉快的情绪,及时肯定和鼓励幼儿适宜的态度和行为

儿童的生活离不开成人的关注,当保育人员积极关注儿童的行为并及时反馈时,对儿童的影响很大,尤其是那些对儿童来说很重要的人的反馈。一岁以后的儿童自我意识逐渐增强,这个时期的儿童想要更了解自己的能力和成人的反应,他们需要保育人员的引导才会明白什么是可以做的,什么是不可以做的。他们也会经常向熟悉的保育人员寻求认同和安全感。儿童需要他们觉得重要的人的肯定和鼓励,这会让儿童感到满足和安全,会感受到一个积极拥抱他的世界。

2岁左右儿童能用第一人称"我"表述自己。自我评价也大约从这个时期出现,此时的自我评价依赖于成人对他们的评价,所以成人对儿童的评价是否恰当有着重要的影响。

> **实践案例**

当牛奶被打翻了

一位保育人员在陪伴2个宝宝喝牛奶,19个月活泼开朗的瑞瑞和22个月的内敛谨慎的兴兴。瑞瑞开始学习使用开口杯了,22个月的兴兴已经能熟练使用开口杯。瑞瑞仰头一口喝下了杯中的牛奶,保育人员说:"瑞瑞一口喝完了,牛奶一点都没有洒在衣服上,很棒。"瑞瑞听了,愉快地说:"要!""瑞瑞还要牛奶,好的。"保育人员给瑞瑞示范倒牛奶。

这时,坐在桌子另一边的兴兴,因为把杯子放在了桌子边缘,不小心打翻了牛奶。"牛奶?!"兴兴小声地发出了求助。另一位保育人员拿了一包餐巾纸,蹲了下来,指着桌上打翻的牛奶说:"兴兴有点紧张是吗? 你看,牛奶洒了,牛奶要流下来了,老师用餐巾纸吸走牛奶。"大家在保育人员的语言描述下,观察着餐巾纸"吸"牛奶。"好了,兴兴来帮忙擦一擦吧。"兴兴认真地擦着桌子,瑞瑞看了也拿起餐巾纸擦起来了。"瑞瑞在帮助兴兴姐姐擦桌子,真好。"

清理结束后,保育人员陪伴兴兴喝牛奶,并说:"兴兴紧紧地握住水杯的把柄,喝好了,把杯子放在桌子中间,这样牛奶就不洒了。"

说明:在日常照护中,对儿童保持关注并及时反馈,尤其是适时适当的肯定和鼓励是保育人员的必要技能。案例中,保育人员对每个儿童保持观察并用恰当的语言和行为进行回应。保育人员对正在学习使用开口杯的瑞瑞喝牛奶时没有洒掉牛奶的行为进行了肯定,帮助瑞瑞正确使用开口杯并获得成功使用杯子的成就感。当兴兴不小心洒了牛奶,保育人员先是引导幼儿观察了牛奶洒下以后造成的现象和影响,这个过程让幼儿直观认识到自己的行为产生的结果,这样客观的回应对调整幼儿行为有积极的帮助。重要的是保育人员温和的态度,缓解了兴兴因为洒了牛奶而稍微紧张的情绪。保育人员根据性格特点回应幼儿情绪,让幼儿的情绪得到积极的梳理,并且保持良好的情绪状态。另外,保育人员对幼儿的清理行为进行了肯定和赞赏,正面强化了幼儿的正确行为。类似行为经过多次练习后,幼儿就会迁移经历过的积极行为来解决问题。

拓展学习

　　当儿童行为需要改变时,正强化相当有效。正强化是指当某种行为出现之后给予积极回应,旨在增加该行为出现的可能性。[①] 婴幼儿的教育在一定程度上取决于儿童是否能获得清晰的反馈或回应。例如,一个一岁多的儿童用脚踩在一个小婴儿的手上时,保育人员可以说:"宝宝可以把脚踩在地毯上。""我们轻轻摸一摸弟弟的手,对了,你做得真好。"

(三)拓展交往范围,引导幼儿认识他人不同的想法和情绪

　　婴儿到一岁时,能把自己的动作和动作的对象区分开来,把主体和客观世界区分开来,并从中认识到自己的存在和自己的力量,这就是自我意识的最初表现。自主意识随着儿童能开始行走和说话,变得越来越强。儿童需要测试自己的自主能力,寻找自己的能力极限。他们会用各种各样的方法去试探,通过外部的反应了解自己的能力。在这个过程中,儿童需要一个熟悉的保育人员帮助其理解自己和别人的想法和情绪,逐渐学会用社会认可的方式合理化自己的行为,这是幼儿社会性发展的重要途径。

·实践案例·

情绪感知区:一个有趣的"情绪"游戏角

游戏建议:

　　(1)提供这样一个游戏区域:在教室里选择一个通风、光线充足的区域,铺设一块颜色淡雅的地毯,放一些质感丰富的靠垫,提供适宜的玩具,吸引幼儿在区域内进行探索。

　　(2)当幼儿自主游戏时:保育人员用简单生动的语言向幼儿描述正在发生的事情"小鹿推着小汽车经过了地毯,绕过了垫子,小鹿正在玩小汽车呢。""小雅戴了一顶红色的帽子,走来走去,看起来很开心呀。"

　　(3)当幼儿发生冲突时:保育人员在面对幼儿冲突时,需要向幼儿描述彼此的感受

① 《婴幼儿及其照料者》。

和体验,从而让幼儿理解同伴的想法。例如:兴兴匆匆忙忙走过来,拿走了瑞瑞的小汽车,瑞瑞哭了。保育人员通过引导兴兴观察瑞瑞很伤心地哭泣或者很生气的表情,让兴兴理解伙伴因玩具被抢的感受。通过观察和理解瑞瑞的情绪,兴兴明白了自己的行为造成的结果,保育人员再引导兴兴向瑞瑞道歉,"恢复"友谊。

说明:保育人员理解幼儿情绪情感和社会性发展的重要性,为此有意识地在日常照护中创设环境、提供机会,让幼儿在情境中进行练习很重要。此阶段幼儿处于平行游戏阶段,有与人交往的愿望,但由于社会交往技能的缺乏,幼儿间经常发生冲突。冲突是幼儿社会交往技能提高的重要经历。解决幼儿冲突,促进幼儿社会性发展是保育人员的重要技能。以上描述的兴兴"抢"汽车的类似事件,在幼儿游戏中经常发生,保育人员要有意识地关注并引导。

情绪是一个"通讯兵",它为我们提供了对这件事情的感受。通过观察情绪,幼儿能直观地理解自己行为的后果。这样的练习需要反复进行,同时这些经历对保育人员也是挑战,过程中保育人员敏感觉察自己的情绪,用积极平静的情绪去支持幼儿,尤为重要。

在"抢玩具"的过程中,保育人员对幼儿抓住玩具不放的保护方式,要给予理解。切忌让被抢玩具的幼儿放弃玩具,让给小月龄弟弟妹妹的行为。另外,在解决冲突的过程中,如果幼儿情绪强烈,可以带着幼儿暂离游戏现场,等幼儿情绪平稳了再伺机解决。由于幼儿正处于平行游戏阶段,所以在提供玩具时,同样的玩具数量要适宜,保证幼儿压力在最优范围内。既保持幼儿在使用材料时的轻松和愉快,又要有一定的交往"挑战"。

(四) 引导幼儿理解并遵守简单的规则

我们的生活中有很多限制,即行为准则。理解限制、学习规则是儿童社会技能发展的重要内容,需要保育人员的引导。此阶段是一个充满互动和探索的阶段,保育人员需要开始为幼儿建立边界感,指引和支持他们。一岁以后的幼儿开始能理解并遵从简单的规则,快两岁的幼儿已经有了初步行为判断能力了。例如:公园里的花不能采、接受别人的东西要说"谢谢"、不能打人等。随着自我意识的发展,一岁的幼儿逐渐开始有"自己的主张"了,在引导幼儿理解和遵守规则的时候,保育人员应多用积极正面的语言和态度。

实践案例

社交游戏:遵从指令

游戏建议:

(1) 准备一些活动室方位的图片,如下图,呈现出"桌子底下""帐篷里面""地毯上面"等方位。

图 11-1 活动室方位

(2) 依次让幼儿抽取一张卡片,保育人员引导幼儿理解图片中的方位并发出指令:"请你藏在桌子底下""请你躲进帐篷里面""请你坐在地毯上面"……

(3) 根据游戏人数可以同时完成一个指令,也可以分别完成不同的指令。

(4) 如下图,在各个活动的区域,可以展示一些图片,直观地呈现区域的规则和公约,并向幼儿介绍图片,理解规则。

图 11-2 规则和公约

说明:幼儿喜欢遵从简单的指令,虽然他们还不能清晰地用语言表达,但他们已经能够理解一些简单的要求。18~24 个月时,幼儿能够理解更加复杂和更多步骤的指令,他们会运用短时记忆来执行两个步骤的指令,例如:打开盒子把胶棒拿出来。幼儿喜欢这样的指令游戏,通过指令理解并遵守规则是这个阶段进行社会性学习的支持策略。日常照护还可以通过幼儿喜欢的儿歌和环境中的规则标识来帮助幼儿理解生活中简单的规则,还有一个很重要的影响因素就是保育人员自身的行为规范。

三、25～36 个月

(一) 谈论日常生活中幼儿感兴趣的人和事,引导其通过语言和行为等方式表达情绪情感

📝 **拓展学习**

进入 2 岁的儿童,正处第一个成长突破期,常常被称为"2 岁反抗期"。这个时期的儿童在各方面都有显著变化。在情绪情感和社会性方面,2 岁的儿童会用表情、动作、语言表达各种各样的情感,包括害羞、惊讶、内疚和尴尬。在保育人员的支持下,他们开始能更好地理解某些情感,开始表达对他人的关心和担忧。他们会说"姐姐很难过"或提出问题"弟弟哭了,是想妈妈了吗?"他们会同情看起来伤心的人,并且开始使用策略,如给哭泣的同伴递餐巾纸。在熟悉的保育人员指导下管理情绪,他们能用求助或简单的方式(捂住耳朵等)处理自己强烈的情绪。

随着语言能力的发展,2 岁以后的儿童不仅可以观察生活中其他人的情绪变化,还能用语言来表达伤心、开心等情感体验,还会和别人讨论自己的情绪,比如:宝宝不开心了。这个时期的儿童已经开始理解他人动作及物品的不和谐性带来的幽默,比如,当爸爸穿上妈妈的衣服,儿童见到会大笑不止。3 岁左右的儿童理解情绪的能力已经不仅仅局限在当下,而是开始能够识别引发情绪的情境,甚至对他人的情绪进行预测,如"杯子打碎了,爸爸会生气。"

· 实践案例 ·

游戏:表情"变变变"

游戏建议:

(1) 准备表情面具和幼儿感兴趣的道具,例如:帽子、眼镜、纱巾等。

(2) 保育人员和幼儿坐在有镜子的游戏区域:

保育人员可以选一个道具,例如将帽子戴在自己的头上,观察幼儿的反应。他们可能会觉得老师的样子很幽默,哈哈大笑起来。保育人员对着镜子,一边描述一边说:"老师的样子很好笑,你们都笑了。"保育人员选一个"难过"的面具遮住自己的脸,"你们看,我现在变了。"引导幼儿识别表情,保育人员可以进一步提问:"你们知道我为什么变得难过吗?"

(3) 鼓励幼儿给自己戴上不同的道具,用"表情面具"在镜子面前或者与伙伴互动进行游戏。大部分幼儿都喜欢和老师进行互动游戏,在游戏过程中,保育人员引导幼儿互相观察伙伴的"表情变化"。

(4) 幼儿可能对道具感兴趣,喜欢观察和摆弄道具,保育人员要允许幼儿用自己的方式探索道具。

说明:幼儿对变化的事物十分感兴趣。和保育人员在一个充满惊喜而有愉快体验的环境中进行玩耍,受到每个幼儿的喜爱。游戏的道具增强了互动性,道具带来了自己和保育人员形象上的变化,让幼儿感到刺激,从而出现了好奇、惊讶、兴奋等积极的情绪体验和感受。保育人员鼓励幼儿在互动过程中用语言对情绪变化进行表达,在积极的互动和愉快的气氛中,幼儿体验着各种情绪及瞬间的情绪变化,练习表达情绪和情绪控制。

(二)鼓励幼儿进行情绪控制的尝试,指导其学会简单的情绪调节策略

3岁之前一个重要的任务是发展管理情绪能力。儿童不知道什么时候需要控制情绪、如何在特定的情况下调节情绪,保育人员要支持儿童学习管理情绪、发展情感。随着儿童学会调节他们的感官输入、运动技能、语言和问题解决能力,他们能更好地指导或控制周围事情的发生,这样的能力同时也为在各种挑战中出现的情绪而准备。在3岁之前,保育人员辅助儿童控制情绪,并学会简单的调节策略,是促进儿童社会适应和人际关系发展的关键,这是保育人员的职责。

创设科学合理的"情绪环境"

　　情绪的控制和管理是需要花费很多时间和毅力的复杂过程,儿童所处的环境和每天的经历都为儿童提供了练习的机会。照护机构除了创造符合儿童身心发展的物理环境外,保育人员还应在儿童活动环境、一日常规的照护和各种互动中,营造和创设科学的情绪环境,给儿童提供情绪控制和管理的练习机会。

　　(1)游戏和活动空间:动静合理的活动和安静区,儿童可以休息和补充精力的区域。

图 11-3　舒适角落

图 11-4　正在体验分离情绪的幼儿想独自坐在沙发上

图 11-5　安静看书

图 11-6　两个小伙伴在私密空间玩游戏

　　①玩具材料合理摆放,以便儿童能自主、轻松地找到所需材料,还可以用图片和文字对存储的物品进行清晰地标注,便于儿童收放材料。

图 11-7 收放材料

② 提供一些关于不同情绪情感的绘本和阅读资料。

③ 创设感知探索的区域,提供有丰富感知的材料进行感官游戏,尤其是水、沙等自然材质的感知材料,是儿童进行自我情绪梳理、调节的积极工具。

图 11-8 光桌 图 11-9 沙地

图 11-10 水池

(2) 保育人员需要具备接纳、识别、梳理儿童情绪的能力,我们可以通过以下互动引导儿童进行情绪的学习和管理。

① 为儿童正在经历的情绪提供词汇,给他们提供表达情感的机会,支持儿童和当下的情绪"相处"。例如:

当我们看到一个号啕大哭的幼儿时,可以这样描述:

- "你很难过,哭一会吧。"
- "我听见你哭得很大声,你看起来非常生气。你可以在安静区休息一下,可以跺跺脚,或者说'我很生气'。"

② 给儿童提供一些情绪调节的策略,保育人员可以根据儿童不同气质和性格特点进行建议。例如:

当一个性格开朗活泼的儿童因为没有拿到玩具而大声呼叫时:

- "是的,你有点着急,来,我们深吸一口气(示范),然后呼气(示范)。你好些了吗?"

当一个性格腼腆的儿童因为被伙伴抢走玩具而感到难过时:

- "你看起来很难过,要是我的东西被拿走也会难过的。""我非常愿意帮助你,你需要老师抱一抱吗? 难过的时候,可以请你喜欢的人抱抱你。"

③ 认可儿童在受到情绪挑战时做出的努力。例如:

当儿童在游戏中,没有拿到想要的材料时:

- "颜料用完了,你改用了水彩笔。我很喜欢你用水彩笔画出的画。"
- "你看起来在耐心地等待你的朋友玩好消防车,是吗?"

④ 帮助儿童识别自己与他人的情绪。例如:

与同伴发生冲突时:

- "你看起来非常难过,你的朋友看起来也很生气。"
- "没有经过朋友的同意,你拿走了汽车,你的朋友着急了。"

📝 **拓展学习**

保育人员在与儿童建立融洽的关系、帮助和支持儿童发展情绪情感的过程中,也要时刻关注自己的情绪情感。尤其在面对儿童挑战性行为时,保育人员觉察、识别和梳理自身的情绪也存在着方法和策略,这样的经历也在调整和完善着成人的社会性能力。情绪情感和社会性发展是我们一直需要关注的终身发展课题。

（三）创设人际交往的机会和条件，使幼儿感受与人交往的愉悦

2 岁以后的幼儿随着认知和语言能力的发展，在与同伴交往过程中会采用语言和动作的方式影响同伴行为，他们还喜欢模仿同伴行为。营造和创设愉快的环境和交往气氛，让幼儿在有良好的行为、积极的语言的人文环境中与人互动是必要的。

· 实践案例 ·

入园接待

兴兴刚刚经历了一场感冒，虽然身体已经康复，但是由于一个多星期没有来托育园了，和妈妈分离时情绪低落。保育人员怀抱着兴兴在安静区翻看家庭照片。他们低声交谈着："这是兴兴和爸爸妈妈在游乐场的照片，你们看起来很开心，是吗？"兴兴看着照片："这是我的照片。""是的，兴兴找到自己的照片了，你在喂小兔子吃胡萝卜，是吗？"兴兴点点头，保育人员轻轻捋着兴兴的小辫子。

这时，小雅靠着保育人员和兴兴坐在了地毯上，兴兴和小雅是好伙伴，在班级里建立了友谊。小雅指着照片说："这是我的照片，我坐在小火车上面。"这时，兴兴躲进保育人员的怀抱，"哦，兴兴有点难过。"保育人员温和地建议说："小雅，你去找一个兴兴喜欢的玩具吧。"小雅答应了并愉快地离开了。

说明：一个善解人意的保育人员能让儿童倍感亲切和放松。在儿童感到身体不适或压力的时候，保育人员可以与儿童互动，细心地探索儿童的需求，并通过交谈等方式帮助儿童建立与情境、与同伴的积极互动，舒缓和梳理儿童的情绪，让儿童轻松自如地进入熟悉的环境与伙伴游戏。

（四）帮助幼儿理解和遵守简单的规则，初步学习分享、轮流、等待、协商，尝试解决同伴冲突

2 岁以后的儿童，随着自我意识的逐步发展，儿童的自我中心的水平逐渐增强，常常有自己的主张。儿童在这个时期的行为比较固执，需要保育人员提供对规则进行理解和练习的机会。同时，随着社会互动的增多，2 岁左右的幼儿逐渐开始发展交往技能，能理解轮流、交换、耐心等待等技能，并在保育人员的支持下，逐渐开始运用。此时幼儿在互动中还会发生一些亲社会行为，如分享和合作或一些助人行为，但不稳定。

建构游戏:一起搭轨道

这是一个托大班幼儿的建构游戏情境:

轨道游戏是托大班幼儿喜欢的建构游戏。这是一个可以多名幼儿同时进行的游戏,建构过程是幼儿进行各种规则体验和学习交往技能的好机会。

● 当幼儿你一块我一块地将轨道一节一节拼接起来时,他们在体验着轮流规则。保育人员可以用语言描述:"我看到你们轮流拼接轨道。"

● 当一名幼儿将火车开在正在"施工"的轨道上时,其他幼儿会提醒:"这里正在施工,请你耐心等待。"或者有些幼儿会使用"正在施工"的标识提醒,让火车绕道走,这时幼儿正在体验等待规则。

● 当幼儿建起的高架或者轨道总是会被自己不小心碰到时,在保育人员和同伴提醒下,会通过"跨过轨道"或者"慢慢驾驶"的规则,保护轨道。

● 在保育人员引导和启发下,幼儿发现除了建构轨道,还可以在轨道旁边建构火车站、等候区,幼儿在体验分工合作。

● 当两列火车迎面开来时,幼儿从一开始的互不相让到用"你前进,我后退"的方法来解决问题,幼儿体验着协商和谦让……

在游戏中,幼儿直观地体验着轮流、等待、协商、合作等交往技能和规则,保育人员支持幼儿在有冲突、挑战和问题解决的游戏体验中获得发展。这个过程对于保育人员和幼儿来说都是社会性练习的机会。

图 11-11　共同搭建轨道

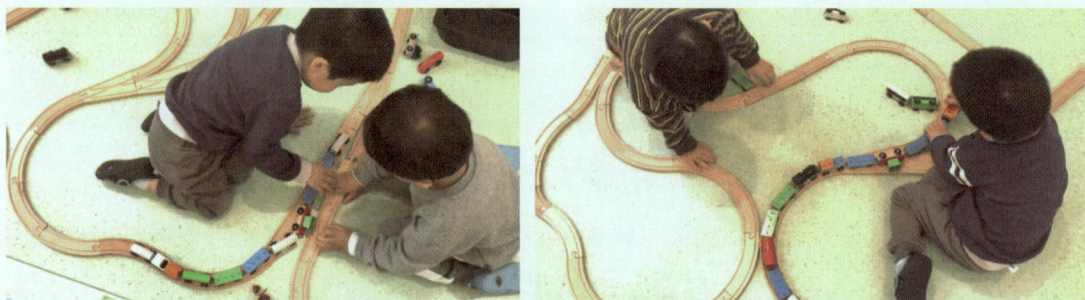

图 11-12 一起解决火车相遇间距问题

说明：这个时期的儿童社会性发展开始出现了"友谊"，同时也开始协商、冲突，因此，同伴游戏是最佳的练习机会。幼儿在冲突中学会表达自己的想法，理解伙伴的需求。在以上轨道游戏的过程中，我们可以看到幼儿在保育人员的支持下，通过轮流、耐心等待、交换等解决问题的技能，逐步学习协商、沟通和分享。

拓展学习

幼儿的社会交往能力和家庭带养密切相关。家庭养育中成人有包办代替、溺爱或过于严厉的现象，幼儿在社会交往过程中则容易出现不融入集体、退缩、攻击、冲突中情绪激烈等现象。

第三节 指导建议

一、观察了解每个婴幼儿独特的沟通方式和情绪表达特点，正确判断其需求，并给予及时、恰当的回应

在日常照护中，面对0～3岁不同月龄段的不同婴幼儿时，保育人员会发现他们展现的情绪、活动性不尽相同，包括对陌生人表示愿意接近或回避、对新环境适应的快与慢、在互动中表现的"热情"和"冷静"、在游戏中活泼与安静等。这些从婴儿时期就开始表现出来的个人特点就是我们所说的气质。心理学中的气质是指一个人所特有的、主要由生物因素决定的、相对稳定的心理活动的动力特征。气质是婴儿出生后最早表现出来的一种较为明显而稳定的个性特征,是任何文化背景中父母最先能够观察到的 0～3 岁儿童的个人特点。[1]

气质使人的整个心理活动都呈现出独特的色彩,不同气质的人的行为特点,包括说话的语速、情绪的反应、思维的水平、交往风格、性格特征都带有明显的类型风格。作为婴幼儿保育人员,需要了解每个婴幼儿的气质特点,注重个性特点是因材施教的必要前提和关键要素。

· 实践案例 ·

晨操时间

正在进行入园适应的托大班的幼儿在晨操,保育人员情绪饱满地跟着音乐示范动作,孩子们在保育人员的带领下,跟着音乐模仿着。

嘟嘟是一个活泼开朗的宝宝,已经适应了集体生活,能和每个保育人员主动互动。在音乐中,嘟嘟蹦蹦跳跳,虽然动作和老师不同步或者完全不一样,但状态十分投入,对自己跟着音乐"舞动"身体,十分满足,还时不时说:"老师,你看我,你看我呀。"保育人员对嘟嘟点着头表示肯定。

一直站在小圆点上的小鹿宝宝,认真地看着保育人员,尽力地模仿着每一个动作,情绪积极,保育人员对小鹿肯定地点点头说:"小鹿,你做得真好,和老师的动作一模一样。"小鹿对自己获得的赞赏感到满意。

另一名保育人员抱着彤彤,并跟着音乐示意着动作,同时和彤彤描述着:"这是小鸟飞,小鸟飞呀飞。""嘟嘟看起来很喜欢做操,你看他一直在蹦呢。""小鹿姐姐的动作和老师一样,学大象甩鼻子呢。""等彤彤准备好了,也和大家一起做操哦。"在老师的陪伴下,彤彤津津有味地看着。

说明:案例描述中,我们看到了三个个性气质完全不同的幼儿。活泼的嘟嘟反应迅速,活动水平高;乐观平静的小鹿情绪积极,注意力集中;谨慎害羞的彤彤对环境因素的理解和适应需要信任的成人的协助。保育人员根据幼儿的不同气质特点,进行与幼儿气质水平及当下情绪需求相符的积极互动。在保育人员适时的回应中,幼儿获得了被关注、被认可、被接纳的积极体验。日常生活中,这样的经历对促进幼儿情绪和情感的积极发展十分重要。

---

[1]《0～3 岁儿童心理发展》。

二、与婴幼儿建立信任和稳定的情感联结，使其有安全感

在照护活动中，存在一个重要的内容就是依恋，即婴幼儿与某一个特定人的情感纽带。在一个保育人员连续一致的照护中，通过细致入微的互动，婴幼儿与保育人员之间的依恋关系逐渐建立。婴幼儿的学习与依恋是紧密联系的，与保育人员建立依恋关系之后，婴幼儿才能获得安全感。

● 实践案例 ●

日常照护中的小细节

保育人员牵着一个正在蹒跚学步的宝宝慢慢地走向尿布台，宝宝轻轻握着保育人员的手指。在经过一个小靠垫时，宝宝抬起脚，踏上靠垫，笑着仰起头望着保育人员。"宝贝，你站在靠垫上，你看起来很开心。""你为自己踏上垫子感到骄傲，是不是？你做得很好，我也为你感到骄傲。"保育人员与宝宝四目相对，宝宝听保育人员说话，保持笑容，稍作停顿，满足地走下了靠垫。

说明：婴幼儿需要与保育人员建立情感联系，这种依恋是通过满足他们的基本需求的日常活动发展起来的。这是日常照护的一个小小的细节，这样的互动几乎每天都在发生。保育人员准备给宝宝换尿片，但没有急匆匆地，像完成任务一样去执行。保育人员很享受和幼儿互动的每个细节。他们慢慢走向尿布台，这个正在学步的幼儿主动牵住保育人员的手，幼儿对保育人员是信任的。在经过靠垫时，保育人员耐心地陪伴幼儿完成想要做的动作，这个体验让幼儿感到"自豪"。保育人员对幼儿的感受和体验做了标识和描述，让幼儿充分感受到了自己的力量。他们示范了一段温情的安全依恋的情感互动。

在进入托育机构前大多数婴幼儿都会依恋他们的父母或其他家庭成员，当他们进入托育中心时，对保育人员的依恋就会使他们格外受益。婴幼儿需要与人建立依恋，这能让他们觉得自己很重要。依恋关系可以促进婴幼儿与保育人员之间的交流，有助于保育人员理解幼儿的需求，幼儿与保育人员都会从中获益。保育人员得到的回报是婴幼儿对其依恋感，而婴幼儿收获的是自我的重要感。

三、建立一日生活和活动常规,开展规则游戏,帮助婴幼儿理解和遵守规则,逐步发展规则意识,适应集体生活

在托育机构的照护活动中,对婴幼儿的生活照料和养育是首要任务。婴幼儿在入园、餐饮、睡眠、盥洗等一日生活活动中养成习惯和规则。保育人员科学合理地建立常规并开展规则游戏,婴幼儿通过模仿学习和反复的锻炼,在集体生活和游戏中获得经验,从而养成良好的习惯,内化规则,促进全面发展。

实践案例

将规则融入环境中

两岁半的小甜像往常一样入园。保育人员情绪饱满地迎接,小甜愉快地和妈妈告别,奔向保育人员。

如往日一样,小甜认真地站在小脚印上,看着墙上的标识一步一步地洗完手,然后独自走到晨检处,配合保健老师做好了晨检。保育人员和小甜手牵手到了教室门口,小甜取出水壶放在小推车里,将书包和物品放入自己的橱柜。在换鞋处,小甜站在小脚印上,换上了室内鞋并将鞋子摆放在鞋柜里,蹦蹦跳跳地进入了教室。

说明:来园时间是婴幼儿在托育机构一日集体生活的开始,也是保育人员对婴幼儿一日照护的开始。这个时间,不仅是保育人员和家长见面沟通了解幼儿各方面情况的重要时段,也是处理婴幼儿波动情绪、使婴幼儿保持良好情绪进行一日生活的重要环节。在此环节中,各个细节的体验也是婴幼儿学习规则、养成习惯的好时机。案例中小甜在入园时的许多细节都在体验着规则。"站在小脚印上""看着标识洗手",小甜在每一日的入园洗手环节中养成了在规则中盥洗的好习惯。幼儿有自己的专属橱柜,放置书包、鞋子等各种生活物品,为幼儿自理能力的养成提供了很好的练习机会,这也是利用幼儿秩序敏感期进行习惯培养的好时机。在托育照护中,保育人员运用这些直观易懂的规则提示方法来引导幼儿认识和理解规则,让幼儿在有序的集体生活和游戏中促进社会性发展。

四、创造机会,支持婴幼儿与同伴和成人的交流互动,体验交往的乐趣

儿童出生后就处于一定的社会养育环境中,与成人形成安全依恋关系以及发展同伴关

系是儿童发展中的重要任务。保育人员应用积极的社会刺激去接近 3 岁之前的儿童,对儿童微笑、拥抱儿童、支持儿童解除和缓解压力、温和而不失坚定地引导儿童,这样的社会刺激积极影响着儿童社会性发展。其中,儿童与同伴的"水平关系"使儿童在更大的范围内体验一种人际关系,这是儿童发展社会性能力、提高适应力、形成友爱态度的基础。0～3 岁的儿童逐渐从对父母和重要他人的依恋发展到与同伴的社会交往。

• 实践案例 •

社交活动:大手牵小手

这是一个托大班和小班幼儿的"大手牵小手"大带小社交游戏。我们将不同月龄的幼儿集中在一个游戏场景,进行一日的生活体验。

在游戏中,小班幼儿的态度较与同龄伙伴在一起时,更显温和,容易发生谦让行为,社会性略成熟的幼儿还会引导弟弟妹妹协商游戏。在游戏中他们会说:"你先放,我再放。""我的玩具可以分享给你,你一半,我一半。"图 11－13 中,当一个小班的哥哥把自己的玩具分享给托大班的小女孩时,另一个托大班的幼儿也像哥哥一样将自己的玩具分享给同伴。

小班幼儿愿意帮助比自己小的同伴解决问题。他们会给弟弟妹妹拿材料、取出卡住的汽车等,弟弟妹妹也表现出愿意听从,被照顾时会向哥哥姐姐表达感谢,如图 11－14。

在生活环节,小班幼儿给托大班幼儿做了榜样。图 11－15 中,小班幼儿十分整齐地摆放好毛巾、杯子等,给弟弟妹妹做了标准的行为示范。

图 11－13　分享玩具

图 11－14　表达感谢

图 11 - 15 行为示范

说明：良好的同伴关系如同良好的依恋关系一般，能使儿童产生安全感和归属感。在交往环境中，大月龄的幼儿对自己"哥哥姐姐"的身份应该传递出的积极交往信号更明确，他们会通过微笑、放低音量、请求、邀请等社会交往技能与小月龄伙伴互动。这个过程小月龄幼儿体验着亲社会行为带来的良好感受，通过观察模仿来学习社交技能，从而丰富自身的社交行为。

📝 **拓展学习**

创建一个关怀型共同体需要关注班级、家庭以及社区的社会性环境。在与家庭、社区的互动中，蕴含了大量的婴幼儿情绪情感和社会性发展的机会。

布朗芬布伦纳进一步指出，这些系统中的每一个系统都对儿童的发展有着复杂的生态学意义；各个系统是相互联系、相互制约的，其中任何一个系统的变化都会波及另外一个系统；儿童的发展过程是其不断地扩展对生态环境的认识的过程，从家庭到幼儿园再到社会；儿童的生态过渡（即生态环境的变化）对其发展具有举足轻重的作用。[①]

美国学前教育专家 E. L. 埃斯萨等人提出的"自我概念"理论指出，儿童生活的环境是由家庭、学校、社区这三个同心圆组成的，最靠近儿童的同心圆是家庭及其成员，第二个同心圆是学校及其朋友，最外面的一个同心圆是社区及其社区帮手。

---

① 《幼儿园与家庭社区合作共育的研究》。

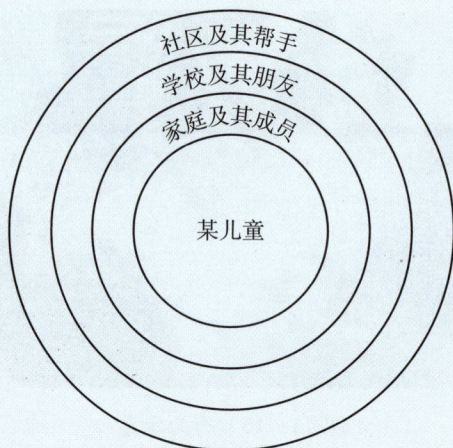

图 11-16　儿童自我概念理论的同心圆模型

思考与练习

1. 请阅读以下描述并思考:这位宝宝的行为会有何种原因? 如果你是代班老师,会如何回应这个宝宝呢?

　　一位妈妈抱着 9 个月大的宝宝,急匆匆地进入托育中心。前一天托育中心已经通知妈妈,一直照顾宝宝的托育老师生病了,今天迎接宝宝的是一个代班的保育人员。妈妈耐心地和宝宝一起与代班老师互动了一会儿后,还是急着去上班了。当妈妈将宝宝交给代班老师时,宝宝开始哭闹了,一直在保育人员的怀里挣扎着。

2. 请阅读以下描述并思考:小甜情绪受到影响的原因是什么? 保育人员应该向家长传递哪些幼儿发展的信息? 如果你是小甜的保育人员,你会怎么做呢?

　　22 个月的小甜是一个活泼热情的小女生。可是她近几天的情绪明显不太稳定,在游戏中反复出现"抢夺"同伴玩具的行为。午睡时,需要保育人员在身边抱着或者轻拍才能入睡(之前已经能自主入睡了)……保育人员觉得很困惑,联系了小甜妈妈,了解到他们刚刚搬到新的房子居住。

3. 请阅读以下描述并思考：面对幼儿这样的行为，你的感受是什么？你如何看待这个行为？会采取哪些措施来解决呢？

　　32 个月的乐乐是一个"玩车发烧友"，对各种车都很感兴趣，喜欢玩和车有关的游戏。最近"着迷"翻倒玩具，将玩具盒里玩具四处倒，一边自言自语"这是一堆垃圾，这是一堆垃圾，这里都是垃圾。"

第三篇

托育机构组织与实施

📋 本篇概述

《大纲》第三章是"组织与实施",这部分明确了托育机构的场地、工作人员的配置要求,提出了托育机构保育工作方案和一日流程的制定原则和建议,并指出托育机构应该建立信息管理制度,以及建立家庭和社区的密切合作。本篇主要对"组织与实施"中提到的内容进行展开,分别就场地、负责人、保育人员、保育方案及一日流程、信息管理与家园社区共育等进行解析和案例说明。

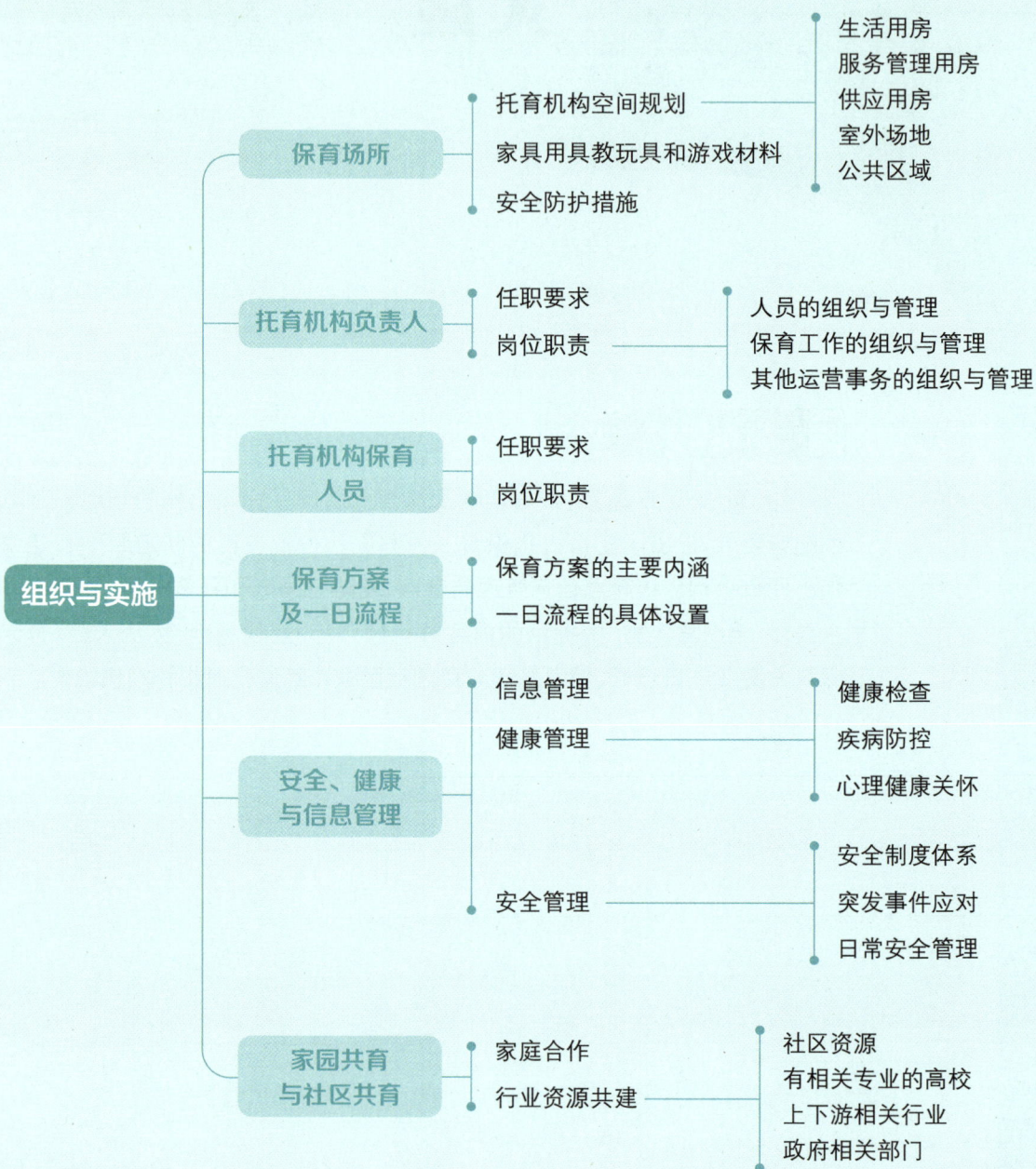

```
组织与实施
├─ 保育场所
│   ├─ 托育机构空间规划 ─┬─ 生活用房
│   │                    ├─ 服务管理用房
│   │                    ├─ 供应用房
│   │                    ├─ 室外场地
│   │                    └─ 公共区域
│   ├─ 家具用具教玩具和游戏材料
│   └─ 安全防护措施
├─ 托育机构负责人
│   ├─ 任职要求
│   └─ 岗位职责 ─┬─ 人员的组织与管理
│                ├─ 保育工作的组织与管理
│                └─ 其他运营事务的组织与管理
├─ 托育机构保育人员
│   ├─ 任职要求
│   └─ 岗位职责
├─ 保育方案及一日流程
│   ├─ 保育方案的主要内涵
│   └─ 一日流程的具体设置
├─ 安全、健康与信息管理
│   ├─ 信息管理
│   ├─ 健康管理 ─┬─ 健康检查
│   │            ├─ 疾病防控
│   │            └─ 心理健康关怀
│   └─ 安全管理 ─┬─ 安全制度体系
│                ├─ 突发事件应对
│                └─ 日常安全管理
└─ 家园共育与社区共育
    ├─ 家庭合作
    └─ 行业资源共建 ─┬─ 社区资源
                     ├─ 有相关专业的高校
                     ├─ 上下游相关行业
                     └─ 政府相关部门
```

第十二章　保育场所

学习目标

- (1) 了解托育机构空间规划的方法；
- (2) 熟悉托育机构家具、用具、教玩具和游戏材料；
- (3) 掌握托育机构环境中的安全防护措施。

一、场地和空间规划

根据《托育机构设置标准（试行）》，托育机构应设置以下区域：符合标准的婴幼儿生活用房（用餐区、睡眠区、游戏区、盥洗区、储物区等），服务管理用房（保健室、办公室、安保室等）和后勤保障用房（厨房、库房、消毒房等）。托育机构室内空间规划可以分为公共区域的空间规划、生活活动用房和其他配套用房（包括服务管理用房和后勤保障用房）。

(一) 生活用房

《托育机构设置标准（试行）》中提到，"托育机构应当设置符合标准的婴幼儿生活用房，人均使用面积不低于 3 m²。收托 2 岁以下婴幼儿的，应当设置符合有关规定要求的母婴室、配乳区等。可根据需要，设置服务管理用房和后勤保障用房（厨房、库房、消毒房等）。"生活用房通常包括用餐区、睡眠区、游戏区、盥洗区、储物区等。除了功能丰富的生活用房，很多托育机构因为特色活动课程需要，还设置了专门用于某些活动的房间，以满足特定领域的设施设备配置和活动开展需要，比如舞蹈室、感统运动室、木工坊、美工室等，这些房间可以称作功能性专室。主要功能性用房包括以上所述可以满足婴幼儿照护、游戏活动等需要的各种功能性房间，如生活活动用房和各种功能性专室。

1. 生活活动用房的空间规划

婴幼儿在托育机构的一日生活中，饮食、喝水、如厕、盥洗、游戏等活动基本都在生活活动用房里进行，也就是通常所说的托育教室。生活活动用房是托育机构保教人员工作的最主要场所，承担了最丰富的婴幼儿照护工作。常见的托育机构生活活动用房面积从二三十平方米到一两百平方米不等,按照文件中提到的婴幼儿人均使用生活活动用房的面积不低于 3 m²,托育机构可以根据每个生活活动用房需要承担的班额来确定面积区间,按照每个班级容纳婴幼儿人数 15～20 人估计,建议生活活动用房面积不低于 50 m²,不超过 100 m²。

表 12 - 1   托育机构的规模

班级类别	婴幼儿年龄	每班人数
乳儿班	0～12 个月	10 人及以下
托小班	12～24 个月	15 人及以下
托大班	24～36 个月	20 人及以下
混合班	混合班(适合 18～36 个月)	18 人及以下

生活活动用房内部可以根据不同场景分为生活区和游戏活动区。面积足够的情况下,生活区和游戏活动区可以相对独立,不同区域的设施设备也可以相对固定。如果面积不够充足,也可以考虑生活区和游戏活动区有一定程度的重叠,通过不同时段设置不同设施设备来满足日常需要。无论面积大小,生活区和游戏区都应该满足各自的功能需要。

生活区主要满足婴幼儿日常用餐、就寝、盥洗需要,有条件的托育机构可以单独设置就寝房(区)和餐厅(用餐区),这种情况生活活动用房中的生活区设置可以相对更简单,主要满足日常盥洗需要。但需要指出的是,婴幼儿由于年龄小,行动灵活度相对不高,频繁转换生活场景会增加保教人员的工作压力和动线上的安全风险。如果生活活动用房可以充分满足婴幼儿吃喝拉撒各项基本生活需要,日常照护会更便捷,生活活动会更从容。

《上海市 3 岁以下幼儿托育机构设置标准(试行)》中提到,游戏活动区"分为大动作活动区和综合活动区。大动作活动区主要满足大运动活动、地面构建活动、玩音乐活动等。综合活动区主要满足精细操作活动、桌面构建活动、创意表现游戏活动、阅读游戏活动等。"游戏活动区的设置主要通过柜体和软装布置进行划分,需要具备一定的灵活性,可以根据不同的季节和主题进行环境的装点和格局的变换。

图 12-1 不同区角

2. 功能性专区

功能性专区通常作为托育机构生活用房的游戏活动空间,可以结合园所的特色设置,常见的有美工、陶艺、烘焙、阅读、舞蹈、感统、多媒体、智能 AI 等。

功能性专区可以根据托育机构的场地条件设置在生活用房中,也可以单独设置为功能性专室。如果生活活动用房空间充足,可以提供比较充分的游戏活动区域,则可以设置各类功能性专区满足婴幼儿大运动活动、构建活动、音乐艺术活动、阅读活动、扮演活动等各类游戏活动的需要。如果生活活动用房空间不足,则可以考虑通过在生活活动用房内设置一个综合的小型的游戏活动区,并辅以独立的功能性专室,提供生活活动用房内部和外部场景的丰富的游戏活动空间。

不同的功能性专区(室)由于其用途不同,空间大小、设施设备的要求也不相同,比如美工区需要墙面地面便于清洁;感统活动区对空间大小的要求相对较高,并需要进行墙面地面的软包处理;烘焙室则不宜设置在生活用房中,需要单独的空间,并需要具备便捷且安全的用水用电条件……每个功能性专区(室)设置之前,应当充分了解工作人员的使用场景和场地要求。

(二)服务管理用房

服务管理用房是辅助托育机构日常运营管理的功能性用房,包括保健室、观察室、安保室、办公室等。通常这些辅助性功能用房都禁止婴幼儿进入或允许较少进入(如保健室、观察室),也不是大多数家长关注的重点,但是这些空间的设置都有规范的要求,科学的设置可以为保教工作在安全、卫生、健康等方面提供必要的保障。

1. 保健室

根据托育机构设置的政策法规,保健室是必要条件,且有详细的技术指标,通常由卫生健康委的专业人员进行设置指导和验收。在上海市的《关于加强本市 3 岁以下幼儿托育机构卫生保健工作的通知》中,有专门的"托育机构卫生评价表"对保健室和观察室提出设置要求,并作为托育机构审核备案的必达条件。

表 12-2 "托育机构卫生评价表"对保健室观察室的要求

保健室或卫生室设置	◇ 设立符合要求的保健室或卫生室(必达项目) ◇ 如设卫生室,须有《医疗机构执业许可证》(必达项目)	查看现场 查验证件
	◇ 保健观察室面积不少于 12 平方米	
	◇ 保健观察室设有儿童观察床 ◇ 配备桌椅、药品柜、资料柜 ◇ 有流动水或代用流动水的设施	查看现场

保健室主要供保健老师日常办公使用,其设施设备和物品配置可参考下表。

表 12-3 保健室设施设备和物品配置

类别	用途	备注
洗手池	工作人员和伤病幼儿洗手	
办公桌椅	保健老师办公使用	
专用电脑	保健老师办公使用	为保护婴幼儿隐私和资料安全,办公电脑需要限制使用权限
文件柜	用于存放保健资料	建议上锁,专人管理
物料柜	用于存放保健物资	存放物资,如药品、晨检用品、医用物资等
测量工具	用于测量婴幼儿身高、体重、头围等	身高体重秤、量床(两岁以下使用)、软尺
医护物资	晨检、伤病照护使用	见清单
晨检车	晨检使用	见附图和物品清单

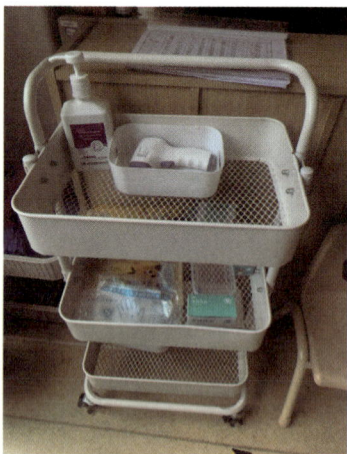

图 12-2 晨检车

医护物资参考清单:一次性呕吐腹泻物应急处置包、创可贴、防蚊虫叮咬膏、酒精消毒片、退烧贴、碘伏棒、棉签棒、防护服、耳温枪、体温计、医用口罩、不锈钢消毒盘(弯盘)。

晨检车及物资参考清单:

物品:体温枪、体温计、医护手电筒、压舌板、消毒洗手液、手套、口罩等。

资料:晨检及一日观察记录本(带名单)、喂药委托单等。

保健室功能包含了婴幼儿日常的伤病照护、健康宣教、档案管理、防疫及医疗物资管理等功能。其日常使用与观察室互相配合,密不可分,因此保健室和观察室之间需要有一个门,并且两个房间之间的隔墙需要部分或全部使用透明材质,方便保健室工作人员观察隔离室的状况。

2. 观察室

根据托育机构设置相关的政策法规,观察室和保健室一样也是必要条件,且有详细的技术指标,通常由卫生健康委的专业人员进行设置指导和验收。观察室通常为紧邻保健室的独立的空间,用于需要观察或者暂时隔离的婴幼儿。其设施设备和物品配置要求见下表:

表 12 - 4 观察室设施设备和物品配置

类别	用　　途	备注
洗手池	工作人员和伤病幼儿洗手	
小马桶	给用于隔离的婴幼儿使用	
医护物资	隔离幼儿使用	清单参考前文保健室物资清单
医用垃圾桶	用于处理医用废弃物	医用垃圾桶、垃圾袋应有专门的标识加以区分
小床	用于隔离的婴幼儿休息	
凳子或椅子	陪护工作人员使用	

为了便于幼儿的健康管理,且降低观察室内患病幼儿和健康幼儿之间交叉感染的风险。最好将保健室和观察室设置于托育场所的入口附近,且为观察室设置两个出入口,一个与保健室相通,另一个可以直接通往比较开阔或者离婴幼儿生活活动区有一定距离的区域,方便隔离室的婴幼儿接走离园。

图 12 - 3 观察室

3. 安保间

在托育机构的入口附近通常需要设立专门的安保间，除了提供保安的工作场所，安保间还具备门禁控制、报警控制、监控设备管理，以及必要的物资收纳存储的功能。要注意安保间的位置、视角和内部设备位置的规划。

（三）供应用房

1. 洗消间

洗消间通常用于清扫工具（扫把、拖把、抹布等）、碗筷、婴幼儿衣物等的清洗和消毒。洗消间通常需要放置清洗消毒相关的各类电器设备，如洗衣机、消毒柜等，且为避免各个班级的交叉感染，最好设置对应班级数量的清洗池、消毒池、收纳柜等，并做好对应的标签标识。

清洗婴幼儿餐具的区域要与其他清洁区相对隔离开，并且每个班级的餐具清洗水槽应该分为洗涤用和清水用，并做好标识。

2. 备餐间、厨房

根据托育机构设置相关的政策法规，备餐间也是必要条件，且有详细的技术指标，通常由卫生健康委的专业人员进行设置指导和验收。《上海市 3 岁以下幼儿机构设置标准（试行）》中指出：厨房平面布置应符合食品安全规定，满足使用功能要求。厨房不得设在幼儿活动用房的下部。房屋为多层时宜设置提升食梯。

（1）厨房（配餐间）距离污水池、暴露垃圾场（站、房）等污染源 25 m 以上，并设置在粉尘、有害气体、放射性物质和其他扩散性污染源的影响范围之外。

（2）自行加工膳食的全日制托育机构应设不低于 $30\,m^2$ 的厨房，其中加工场所（包括初加工、切配、烹饪等）和备餐间分别不小于 $23\,m^2$ 和 $7\,m^2$。不自行加工膳食但提供午餐的全日制托育机构，需向有提供中小学餐饮服务资质的企业购买供餐服务，并设不低于 $8\,m^2$ 的配餐间。用餐人数超过 50 人的，执行本市食品经营许可中关于幼托机构食堂的要求。半日制、计时制托育机构提供点心的，企事业单位、园区或商务楼宇自办托育点且其用餐由本单位、园区或商务楼宇食堂提供的，应设不低于 $8\,m^2$ 的配餐间。

（3）厨房（配餐间）应配备足够容量的冰箱、消毒柜，自行加工膳食的还应配备膳食烹饪设施。

（4）厨房、配餐间应分设以下清洗水池：

① 至少 1 个餐具专用清洗水池。

② 至少 1 个水果专用清洗水池和 1 个水果专用消毒水池（水果消毒采用专用容器的可以只设清洗水池）。

③ 专用洗手水池及手部消毒、干手设施。

④ 自行加工膳食的,至少设1个食品粗加工专用水池。水池应有足够容量,以不锈钢等易清洁材质制作(洗手水池可以为陶瓷材质),内部角落部位应避免有尖角。各类水池应以明显标识标明用途。

(5)备餐间应为专用操作间,按要求设空调设施、温度计、专用冷藏设施、空气消毒设施、洗手水池、工具清洗消毒水池等设施。

(6)配餐间内应设标识明显的水果加工专用操作区域。

(7)厨房、配餐间各加工操作场所和设备设施布局合理。

(8)配餐间、备餐间内不应设明沟,地漏应带水封。

(9)用于原料、半成品、成品的容器和使用的工具、用具,应当有明显的区分标。

备餐间只能专人进入并进行专门监管,控制进入权限。平时承担了每日分餐、配餐、配置果点的功能,卫生条件和上下水条件也很重要。如果人数较多或不具备专门配餐资质的供应商,则需设置厨房,厨房通常需要由市场监督管理局进行专项指导和验收。

(四)室外场地

《托育机构设置标准(试行)》中提出:托育机构应当设有室外活动场地,配备适宜的游戏设施,且有相应的安全防护设施。在保障安全的前提下,可利用附近的公共场地和设施。

卫生健康委也提出了托育机构的幼儿每天应有不低于2小时的户外活动。在上海市卫生健康委的"托育机构卫生评价表"中还明确了对室外场地的评价要点和标准。

表 12-5 上海托育机构卫生评价表

评 价 标 准
◇ 建筑物、户外场地、绿化用地及杂物堆放场地等总体布局合理,有明确功能分区(2分)
◇ 室外活动场地地面应平整、防滑,无障碍,无尖锐突出物(3分)
◇ 活动器材安全性符合国家相关规定(2分)
◇ 未种植有毒、带刺的植物(1分)

室外场地还包括一些用于日常交通和活动的外廊、阳台、露台等。《托儿所、幼儿园建筑设计规范》中提到:外廊、阳台、上人屋面、平台等部位是交通和疏散通行的地方,也是幼儿经常活动的场所,在这些临空部位活动易发生高空坠落危险事故。幼儿活泼、好动,且安全意识差,易出现嬉闹、拥挤行为,因此这些部位必须设置防护栏杆,防止高空坠落,确保幼儿的人身安全。

(五)公共区域

公共区域通常包括前厅区域、走廊区域和一些过渡性空间等,室内公共区域的打造关系到各个空间的联动,对整个托育机构的便捷性、安全性和展示效果等方面都有重要的影响。

1. 前厅区域

前厅是进入托幼园所室内看到的第一个空间,是家长和婴幼儿对整个托育园所文化氛围、人际氛围的初步印象,也是外部环境和室内幼儿生活游戏区域的过渡地带。因此,在前厅的布置和陈列上,不仅要考虑美观实用,也要考虑隔离和保护功能。

设置前厅时应该注意以下要点:

(1) 前台接待区无论大小,应该整洁、清爽、随时为接待做好准备。并提前规划好家长幼儿的身份核实、登记和晨检的位置。前台的高度要同时考虑到成人和幼儿不同身高的需求和视觉效果。

(2) 前厅的墙面也是非常重要的部分,既要具有美观性、观赏性,也要能够传递园所最为重要的一些信息,比如园所的资质身份、规章制度、人员信息;其次是一些品牌形象类物料,可以布置活动照片、企业文化相关的资料等。

(3) 除了前台接待区和背景墙面外,如果公区空间允许,可以在大厅位置设置各种区域,包括婴幼儿玩乐区、作品展示区等,为等待的幼儿提供更好的体验。

2. 走廊区域

走廊区域是非常好的婴幼儿作品展示陈列区,打造的时候要注意关注婴幼儿的视线高度,作品不是完全呈现给成人看的。另外要非常小心展示和固定的材料的安全性,不能用尖锐的图钉、小颗粒的吸铁石等,避免造成婴幼儿意外伤害。除了作品展示,走廊区还可以根据季节变化、活动主题变化进行环创,在色系和元素上与季节和主题进行呼应。

3. 其他闲置区域

托育机构里还经常会存在一些未纳入各类功能用房和活动区域的闲置过渡空间,可以进行一些很好的创意性改造。比如做成阅读区,或者树屋树洞,或者作为生命角摆放绿植、饲养小动物,都是不错的选择。但是过渡性空间的管理和维护也要纳入到机构的日常运营管理中,做好分工和责任归属,避免成为一个无人看管区,带来安全和卫生隐患。

二、家具、用具、教玩具和游戏材料

《大纲》提出,托育机构"应当提供健康、安全、丰富的生活和活动环境,配置符合婴幼儿月龄特点的家具、用具、玩具、图书、游戏材料和安全防护措施。"婴幼儿照护中涉及的家具、用具、教玩具以及各种游戏活动材料支撑了托育机构的一日流程、生活活动和游戏教学,这些物品的数量、规格、材质、类别的选择都影响着婴幼儿生活活动和游戏教学活动的开展。另外除了常规的家具用具、教玩具、游戏材料等,托育机构中还涉及一些其他物品,满足一些特定场景的使用需求或者专项用途,比如保健专用的物资,这些也是托育机构设施设备中不可或缺的组成部分。

(一)家具和用具

托育机构中涉及的家具和用具主要包括:桌椅,小床,被褥,鞋柜、书包柜等各种收纳柜,区角柜(指用于区角布置盛放和收纳教玩具的柜体),沙发,地毯地垫,毛巾,餐具,奶具,尿布等。这些家具用具种类繁多,而且基本都可以被婴幼儿直接接触到,因此其材质要安全可靠,从正规渠道采购,并要求商家提供相应的合格证明和质量检测证明,且卫生状况达标。在《上海市3岁以下幼儿托育机构设置标准(试行)》第十五条中提到,这些家具用品经检测应符合《托幼机构环境、空气、物体表面卫生要求及检测方法》(DB31/8)的有关标准要求。

家具用具的规格和数量要充分考虑托育机构的使用场景和婴幼儿的生理条件。例如托育机构的桌椅高度应该比幼儿园的更低,通常桌面不高于45 cm,椅子座高不高于25 cm。同样,小便池的高度、马桶的高度、洗手台面的高度都应该根据主要目标月龄段婴幼儿的身高范围就低确定。

(二)教玩具和游戏材料

托育机构可以根据活动区域中区角的种类来确定教玩具和游戏材料的类型。游戏活动的区角通常包括建构区、美工区、绘本阅读区、益智区、自然观察区、音乐区等。各个区角的教玩具和游戏材料可以参考以下示例:

表 12 - 6 各区角教玩具和游戏材料

序号	区域名称	材料	备注
1	建构区	小车玩具、大颗粒积木、EVA 或者木制砖块积木、轨道玩具、带轨道图案的地垫或者地毯等。	
2	美工区	蜡笔、水彩笔、颜料、画笔、拓印工具等绘画材料;折纸、剪刀、瓶盖、胶布、吸管等手工材料和工具。	可增加其他可以用于艺术创作的自然材料。
3	绘本阅读区	舒适的软垫、靠枕、沙发等。	可以打造自然温馨的阅读环境。另外安全的绘本架和适龄的绘本是这个区域的核心。适用于托班的绘本可以选择色彩丰富、图案夸张、没有文字或者少有文字、情节简单重复、材质厚实安全环保的低龄绘本。(参考绘本清单)

（续表）

序号	区域名称	材料	备注
4	益智区	拼板、雪花片、积木、串珠、套娃等。	一些可以充分锻炼婴幼儿手眼协调能力、精细动作、逻辑思维能力的玩具都比较适合用于益智区。
5	自然观察区	该区域也常被称作生命角,适合种植一些绿植盆栽,如绿萝、多肉等安全无毒适合室内生长的绿植;养一些小动物,如小乌龟、小金鱼、芦丁鸡等。	注意该区域对光照和通风是否有需求,以便选择更适合的地方。
6	音乐区	老师用的钢琴、电子琴和音响等;适宜幼儿的各种乐器,如各类铃鼓、摇铃、碰铃、三角铁、沙锤、响板、单响及双响筒等。	音乐教具较多,可以根据游戏活动主题分批投放,投放时注意类别和数量充足,每个幼儿人手一份,受欢迎的乐器可以数量多一些。如果开展民族民俗活动,可以补充一些民族乐器让幼儿感受。

除了类别的确定,还要充分考虑各个区角能同时容纳的婴幼儿数量,确定教玩具和游戏材料的投放数量,确保同一个区角不会因为出现因数量不足导致婴幼儿争抢情况,通常每个区角容纳的婴幼儿数量以 4～6 个为宜。

（三）其他设施设备和用具

上述家具、用具、教玩具和游戏材料基本是婴幼儿直接接触的,还有一些设施设备和用具婴幼儿接触较少,主要供工作人员使用,比如办公用品、保健用品、洗消用品等,这些也是托育机构必备的设施设备和用具。

保健用品大部分存放于保健室和观察室,主要用于婴幼儿的健康检测和伤病处理等,其类别、规格和数量要求通常由当地卫生健康委相关部门指导和验收。常见的保健用品包括体重秤、身高计(供 2 岁以上儿童使用)、量床(供 2 岁及以下儿童使用)、小动物视力表、软尺,以及一些晨检用品如消毒压舌板、体温计、手电筒等;另外还有消毒剂、一次性呕吐腹泻物应急处置包、移动紫外线消毒灯或其他空气消毒设备。

三、安全防护措施

托育机构在建筑本身和环境布局上的安全防范,可以参考各项专业指导方案、技术指标、管理规范等,这些规范指标可以很大限度帮助托育机构提前做好应对措施,提升抗风险能力。

(一) 选址安全

托育机构的建筑选址要遵循《托儿所、幼儿园建筑设计规范》中对托育机构的要求。要选择远离危险因素,并尽量能创造更好的运营便捷性的地方:

不妥:加油站、垃圾场、医院、污水处理场、三层以上的楼层、地下室、房龄过老、工业园区厂房。

适合:通风好、采光充足、靠近住宅区、一到三层、面积适宜、上下水方便、商业或办公场地、有室外活动场地、抗震防火易疏散场地。

另外消防对场所的安全也有专门的规定,包括楼层、建筑周边、独立条件、楼梯数量位置等,选址之前也应提前根据其相关要求综合考虑。

(二) 设施设备安全

在有风险的位置设置安全防护措施,如护板、护栏、防夹手措施、防坠落装置、软包等。设施设备要符合消防部门、公安部门、卫生部门等对安全管理的要求。《托儿所、幼儿园建筑设计规范》中指出:托儿所、幼儿园的外廊、室内回廊、内天井、阳台、上人屋面、平台、看台及室外楼梯等临空处应设置防护栏杆,栏杆应以坚固、耐久的材料制作,防护栏杆水平承载能力应符合《建筑结构荷载规范》GB50009 的规定。幼儿使用的楼梯,当楼梯井净宽度大于0.11 m 时,必须采取防止幼儿攀滑措施。楼梯栏杆应采取不易攀爬的构造,当采用垂直杆件做栏杆时,其杆件净距不应大于0.09 m。插座应采用安全型,安装高度不应低于1.8 m。插座回路与照明回路应分开设置,插座回路应设置剩余电流动作保护,其额定动作电流不应大于30 mA……类似以上安全防范措施在建筑设计规范中有大量体现,托育机构应当在建筑设计时充分参考,已经完成建设的托育园所也可以结合建筑设计规范进行查漏补缺。

(三) 其他措施

托育机构应完善急救物资的配备,并随时检查,更换过期物品,查漏补缺,并确保所有工作人员都知道急救物资的存放位置及功能用法,定期做好培训。

托育机构急救物资配置建议:

(1) 消毒物品:碘伏或碘伏棉签,酒精或酒精棉片,生理盐水或生理盐水湿巾、消毒湿巾。

(2) 包扎固定物品:纱布绷带、医用胶带、三角巾,有条件可配备自粘绷带、止血带、网状弹力绷带、不同型号夹板等。

(3) 敷料:医用无菌纱布(大方纱、小方纱)、创可贴、干净方巾、棉签。

(4) 器械:医用剪刀、镊子、体温计、一次性无菌手套、安全别针。

(5) 常用药:退热药、抗生素软膏、补液盐、抗过敏药。

（6）其他：手电筒、急救手册、急救电话卡、紧急联系卡、急救毯、冰袋、退热贴，有条件可配备转运婴幼儿用的担架或平板。

另外托育机构应当定期进行环境中各项设施设备的安全检查，并定期做好各类安全意外状况的应急演练，如火灾逃生演练、地震逃生演练等。

思考与练习

- 1. 托育机构包含哪些功能空间？
- 2. 托育机构的游戏活动空间中可以设置哪些区角？
- 3. 托育机构的环境中可能存在哪些安全隐患？如何杜绝？

第十三章　托育机构负责人

　　托育机构负责人是托育机构的组织核心，承担着托育机构最重要的组织管理工作，要确保整个托育机构中各个工作人员、各个岗位的工作都按照岗位职责进行了有效分工，并持续运营。

第一节　任职要求

实践案例

托育机构负责人招聘公告

岗位职责	保教工作，把控全年保教计划。
	销售管理工作，做好招生宣传和活动。
	家长服务及沟通工作。
	人员管理工作：负责员工工作的指导、检查、评估、考核以及团队建设。
任职要求	
基本条件	持有育婴师及幼儿教师资格证书。 年龄28~45岁，性别不限，同类岗位工作经验3年以上。
教育背景	全日制大专及以上学历，专业不限。
工作经验	5年以上教育行业工作经验，3年以上团队管理经验。

（续表）

任 职 要 求	
知识技能	1.良好的团队管理能力；2.良好的沟通表达能力；3.在新客销售/老客续费方面有突出的个人业绩；4.有 0～3 岁育儿经验。
素质要求	1.勤奋踏实，诚信敬业；为人正直，善于合作；2.具有较强的执行力、管理能力、团队合作精神和主人翁精神；3.具有良好的亲和力和沟通能力；4.有耐心，爱孩子，有爱心。

从招聘启事中可以看出，托育机构负责人的任职要求是比较高的，一方面资质上有要求，另一方面对综合能力要求较高。从《上海市 3 岁以下幼儿托育机构设置标准（试行）》中也可以看到对托育机构负责人的任职要求，同样提到"专职负责人应具有大专及以上学历，同时具有教师资格证和育婴员四级及以上证书，有从事学前教育管理工作 6 年及以上的经历，能胜任机构管理。"

每个托育机构可以根据自身的业务类别、规模等确认最符合自己需要的负责人的任职要求，具体可以包括：

（1）资质证书：如学历、职业技能证书等。

（2）工作背景：建议尽量托育、幼儿园、幼儿培训等相关行业。

（3）性格素养：爱孩子、有耐心、有爱心；为人正直，乐于沟通，亲和力强；勤于思考，乐于总结，有一定奉献精神。

每个类别的要求根据托育机构的具体情况都可以有所不同，但是托育机构负责人是个非常重要的综合管理岗位，对托育机构的运营起着至关重要的作用。实际运营中，托育机构的日常工作包含了细节繁多的照护保育工作和事无巨细的家校共育工作，一些市场化运营的托育机构还面临比较频繁的招生咨询工作，以及贯穿全年的入园工作。因此托育机构负责人往往既要懂专业的照护理念和技能，还要有一定的销售运营能力，以及能够统筹全园的组织管理能力。因此托育机构负责人应当经过严格的筛选和规范的培训，要有较好的岗位职责胜任能力。

第二节　岗 位 职 责

实践案例

岗位说明书

岗位说明书	
职位名称	园长

（续表）

所属部门	园区运营		
汇报对象	CEO	下属对象	托育老师、保健老师,育儿咨询师、保育阿姨
工作关联	品牌营销中心、HRBP中心、财务中心、保教培训中心		
岗位职责	1. 负责园区的日常管理,完成每阶段的销售及教学目标,为园区的整体运营负责。 2. 销售管理工作: (1) 积极组织和参与各类市场活动,对校区业绩进行自主造血,降低市场成本,提高OCI(其他综合收益)。 (2) 支持且监督售后服务,提升客户满意度,提升续费率及进行转介绍。 3. 服务管理工作: (1) 制定园区工作计划和各项规章制度,做好实施、检查、总结工作,努力提高保教质量和服务质量。 (2) 全面关心幼儿,经常与保教人员了解分析幼儿健康情况,对保健工作提出管理措施,认真督促和检查卫生制度,配合搞好幼儿卫生保健及环境设置等工作。 (3) 培养校区员工的服务意识,执行标准服务流程,防范安全事故及严重投诉发生。 (4) 按需添置玩具、教具,做好接收新幼儿入园工作。 4. 人员管理工作: (1) 熟悉保教培养目标、教材内容和各班计划,批阅教师每天工作日志。 (2) 组织全园教师业务学习,做好保教人员的思想工作和业务培训,有目的、有计划地组织丰富多彩的教育教学活动。 (3) 负责对教职员工工作的指导、检查、评估、考核以及团队建设。 (4) 关心教职工的生活和工作,提高他们的业务水平,增强向心力,提高凝聚力。		
任职要求	基本条件	年龄28~45岁,性别不限,同类岗位工作经验3年以上。	
	教育背景	全日制专科及以上学历,专业不限。	
	工作经验	5年以上教育行业工作经验,3年以上团队管理经验。	
	知识技能	1.良好的团队管理能力;2.良好的沟通表达能力;3.在新客销售/老客续费方面有突出的个人业绩;4.有0~3岁育儿经验。	
	素质要求	1.勤奋踏实,诚信敬业;为人正直,善于合作;2.具有较强的执行力、管理能力、团队合作精神和主人翁精神;3.具有良好的亲和力和沟通能力;4.有耐心,爱孩子,有爱心。	

（续表）

权限	人事权限	人员编制新增、替补、缩减需求申请，员工转正、调薪评估审批，员工请假调休审批。
	财务权限	费用报销。
	业务权限	
工作环境	工作地点	××托育园
	工作时间	周一至周五　8:30—17:30

以上是某托育机构对负责人岗位的说明，其中岗位职责占据了较大篇幅，其工作职责的宽泛程度可见一斑。为了满足托育机构各方面工作要求，托育机构负责人的职责通常包括对人员的组织管理工作，对保育照护工作的管理落实以及其他相关事务的安排等，以下对其主要的岗位职责进行说明。

一、人员的组织与管理

（一）团队的组织与搭建

托育机构的工作包含前期招生咨询工作，婴幼儿保教工作，卫生消毒、膳食、疾病防控等保健工作，安保、财务、行政等辅助工作。通常由托育机构负责人牵头，其余岗位分工配合完成，包括育婴师、保育员、保健老师、育儿咨询师、财务、保安等。根据不同岗位的不同职责进行团队的搭建和管理是托育机构负责人最重要的工作之一。

育婴师是日常婴幼儿照护的主力，负责婴幼儿一日活动的组织，包括游戏活动和生活照护等，以及婴幼儿情况的记录反馈、家园联系等一切与婴幼儿直接相关的工作；保育员主要负责婴幼儿生活照护的协助，如盥洗、就餐等，配合育婴师组织婴幼儿的一日活动，并做好环境的清洁、消毒等工作。育婴师和保育员通常统称为保育人员或保教人员，是婴幼儿照护工作的关键人群，其具体岗位职责和组织管理在下一章节中展开。保健老师主要负责婴幼儿的保健工作，包括婴幼儿健康档案的建立、在园期间的伤病处理、传染病宣教、膳食营养指导、卫生消毒管理，以及与卫生健康委相关部门，如妇幼保健和疾控等部门的联系工作和一些其他行政工作。育儿咨询师是市场化营利性托育机构中比较常见的岗位，因为这类托育机构相对来说个性化较强，价格较高，招生工作量较大，且招生工作覆盖全年，通常设置专门的育儿咨询师负责相关的咨询和手续办理。除了以上保教相关性较强的岗位，还有一些行政支持职能也是不可或缺的，如保安职能和财务职能等，但是可以根据园所规模和举办者形式对以上岗位采取兼职或全职的聘用方式。

组织架构可以参考图 13-1 进行搭建。托育机构负责人直接负责育婴师、保健老师、育儿咨询师和行政相关人员的工作安排和日常管理。值得说明的是,由于在婴幼儿的照护中,保育是基本工作,因此通常还是以育婴师为主,保育员的工作职责中卫生清洁、消毒等工作占据重要地位,因此其工作要求可能由育婴师和保健老师共同协调,但其工作培训和考核等可以由保健老师重点负责。

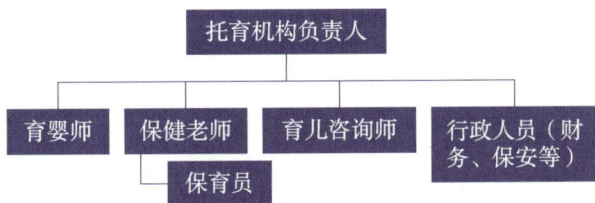

```
                 托育机构负责人
        ┌──────────┬──────────┬──────────┐
      育婴师    保健老师    育儿咨询师   行政人员(财
                  └─保育员                务、保安等)
```

图 13-1 托育机构组织架构参考

(二) 人员的指导、检查与评价

保育工作是托育机构的核心工作,保育人员也是托育机构中最主要的人群,托育机构的人员指导、检查与评价工作的重心也是针对保育人员展开的。托育机构负责人应当通过指导、检查和评估保育人员的工作,自觉纠正违规行为,切实规范保育过程,主动接受家长及各方面的监督,形成依法办托、自我约束的发展机制,真正把规范办托、科学保育落实到托育机构一日保育活动的全过程。[①]

保育工作细节较多,通常结果也不够显性,很容易存在偏差和疏漏,因此保育工作的指导、检查与评价更为重要。保育工作的指导应该深入结合《大纲》中提出的保育目标、保育要点及相应的指导建议进行。

检查保育工作可以把一些定性和定量的结果相结合。保育工作正常开展的情况下,家长和婴幼儿通常状态比较平稳,对托育机构的日常活动表示理解认可和配合,保育人员的工作状态也比较良好。托育机构负责人通过进班观摩、家园沟通、用户调研访谈等方式,均可以对以上情况有所了解。除此之外,托育机构负责人还可以通过关注一些量化数据,如出勤率、伤病率、投诉率、流失率、满意度等了解托育机构运营状态是否平稳,是否存在潜在的风险或工作疏漏。

日常的检查可以随时进行、随时反馈、随时调整,也可以设置比较固定的评价节点,如季度、半年度或年度。评价应该有比较明确的流程、环节和指标,可以是由托育机构负责人和相关领域的专家督导主导,进入到日常工作流程中进行检查、打分和点评;也可以组织专门的现场评价,对保育人员进行书面理论或实操技能的考核。评价的维度可以包括重要的理

[①]《托育机构保育指导大纲(试行)》的研制目的、价值取向与主要内容,2021年第5期。

论知识,如婴幼儿不同月龄的发展目标、保健相关的医学常识等;以及一些重要的保育操作技能,如更换尿布、冲泡奶粉等;还有一些基本的游戏活动技能,如讲绘本、手工制作、儿歌律动等。如果保育人员较多,可以划定不同的分工和能力水平,更有针对性地进行评价。

二、保育工作的组织与管理

(一)建立卫生保健制度体系

保育工作中与安全、卫生、健康相关的卫生保健工作是托育机构的重要保障,可以从以下方面来建立卫生保健工作的制度体系:

《安全管理制度》《传染病管理制度》《膳食营养制度》《一日生活制度》《卫生与消毒制度》《新进及定期健康检查制度》《常见疾病预防与管理制度》《伤害预防制度》《健康教育制度》《卫生保健信息收集制度》《饮用水卫生管理制度》《用药管理制度》《报告制度》《工作人员健康管理制度》等。

这些规章制度围绕幼儿与工作人员卫生、饮食安全和健康、伤病管理等进行工作要求制定,是托育机构卫生保健工作开展的重要依据和基本纲领,需要严格执行,并加强日常监督。

(二)组织落实适宜的保育方案

托育机构负责人的重要工作之一是确保保育工作是遵循科学适宜的保育方案展开的,并要定期组织保育方案的研讨、优化和培训工作。

保育方案通常由专业的保育人员遵循科学的照护理念研讨制定,托育机构负责人需要充分了解并认同,并在日常保育工作的组织管理中监督保育人员认真执行。定期对保育人员的照护理念、日常实施情况进行检查考核和评估。同时要组织保育人员在日常的家园共育工作中,就保育方案的理念和具体计划措施进行充分的家园宣教,让家长理解并配合保育方案的实施。

在《大纲》中提到:保育工作应当根据婴幼儿身心发展特点和规律,制订科学的保育方案,合理安排婴幼儿饮食、饮水、如厕、盥洗、睡眠、游戏等一日生活和活动,支持婴幼儿主动探索、操作体验、互动交流和表达表现,丰富婴幼儿的直接经验。保育方案作为托育机构核心照护工作的开展依据,其具体要求和内容组成已在第四章中进行介绍。

三、其他运营事务的组织与管理

托育机构的运营过程中还涉及大量的支持性工作需要托育机构负责人加以关注和管理,如招生工作、家园共育工作、行政和财务工作等。托育机构可以制定较为全面的《托育园运营管理制度》,明确上述工作的内容界定、职责划分、工作要求等。除此之外还应就行政财务相关的一些专项工作制定专门的管理制度,如《收退费制度》《资产管理办法》等。可以由托育机构负责人拟定制度框架,具体内容与对应职能板块的负责同事商讨完成,或由具体职能同事拟定后汇总审定完成。

制定工作计划是指导整个托育机构按照既定目标运营的重要方法。托育机构负责人可根据托育机构所处阶段确定当年工作目标和计划,目标尽量具体、量化、清晰,不要目标过多,导致目标分散;同时工作目标应该对整个机构全体人员的工作有牵引性,可以帮助团队明确方向。通常目标可以包括营收、人数、满意度等维度的指标。年度目标明确后,各个职能板块应当根据自己的工作内容确定自己的工作计划,并将计划拆解到季度、月度等更小的时间单位,不同职能板块的目标构成可参考下表。

表 13-1 职能板块目标构成

职能板块	关注指标
育儿咨询师	招生人数(拆解成年度、季度、月度的招生计划数) 营收金额(拆解成年度、季度、月度的营收计划金额)
保健老师	因病缺勤率、安全事故率、伤病数量、宣教普及量等
育婴师/保育员	满意度、续费率、流失率、退费率 保教技能考核结果等

托育机构负责人应对各个职能板块的目标进行确认和统筹,并持续跟进目标的执行情况,定期对计划进行回顾和调整。以上各项制度、方案和计划等都应该结合托育机构实际情况进行逐一确认后再行发布,让所有相关人员了解和理解,并贯彻执行。

思考与练习

- 1. 托育机构负责人的岗位职责主要包含哪些方面?
- 2. 托育机构常用的规章制度和管理表格有哪些?
- 3. 各个职能板块都有些什么可以关注的数据指标?请举例说明。
- 4. 托育机构负责人需要具备哪些领域的能力?请结合你的理解阐述。

学习目标

- (1) 了解托育机构保育人员的构成;
- (2) 掌握保育人员的岗位职责和工作要求;
- (3) 熟悉保育人员的职业行为准则。

第一节　任职要求

实践案例

托班老师招聘简章

工作内容	1. 结合幼儿身心发展规律,结合本班幼儿特点,制定和执行保教计划;组织好幼儿的一日照护和游戏活动。 2. 协助园长及招生老师发展及扩展对外招生相关事宜。 3. 创设符合儿童身体成长情况及身心发展需求的环境并进行安全科学的材料投放。 4. 做好与家长日常沟通反馈,并给予家长科学育儿理念的分享和指导。
资质要求	1. 大专及以上学历。 2. 持有育婴员或保育员中级及以上证书。 3. 有幼儿园或托育机构从业经验。
能力素养要求	1. 爱孩子,有耐心,责任心强,乐观积极。 2. 有较强的同理心,能积极正确地处理婴幼儿日常各种情绪行为问题。 3. 善于沟通,乐于与家长沟通,与家长友善相处。 4. 有基本的图文编辑能力、视频剪辑能力和办公软件使用技能。

我们通常提到的托班老师,是指主要承担婴幼儿照护工作的育婴员,她们是托育机构保育人员的主力人群。托育机构保育人员主要包括育婴师(员)和保育员,两者都围绕婴幼儿

的一日活动和家园共育开展工作,共同协作,互相配合。但是两个岗位有不同的侧重和任职要求。保健员和营养员通常也属于托育机构的保育人员,按照《上海市3岁以下幼儿托育机构管理暂行办法》中规定,"收托50人以下的托育机构(点),应当至少配备1名兼职卫生保健人员;收托50~100人的,应当至少配备1名专职卫生保健人员;收托101~140人的,应当至少配备1名专职和1名兼职卫生保健人员。"按照大多数托育机构的规模,通常只需要配置1个保健员和1个营养员,幼儿人数不多的情况下可以兼任。在相关的政策规定中,保育人员需要具备以下资质要求:

育婴师:大专及以上学历,持有育婴师证,有幼儿园或托育机构从业经验。

保育员:持有保育员证书,有工作经验。

保健员:中等卫生学校、幼师或高中以上文化程度,经本市妇幼保健机构组织的卫生保健专业知识培训并考核合格。取得食品安全知识培训考核合格证书。

在招聘公告中,对保育人员不仅有资质和学历的要求,还强调能力素养的要求。其中能力素养要求中强调育婴员有适合与孩子相处的性格特质和较好的沟通能力以及情绪管理能力。国家卫生健康委办公厅印发的《托育从业人员职业行为准则(试行)》可以作为保育人员能力素养要求的参考。

第二节　岗位职责

通常婴幼儿一日活动中游戏活动的组织和实施由育婴师(员)主要负责;生活服务,如盥洗、午睡、膳食、游戏活动中的安全照护等工作会由育婴师(员)主导,保育员协助完成;环境的清扫消毒等工作由保育员主要负责。值得一提的是婴幼儿的照护工作有较强随机性,保育人员的工作有时不能按照严格的分工进行,工作人员之间要有较强的团队意识,以婴幼儿的需求为中心,需要的时候应互相补位。另外保育人员应该认识到婴幼儿的学习探索不是仅存在于游戏活动中,而是一日活动中无处不在,生活照护中的每一个体验以及整个环境都对婴幼儿的学习探索有重要意义,因此无论是育婴师(员)还是保育员,在进行婴幼儿照护时不可轻视任何一个生活照护环节,要注意与婴幼儿沟通和回应的技巧在生活照护中的应用。

保育人员的具体工作职责包括以下方面:

一、以婴幼儿为本的日常照护

(1)严格遵守《宪法》《儿童公约》《未成年人保护法》等法律法规,保障婴幼儿的各项权益。

(2)保障婴幼儿生理安全和心理安全。

（3）认真执行婴幼儿的一日生活制度，做到动静交替、手脑并用，确保婴幼儿身心健康成长。提前做好游戏活动准备，每日游戏活动应覆盖以下内容：2小时户外、半小时微汗运动、语言类学习（绘本、儿歌等）、精细动作锻炼、音乐律动等。

（4）认真执行膳食营养制度，并及时清洁消毒餐具、奶具等。

（5）协助婴幼儿大小便工作，为穿尿布的婴幼儿及时、正确地更换尿布，帮助婴幼儿自然过渡到自主如厕，大小便及时清洁清理，注意婴幼儿的便后护理避免红臀，观察和记录二便的频率、性状。如有异常，要及时与家长沟通。

（6）做好婴幼儿一日观察和记录，随时关注体温、出汗、呼吸、进食、睡觉和精神状态等情况，对婴幼儿的以上状况保持敏感。如有异常，第一时间与家长沟通反馈，必要时就医。

（7）照护生病婴幼儿要有专门的全日观察记录，对病情变化，生病期间的饮食、睡眠和大小便情况都要专门记录，每次喂药后也要及时做好登记。

（8）尊重婴幼儿的自然探索和自由活动，在婴幼儿认真玩耍时减少干预，多观察多记录，善于发现婴幼儿的变化和进步，并及时记录和反馈。

（9）坚持采用积极正面的教养原则，尊重婴幼儿，积极启发引导，严禁体罚和变相体罚。

（10）提倡书写工作记录，对班级中比较重要的基本信息和重要事项及时记录，当要离开岗位，或者切换工作场景时，务必与同事做好交接工作，书面的工作记录可以更好地帮助交接人员做好衔接。

二、环境创设和整理

（1）创造干净、整洁、美观、有序的养育环境。

（2）合理规划婴幼儿生活活动空间中的功能分区和动线，做到安全、方便和适宜。

（3）随时关注生活中有安全风险的因素，做好基本的环境安全保障。

（4）每天清洁和整理玩教具，并定期对环境中的物表和玩教具进行通风消毒。

（5）让婴幼儿参与到力所能及的环境整理工作中，以身作则，帮助其培养良好的习惯。

（6）根据季节、节气和游戏活动主题定期调整环境创设，制作教玩具，为婴幼儿提供丰富的探索空间。

（7）参考第十二章保育场所中生活活动用房的区角创设方式，创设不同的功能区角，为婴幼儿提供丰富适宜的游戏和探索空间。

三、家园共育

（1）每天与家长保持沟通，做好每日情况总结，及时交换意见。建议托育机构制定统一格式的家园共育表或者册子，让保育人员的意见能及时反馈。在基本的信息框架上可以有个性化的补充。

（2）定期举办亲子活动、育儿知识分享和召开家长会，通过多种形式向家长做好科学育儿理念的宣导，做好托育机构和家庭养育之间的协同，增进双方的信任和认同。

思考与练习

- 1. 托育机构育婴员（师）和保育员的工作内容有什么区别？两个岗位如何协同？
- 2. 保育工作的主要工作内容是哪三个方面？
- 3. 托育从业人员职业行为准则包含哪些内容？

第十五章　保育方案及一日流程

学习目标

- (1) 熟悉保育方案包含的要素和制定的原则；
- (2) 可以自行制定科学合理的保育方案；
- (3) 了解保育方案执行和操作过程中要遵循的要点和原则。

第一节　保育方案的主要内涵

托育机构应当根据婴幼儿身心发展特点和规律，制订科学的保育方案：一方面，应当遵循婴幼儿的身心发展规律，结合托育机构的实际情况，"合理安排婴幼儿饮食、饮水、如厕、盥洗、睡眠、游戏等一日生活和活动"，形成具体的保育计划，并认真实施。另一方面，应当注意在保育工作中"支持婴幼儿主动探索、操作体验、互动交流和表达表现，丰富婴幼儿的直接经验"。① 保育方案不仅包括了具体的照护内容和流程，对保育工作"做什么"进行界定，还要包括具体实施的理念和方法论，解释保育工作"怎么做"。

通常保育方案可能不是一个独立的方案，而是包括以下多项内容、多种计划方针的一个方案体系：

(1) 婴幼儿照护的目标和内容：目标可以通过制定年度、季度、月度保育计划体现，结合婴幼儿的月龄特征和发展目标确定。照护内容通常可以通过一日流程体现，诠释日常照护工作"做什么"，通常需要包含婴幼儿的生活环节如入园、饮食、饮水、如厕（含换尿布）、盥洗、睡眠（含穿脱衣服）、离园，还要包括婴幼儿的游戏活动等，如自主游戏、集体游戏等；是保育工作人员开展一日工作的重要指引。

(2) 婴幼儿照护的理念和原则：可以参考《0～3岁婴幼儿教养指南（试行）》中提到的托育机构保育应遵循的基本原则。

---

① 《托育机构保育指导大纲（试行）》的研制目的、价值取向与主要内容，2021年第5期。

拓展学习

婴幼儿照护基本原则

① 尊重儿童。坚持儿童优先,保障儿童权利。尊重婴幼儿成长特点和规律,关注个体差异,促进每个婴幼儿全面发展。

② 安全健康。最大限度地保护婴幼儿的安全和健康,切实做好托育机构的安全防护、营养膳食、疾病防控等工作。

③ 积极回应。提供支持性环境,敏感观察婴幼儿,理解其生理和心理需求,并及时给予积极适宜的回应。

④ 科学规范。按照国家和地方相关标准和规范,合理安排婴幼儿的生活和活动,满足婴幼儿生长发育的需要。

尊重和回应是非常重要的照护理念,应该贯穿于一日照护中的各个环节。"把儿童视为值得尊重的人。不要把他们视为可以随意摆布的物件,或者脑袋空空的小可爱。"[1]在回应式的照护下,照护者关注婴幼儿发出的信号以及需求,并及时对婴幼儿予以回应,同时关注婴幼儿给照护者的回应,是一种双向互动的交流方式。[2] 在尊重和回应的理念下,保育工作人员以婴幼儿为中心,让婴幼儿有充足的时间去探索、去操作、去体验和感知,促进其直接经验的发展。而不是以保育人员为中心,让婴幼儿追随保育人员的任务环节和工作节奏。例如在一日流程中不鼓励同时安排所有婴幼儿一起去如厕,可以在环节转换时提醒婴幼儿如厕,并引领有需要的婴幼儿前往,减少打扰其他没有如厕需求的婴幼儿,让其可以继续专注在当下的游戏活动或者任务上。托育机构不追求婴幼儿之间动作和速度的整齐划一,而是尊重婴幼儿本身的发展状况,关注婴幼儿的体验和感受,通过保育人员的合理分工,给到每个婴幼儿支持。

(3)保育要点及特殊事项提示:在保育方案中,针对不同月龄阶段的班级、不同照护环节,以及一些特定的场景状况,可设置不同的照护措施和要点提醒。比如针对12月龄以下的乳儿班,可能涉及较多辅食、喝奶的操作要点,可以单独体现出来;比如早上入园的环节,作为一个重要的安全健康风险把控环节,入园晨检的一些操作要点可以重点体现出来;比如传染病期间的防控措施等,受伤生病等特殊状况的处理措施和流程等,都需要形成单独的制度或操作指南,这些内容都可以共同完善保育方案。

---

[1][2]《婴幼儿及其照护者:基于尊重、回应和关系的心理抚养(第11版)》。

第二节 一日流程的具体设置

一日流程是保育工作人员开展一日工作的重要指引,一日流程安排中环节的多少、时间的长短,对保育人员工作开展的有效性和工作体验有很大影响。

一日流程可以有很多不同的呈现形式和内容组合,但是最基本的元素应该包括完整的生活环节,如入园、饮食、饮水、如厕(含换尿布)、盥洗、睡眠(含穿脱衣服)、离园,还要包括婴幼儿的游戏活动等。一日流程的内容组织不仅仅局限于各个环节的顺序罗列和时长规定,而是可以根据不同的使用场景,做不同方面的内容补充;比如公示张贴的一日流程可以简明扼要地呈现各个环节的内容、顺序和时长,而用于保育人员工作指导的一日流程则可以侧重在各个环节实施要点的指引上。整体来说一日流程的设置应该符合以下原则:

科学性:符合婴幼儿年龄特点,内容丰富,形式多样,注意动静结合、集体活动与自由活动结合、室内活动与室外活动结合,不同形式的活动交替进行,各类活动的比例恰当。

稳定性:时间安排上合理、有效和稳定,既有助于保育人员有序组织各类保教活动,又有利于婴幼儿建立稳定的生活规则和秩序意识。尤其是2岁左右的婴幼儿,他们正处于秩序发展的敏感期。

差异性:一是全日托、半日托、临时托不同;二是托小班、托大班根据年龄特点,在各环节的时间设置不同;三是个体差异中的按需、恰当。

变化性:地区、天气、季节、场地条件等。

实践案例

以下两张表是两个不同的托育机构一日流程:

A托育机构一日流程		
8:00—9:00	入园晨检、桌面游戏	雪花片、积木等
9:00—9:30	晨间运动	跑跳钻爬和音乐律动
9:30—9:45	洗手、水果	注意用餐安全
9:45—10:15	五大领域主题活动	语言、认知、运动、艺术、社交
10:15—11:00	区角探索	娃娃家、建构区、绘本区、美工等
11:00—11:30	午餐	

（续表）

A 托育机构一日流程		
11:30—12:00	餐后放松活动	轻活动:如阅读、音乐、桌面游戏
12:00—14:30	午睡	注意午检
14:30—15:30	起床、如厕、洗手	
15:30—16:00	语言或社交活动	

B 托育机构一日流程		
8:00—8:30	入园晨检	
8:30—9:00	早餐	
9:00—9:15	桌面游戏	
9:15—9:45	早操律动	
9:45—10:00	洗手、如厕	
10:00—10:15	水果	
10:15—10:45	主题活动	
10:45—11:00	区角活动	
11:00—11:30	午餐	
11:30—12:00	餐后漱口、放松活动	
12:00—14:30	午睡	
14:30—15:00	起床、如厕、洗手	
15:00—15:30	点心	
15:30—16:00	语言或社交活动	

A 机构和 B 机构的一日流程有很多相似的地方,所包含的婴幼儿的生活环节和游戏活动环节都非常相似,环节都相对完整,这也是目前托育机构中婴幼儿比较常规的一日流程环节。但比较大的区别是,A 机构的环节相对较少,环节时长相对更长;B 机构的环节很多都是 15 分钟一切换。可能有人会觉得 B 的流程更充实、更便于管理、更细致,但实际执行的时候会发现,B 机构的一日流程相对而言给人的感觉会比较匆忙,也比较紧张。在这样的一日流程指引下,保育人员大量的精力都会用在流程之间的控

制和衔接,可能会导致保育工作人员不断地看时间看流程表,追赶着流程往下走。B机构的流程下容易呈现出高控制、保育人员疲惫焦虑的现象,而且婴幼儿的经验发展经常被打断,不利于婴幼儿的良好发展。而 A 的流程中有一些操作要点,可以帮助使用者进一步理解各个环节。

思考与练习

1. 制定你认为科学合理的一日流程,并诠释你的制定理念和原则。

2. 托育机构中,6～12 月龄、12～24 月龄和 24～36 月龄的幼儿的一日流程在哪些方面应该有所差异?

3. 每个幼儿的速度和节奏有所不同,如何在一日流程的执行中照顾到不同孩子之间的个体差异,同时不影响班级整体一日流程的进行?

第十六章 安全、健康与信息管理

学习目标

- (1) 熟悉托育机构的管理中信息管理的内容和方法；
- (2) 熟悉托育机构中健康管理包含的内容和方法；
- (3) 形成较好的安全意识，了解安全管理的内容和方法，掌握人员因素和活动组织中的安全管理措施。

　　确保婴幼儿安全和健康是托育机构运营最核心和最基本的任务，是开展一切照护活动和运营工作的前提。从机构管理的角度看，托育机构需要对婴幼儿的体格和心理行为发育指标进行健康管理，定期收集安全、传染病等相关信息，从而更好地指导保育工作的开展。托育机构还需要制定安全防护、传染病防控等应急预案，预防相关事件发生。[①]

第一节　安全管理

　　托育机构应该明确安全责任主体，托育机构负责人是托育机构安全管理的第一责任人，同时还应成立安全管理小组，任命组员、组长，并明确其职责和分工。托育机构的所有工作人员均承担托育机构的安全责任，均有义务对托育机构的安全风险做好排查，分担安全责任工作。

　　托育机构的安全管理应该以预防为主，提前做好各项安全风险的防范，并制定相应的安全制度体系。

一、安全制度体系

(一) 安全巡查制度

　　每天应有安全负责人对人员、环境和流程中存在的安全风险进行巡视排查，可采用现场

---

① 《托育机构保育指导大纲(试行)》的研制目的、价值取向与主要内容，2021年第5期。

巡查和监控抽查的方式进行检查,并将检查结果及时进行记录和通报,如发现安全风险应第一时间预警并采取应对措施。安全巡检内容和记录方式可以参考托育机构安全检查表。

表 16-1 托育机构安全检查表

检查内容	备 注	结果记录
晨检异常情况	晨检是否有需观察或隔离的幼儿,是否有需要关注的缺勤,是否有喂药委托等。	
工作人员仪容仪表	工作人员的指甲及着装是否符合要求,有无佩戴不符合要求的饰品。	
伤病照护	有无生病、受伤幼儿,伤病幼儿的处理方式是否妥当,是否有专门的全日观察记录; 有无需喂药幼儿,是否按规定服药。	
环境安全	所有环境中的安全风险是否排查,如门、窗、墙柱、栏杆、柜体、教玩具、运动设施等;是否有妥善的安全防护装置;是否存在松动老化、零件脱落;地板是否防滑;是否有不适合出现在幼儿可触环境中的物品或设备,如易碎品、药品、消毒品、有毒盆栽等。	
流程安全	照护者是否按照一日流程进行班级活动,幼儿是否存在脱离照护者视线范围的情况,照护者言行举止是否适宜,情绪是否良好等。	
消防安全	消防通道是否畅通;消防设施是否完好;灭火器是否到位,是否在有效期。	
其他备注	是否存在其他不属于上述情况的安全相关问题。	
检查员签字	可以是专人固定,也可以是工作人员轮流担任。	
负责人签字	最后的结果应及时通报托育机构负责人,并签字确认。	

(二)防范预警制度

很多地方政府在托育机构的设置标准里都有提及防范预警制度,包括物防、技防、人防等措施要求。物防主要指实体防护,如托育机构的场地条件、位置、防护栏、防护门窗等的防护要求;技防主要指托育机构安全技术防范系统,包括监控系统、联网报警系统等,公安部门对此有明确的设计、施工、评审、验收和维护的要求;人防主要指安防人员,如门卫、保安等,在出入管理、治安巡查、防卫装备配置等方面与保护婴幼儿和工作人员生命财产安全相关的工作要求。防范预警制度应该包括上述安防设置的标准、具体的防范措施和上报流程要求等。

（三）进出管理制度

托育机构出入园期间，人员进出频繁，应有严格的入园和离园检查制度。入园时工作人员和婴幼儿均要做好晨检查验，其他不相关人员禁止随意进出园所；离园时也要做好婴幼儿物品和健康状况的确认，确保婴幼儿准确交接到其对应家长手中。如果更换联系人，也应有明确的身份确认环节，不允许未经确认的接送者和陌生人接走婴幼儿。

（四）信息保护制度

托育机构涉及大量婴幼儿家庭信息和个人信息，均为婴幼儿家庭的隐私，托育机构全体工作人员均有义务做好信息保护工作。例如包含婴幼儿肖像的影像资料，若要发布在公开的网络平台和自媒体上，应得到家长的允许；婴幼儿的家庭信息如地址、电话、父母职业等，不可随意披露，更不可提供给托育机构之外其他人员使用；机构中的监控视频，不允许他人随意查看或翻拍拷贝，查看监控应上报托育机构负责人，经允许后由专人陪同查看。监控资料和婴幼儿信息文档应由专人负责保管。

二、突发事件应对

托育机构遇到突发事件的时候，安全管理小组应快速对突发事件进行响应，事故现场的工作人员和安全管理小组一起配合，按照突发事件的类别进行处理，并做好突发事件应急处理记录。突发事件的处理应秉承及时、高效、妥善处置的原则，努力做到以人为本，最大限度保护幼儿，预防为主，统一领导，快速响应，依法合规。

（一）活动突发事件

每次活动均需提前明确安全责任应急小组的成员和分工，须有专人负责出入口安防、场内各功能区秩序、消防检查、设施安全、医护救护等。活动开展前各个岗位工作人员需全面巡检各个板块的设施设备安全和秩序情况。安全小组工作人员应有明确的服装标识。大型活动应提前向当地派出所报备，以提前布置警力，确保安全。

活动现场往往人员密度较大，意外情况发生时按照安全责任小组统一部署，及时用广播设备通知现场人员保持冷静，听从指挥。第一时间做好婴幼儿人群的隔离和保护，避免人员拥挤带来的伤害。快速有序疏散人员，避免围观和拥挤。各班保育人员负责第一时间组织好各自班级学员秩序，沉着冷静避免推搡拥挤，确保疏散路线畅通后有序进行撤离和疏散。医护和保健工作人员应在现场随时准备救援，若有人员受伤，按照伤情妥善开展救治。

安全小组工作人员在紧急情况发生时应第一时间按需拨打 110、119、120。

（二）食物中毒事件

托育机构应建立食物安全制度并做好所有食物食品留样工作。机构内所有食物均应符合正规的食物采购和准备流程，做到可以追本溯源。外来食物避免进入园区，谢绝幼儿自带食物，拒绝随意与幼儿分享未经过来源确认的食物。

发现机构内有类似食物中毒症状时，应尽量保留现场食物，管控留样食物，迅速拨打"120"急救电话或送医院进行治疗。同步记录好婴幼儿详细症状，并携带疑似有毒食物样本前往医院帮助医生诊断。

及时通知家长，并做好家长的沟通和安抚，争取家长的配合。

还应做好每个婴幼儿的过敏食物调研，记录园所所有幼儿涉及过敏的食物种类、过敏反应和家长的过敏处置建议。形成表格张贴到生活活动区和厨房、备餐间等，并随时按需更新。表格可参考托育机构过敏幼儿关怀表。

表 16-2 托育机构过敏幼儿关怀表

序号	班级	幼儿姓名	性别	月龄	过敏原	过敏症状和处理建议	班主任	保育员/配餐员	园长确认
1									
2									
3									
4									

此表更新日期：_____ 填表人：_____

备注：
此表一式两份，分别张贴于配餐间及教室。
每日配餐前，班主任及保育员需主动确认幼儿过敏情况。
每次有新生进班前需对以上信息做确认，并随时更新。

（三）外来暴力入侵事件

托育机构日常应严格执行出入园管理制度，不允许外来人员随便进出机构，来访者必须做好预约、身份确认和来访登记。入离园之外的时间应做好婴幼儿生活活动区域的封闭隔离。日常做好安防报警系统的检查维护。

发生外来暴力入侵事件时，第一时间通过联网报警系统报警，启动一键报警系统，同步紧急拨打"110"报警电话。保育人员负责将幼儿护送到安全处，如封闭的教室，并将门窗玻璃关闭上锁。如有封闭隔离门,应迅速关闭。事发现场的工作人员尽量与入侵者保持安全距离,并尽量安抚对方情绪,不可主动与对方发生口角和冲突,避免激化矛盾,避免刺激对方情绪。

一旦发生伤害事故,以最快的速度将伤员送往就近医院进行抢救,并通知家长或亲属。保护现场,配合警方调查。

三、日常安全管理

• 实践案例 •

危险的保温杯

冬天,班级中的托育老师用保温杯泡了一杯茶水,由于水温比较高不能直接饮用,就把水杯开着盖子放到了设置在班级一角的老师办公桌上。一个小朋友看到冒着袅袅热气的水杯很好奇,在老师没注意到的时候伸手去触摸保温杯。但是由于身高不够,手也小,只能触碰到瓶身。于是瓶身倾倒了,茶水洒了出来,浇了一点在小朋友手上,小朋友被烫得马上哭了起来。老师听见赶紧冲过来抱开小朋友,并采取了应急处理措施。所幸保温杯中茶水不多,未造成严重后果,但是这个案例还是为托育机构环境中的安全防护敲响了警钟。

在婴幼儿可以触及到的环境中,所有危险因素均应规避,包括但不限于热源、电源、尖锐的东西和细小的东西。如果有不可避免会存在的上述物品,也应该确保这些物品有必要的防护措施,或处于婴幼儿不能触碰到的位置或高度。

首先,加强对安全风险的认识和防范。托育机构可能面临的安全风险来自于外部和内部,内部安全风险来源包括物理环境、内部人员和生活游戏活动的流程组织等(参考表 16 - 3)。每个托育机构应该对自身可能存在的安全风险进行充分的思考、评估,建立安全风险体系,并根据其危害程度以及发生概率进行排序梳理,以便有针对性地进行防范。

表 16 - 3　托育机构安全风险梳理

外部安全风险	内部安全风险
极端天气或地质灾害:洪灾、台风、雷暴、地震。 特殊意外:火灾、房屋垮塌、外部人为恶性事件。	环境:电源、热源、食品、落物、坠窗、高台坠落(如上铺、尿布台)、有窒息风险的物件、有夹伤风险的家具等。 人为因素及流程组织:工作人员饰物、操作失误、故意伤害、拥挤踩踏、幼儿冲突(打架、咬伤、抓伤等)、窒息、食物过敏、摔跤磕碰、走失等。

其次,减少人员因素和活动组织中存在的安全风险。所有工作人员上岗前应做好全面的安全培训,从内在的安全意识、安全应急能力以及外在的仪容仪表都要做好准备,不要忽视细节。

再次,关注活动流程组织中的一些安全原则,注意流程和动线设计,减少频繁的场地和环节变换。注意保育工作人员的分工,通过合理的措施确保每个婴幼儿都在保育人员的视线范围内,有对应的负责人员。限定区角活动和运动项目中的人数,比如攀爬运动中,同一个区域人数过多可能就会带来拥挤和踩踏;区角活动中人数过多容易产生肢体冲突。另外做好一些重要环节的安全防护 SOP 管理,常见重要环节的安全防护措施可参考下表。

表 16-4   一日流程中安全防护要点

保育环节	入园晨检	运动活动	一餐两点	午睡	离园	喂药	伤病照护
安全防护措施	物品检查及登记	人数控制、设施设备检查	食物安全、过敏原排查	午检:体温、睡姿、呼吸等	身份确认、离园检查登记	喂药委托、喂药登记	准确判断、及时通知、全日观察

最后,要提升安全事故现场的应急处置能力和善后管理能力。为全体工作人员提供全面的应急处理能力培训、急救培训、伤病处理培训是非常必要的,或者在托育机构内部配置有应急处理能力的专业人员。同时按照安全管理制度中安全小组的构成和分工进行事件的汇报和记录。完成现场处理后做好安全事故的总结和复盘,形成书面的安全事故记录,避免今后再次发生。除了托育机构内部的安全防护管理,家庭端的安全防护同样重要,托育机构要充分跟家长沟通安全防护的重要性和家庭需要配合的安全防护措施,例如入离园环节的安全、路途中的安全等,确保婴幼儿园内园外的安全均有保障。

第二节   健康管理

健康管理首先要建立完善的健康管理制度,从一日活动、卫生消毒、营养饮食、饮水、健康检查、疾病防控、传染病防控、保健信息搜集、伤害预防、健康教育等方面明确管理要求。

一、健康检查

首先确保入园时婴幼儿是健康的状态,因此需要幼儿入托前一个月内的健康检查凭证和入园开始每一天的规范化的晨检操作。入园前的健康凭证由家长带领幼儿去符合要求的医疗机构完成检查后取得。托育机构需要保留其健康检查凭证。

每天的规范晨检应按照"一问二看三摸四查"的步骤,询问家长婴幼儿入园前的饮食、作息、精神情绪状态等是否正常,观察婴幼儿入园时的精神面貌是否良好,口腔、皮肤、手足是否有疱疹或破损等其他异常状况,触摸淋巴结是否红肿触痛,查看携带物品是否规范等,并做好记录。

除了入托幼儿,工作人员也应在符合要求的医疗机构,按照托幼机构工作人员标准进行健康检查并取得健康检查证明,应做到上岗前检查,定期健康检查,离岗返岗检查。

二、疾病防控

关注婴幼儿在园时的健康管理。通过卫生消毒确保环境健康,做好膳食管理达到营养均衡,保障充足的户外活动时间,生活活动过程中注意良好的卫生习惯的培养。活动后、午睡时婴幼儿都容易出汗着凉,要加强保育工作,提醒婴幼儿增减衣物,另外在婴幼儿午睡时应做好午检工作,并及时做好记录。最后离园时应再次做好婴幼儿的健康检查,并做好记录,如有异常要及时寻找原因,并如实与家长沟通。

婴幼儿免疫系统发育尚不成熟,群体生活中很容易受环境影响,出现身体不适、生病等情况。首先托育机构要做好充足的准备工作,建议配置专业的保健人员或者安排带班保育人员参加专门的保健培训,常用医疗物资也要随时做好准备。另外每个婴幼儿的基础健康状况要提前做好了解,婴幼儿基础信息表应该同步给所有涉及该婴幼儿照护工作的人员,尤其是如表16-2所示过敏信息和一些特殊的健康状况有必要张贴到配餐区和教室里保育人员工作区。如果遇到在园期间婴幼儿发热、呕吐、腹泻等情况,应及时把婴幼儿带离群体环境,到保健观察室进一步确认婴幼儿状况,并做好全日观察记录(见表16-5),随后通知家长带婴幼儿就医,同步做好教室的通风消毒工作。最后及时与患病婴幼儿家长保持沟通,了解婴幼儿病情发展情况,确定是否有传染病风险,如确诊传染病,应按照疾控中心要求及时上报

表16-5 全日观察记录

班级:			姓名:	
晨午检情况				
记录时间	幼儿健康状态	照护处理办法	家长反馈	备注
接走时间		家长确认签字		保健老师确认签字

并做好相应处理。

三、心理健康关怀

除了婴幼儿身体生理健康,其心理健康也是非常重要的。刚入园的婴幼儿面对陌生环境普遍存在分离焦虑现象,导致持续的哭闹、作息规律紊乱、心理压力大甚至生病等,充足的准备工作和良好的家校沟通可以有效缓解婴幼儿的分离焦虑。在托育机构的生活活动中,保育人员对待婴幼儿的方式也对婴幼儿的心理健康发展非常重要。保育人员建立健康的幼儿观,坚持采取尊重、回应的保教理念,科学对待婴幼儿,是对保育工作人员的基本要求。托育机构所有工作人员严禁虐待、恐吓、体罚、训斥、嘲讽婴幼儿,避免在婴幼儿面前负面消极地评价婴幼儿、讨论婴幼儿的隐私等。保护婴幼儿的生理健康和心理健康是每个托育机构工作人员最基本的工作目标和原则。

第三节　信　息　管　理

托育机构的信息管理主要涉及婴幼儿基本信息、保育管理信息、运营信息等。可以通过表格化或线上管理,让信息清晰明了,提升机构的运营管理效率,帮助管理者建立管理框架,做好管理工作的查漏补缺。

一、婴幼儿基本信息

托育机构的婴幼儿流动性相对较大,建立幼儿信息表、幼儿个人档案,定期动态更新,能帮助园所工作人员了解园所婴幼儿数量、在班情况,以及个别幼儿的具体信息。婴幼儿名单应包含整个园所所有已经离园的、在园的和准备入园的幼儿,可以分为不同的子表,做好幼儿状态的标注,避免遗漏。

表 16 - 6　托育机构婴幼儿名单

××托育机构婴幼儿名单														
序号	姓名	小名	性别	出生年月	家长	联系方式	紧急联系人	联系方式	地址	报名时间	入园时间	离园时间	带班老师	所属班级	其他备注

托育机构还应为每个婴幼儿建立个人档案，包括入园时记录的婴幼儿基础信息，入园后婴幼儿的一些照片、作品、老师观察记录等，其中婴幼儿基础信息最为重要。为更准确地记录信息和得到家长的理解支持，托育机构还可以邀请家长到现场双方共同填写，填写过程也是一次了解婴幼儿基本情况、家庭养育方式、家庭养育期望、建立信任和共识的好机会。婴幼儿基础信息记录可参考表 16－7。

表 16－7　婴幼儿基础信息表

※基本信息（为确保良好的家园沟通，请您如实详尽地填写以下全部信息）					
幼儿姓名		性别		出生年月日	
幼儿乳名		现住址			
监护人姓名	关系	教育程度	工作单位	联系电话	
家庭住址			家庭电话		
紧急联系人（监护人以外）		姓名	关系	联系电话	

※生活习惯（以便托育园在照顾幼儿期间尽最大照顾之责，请您填写以下资料）
喝奶习惯	配方奶比例： □　　小时喝一次　□睡前喝　□睡醒喝　□下午　　点喝
喝水习惯	□喝水需求量大　□喝水量适中　□不爱喝水
饮食习惯	最喜欢吃的食物：　　　最讨厌吃的食物： 特殊饮食习惯：
午睡习惯	□有午睡习惯（固定时间为：　　　） □有午睡习惯，无固定时间 □无午睡习惯 □有特殊睡觉习惯：
如厕习惯	□全天包尿不湿　□午睡包尿不湿 □需要成人提醒如厕　□能够主动上厕所 □每日固定排便　　次（时间：　　　） □容易便秘
主要照料者	□父母　□祖父母　□外祖父母　□保姆　□其他（　　　）
兴趣爱好	
就学经历	□上过托班　□上过早教　□正在上课（课程　　　　）

（续表）

※健康状况（为保障幼儿的健康与安全，请您如实详尽地填写以下全部信息）

曾患病症	有	无	常患病症	有	无	备注
水痘			感冒			
白喉			扁桃体发炎			
百日咳			腹泻			
麻疹			惊厥			
外伤			鼻血			
手足口			过敏			过敏原：
猩红热						
其他			其他			

※幼儿发展

一、请描述幼儿需要注意的情绪问题及解决方式。（例：突然哭闹，可能是因为困乏，需要安抚入睡等）

_____
_____
_____

二、希望幼儿在托育机构能够学习或改善的方面有哪些？（例如戒尿不湿、改善挑食、加强社交等）

_____
_____
_____

三、关于幼儿您还希望我们特别注意哪些事项？请详细列出：

_____
_____
_____

※相关资料（为确保良好的家园共育工作，请确认您已详细阅读以下资料或提交相关资料）

□您已详细阅读"新生入学协议"并确认。
□您已详细阅读"托育机构喂药委托制度"并确认。
□您已详细阅读"传染病防控制度"并确认。
□您已详细阅读"晨检制度"并确认。
□您已提供健康证明。

※班级信息

班级名称	带班教师	进班时间

※签字确认

家长签字	园长签字	班主任签字

二、保育管理信息

保育管理信息是跟日常保育工作相关,在婴幼儿照护服务过程中产生的,如晨检数据、体检数据、消毒信息、留样食品信息、因病缺勤数据、在园受伤数据、传染病信息等,这些信息的管理可以帮助托育机构更好地保障婴幼儿的安全与健康。

16-8 缺勤幼儿情况登记表

编号	幼儿班级	缺勤日期	幼儿姓名	缺勤原因			情况来源			联系人	园长确认
				生病(填疾病名称)	出游或走访	其他	家访	询问	家长请假		

表 16-9 生病幼儿隔离期关怀记录表

患病儿童姓名	班级名称	疑似日期	确诊日期	病因记录	隔离周期	家访日期	园长确认

每日跟进记录						
幼儿姓名	联系家属	跟进方式	跟进日期	幼儿当日身体情况(就医情况、体温、生理状态等)	跟进人	园长确认

三、运营管理信息

托育机构在运营过程中也会产生大量的信息,比较重要的有营运信息,如招生人数、托费金额、收费类型(新生报名或老生续费)、报名时长;员工相关数据,如带班人头数、薪资绩效等。这些信息的管理可以帮助托育机构了解其经营状况、服务状况等,可以帮助托育机构建立健康可持续的发展模式。

托育机构通常全年都存在报名情况,进班时间比较灵活,因此报名信息的精细化管理很重要(可以参考下表信息,分月分类做好报名信息管理)。另外为了更好地管理托育机构的财务健康状况,做好长期可持续发展,托育机构提倡按月收费,量入为出,准确地核算收入,做好收支计划。

表 16-10　托育机构托班报名信息统计表

序号	婴幼儿姓名	出生年月	报名人	联系方式	报名时间	报名时长	新生报名/老生续费	付费金额	计划进班时间
合计									

📖 思考与练习

- 1. 托育机构中哪些信息应该纳入基础信息管理范畴?
- 2. 健康管理中入园健康管理和在园健康管理分别包括什么内容?
- 3. 托育机构的安全风险有哪些?
- 4. 托育机构中人为因素和组织流程中的安全风险有哪些防范要点?

第十七章　家园共育与行业资源共建

- (1) 建立良好的家园共育意识，熟练掌握家园共育的主要内容和方法；
- (2) 了解托育机构与社区、高校、上下游行业以及相关政府部门可以开展合作的方向；
- (3) 拓展托育机构借助其他资源运营的思路。

托育机构保育工作应当注意与家庭、社区密切合作。一方面，托育机构应当本着尊重、平等、合作的原则，主动加强与家庭、社区的联系与合作，整合各方资源，争取家庭和社会的理解、积极参与和主动配合，形成教育合力。另一方面，托育机构应当充分利用专业优势，通过亲子活动、家长课堂、互联网宣传等多种方式，面向家庭、社区宣传科学的育儿理念和方法，为家庭提供照护服务和指导服务，帮助家庭增强科学育儿能力，从而更好地促进婴幼儿发展。[①]

第一节　家庭合作

托育机构的服务对象不仅仅是婴幼儿，同时还有家长。托育机构面对的家长由于孩子年龄较小，心态往往更脆弱，也更容易焦虑。托育机构只有在家长充分的理解、认可、信任、支持下，其运营模式、保教理念才能得到有效的传达和落实，日常运营工作才能顺畅高效地开展。因此做好家园共育是托育机构开展运营工作的重要前提。

一、日常沟通反馈

首先，在婴幼儿照护的理念、目标和方法上让家长理解、认同和支持。这方面内容的沟通应该从家长第一次接触托育机构时开始。家长报名后，孩子入园前通常有一个家园双方

---

① 《托育机构保育指导大纲（试行）》的研制目的、价值取向与主要内容，2021 年第 5 期。

等待的过程,这既是家长与幼儿做好心理准备和物品准备的时间窗口,也是园所为幼儿的入园做好各项准备的时期。合理安排好新生入园流程,避免集中入园造成幼儿分离焦虑加剧,通过与家长充分交流照护理念和目标得到家长充分的理解和认同,这些都是做好家园共育的重要基础。

• 实践案例 •

新生入园导致的合作危机

乐乐(化名)的妈妈上周帮乐乐报名了一个托育机构,本周一开始安排乐乐入托。上周末的时候由于考虑到乐乐即将离开家庭去一个陌生的环境,一家人都非常焦虑,祖辈心疼孩子小,送托不放心。原本妈妈送托是想要给孩子一个更好的学习和社交环境,现在面对家人的心疼表现,也有点犹豫了。周一早上妈妈忧心忡忡地带着乐乐去到托育机构,乐乐也非常紧张,到了门口拉着妈妈不愿意进门。早已等在门口的老师看到乐乐到了,高兴地去迎接,乐乐看到不熟悉的人过来,退到了更远的地方。

老师一边积极地上前去接乐乐,一边跟妈妈说:"孩子交给我,你放心回去吧,新生刚开始都会哭闹的,老师会照顾好他的。"妈妈看乐乐马上就要哭了,心疼地说:"让我跟他沟通一下吧!"然后蹲下身抱着乐乐心疼地说:"宝宝乖,你长大了要去上托班了,托班很好玩的,妈妈一会儿来接你好吗?"乐乐听完直接大哭起来,大声喊着:"妈妈不要走,我不要去托班!"一边更紧地抱着妈妈不撒手。老师见状也有点着急了,一边劝导妈妈要配合老师,告别后尽快离开,一边安慰乐乐。但是乐乐根本听不进去,最后被老师强行抱进教室。

乐乐哭得撕心裂肺,等在教室外面的妈妈更是心如刀绞。她没想到入托的过程会这么痛苦,她担心孩子会不会在里面哭得停不下来,老师们会不会没有耐心一直安慰孩子,也不知道这样的状况会持续多久,她开始对自己的决定产生强烈的质疑,担心是不是孩子太小了,自己贸然送孩子来托班,这里不适合他。一系列复杂的情绪萦绕在妈妈心头。

老师看到妈妈还没有走,担心乐乐发现后更难安抚,赶紧劝妈妈先离开。妈妈本来就心里难受,觉得老师一再劝她离开是没有体谅自己的心情,只顾自己工作方便,更加不悦。回到家中,老人了解到孩子入托哭闹也心疼不已,纷纷要求把孩子赶紧接回来,结束入托。

放学时妈妈去接乐乐,乐乐刚看见妈妈又激动得哭起来,看起来这一天疲惫不已,妈妈顿时觉得入托不是一个正确的选择,开始跟托育机构商量想暂停入托。

类似乐乐家的状况在新生入园的阶段其实并不是个例。新生入园是家园共育的重点工作之一,但是新生入园过程中孩子的分离焦虑、家长的不放心、家庭意见不统一等往往让新生入园陷入困难,甚至导致家长出现负面情绪,与机构产生矛盾,引发投诉或退费。

新生入园时由于面临陌生环境、初次迎来独立,往往伴随着不同程度的分离焦虑。入园时会哭闹、抗拒入园,入园后前期也容易出现作息不规律、情绪低落、夜惊、生病等状况。还会有婴幼儿为了逃避入园出现一些应激反应,如肚子疼、头疼,或者谎称在园所受到老师和同学的欺负等。如果不提前跟家长讲明新生入园可能出现的种种状况,让家长提前做好心理准备,可能很快就会面临由于孩子的抗拒表现家长对入园规划出现动摇,甚至对园所的专业度和服务质量产生质疑的问题。

新生入园的家园共育工作要从孩子准备入托开始,到入园后顺利度过分离焦虑期,按照不同的阶段做好如下沟通工作:

(一) 开班前

(1)带班老师通过电话、微信或面谈的方式与家长进行新生入园前的沟通:

① 确认新生入园登记表上的重要信息——过敏情况、近一个月内病史、主要照料者等,跟家长详细了解幼儿的生活习惯。

② 告知家长分离焦虑的表现、周期,提醒家长配合做好入园前的沟通,避免营造焦虑氛围;让幼儿在家阅读上学主题的绘本。

③ 提醒家长需要准备的物品——鞋子、备用衣物、寝具、安抚物品、照片、体检表及疫苗本。

④ 确认入离园时间、接送人,提醒家长准时接送。

(2)带班老师发送介绍视频,向家长介绍本班老师、保健老师、园长、保育员等角色,请家长与幼儿一起观看,提前熟悉照护人员可以有效缓解分离焦虑。

(3)幼儿入园前1~2天,托育机构内部做好孩子入园准备,包括保育工作人员充分了解和熟悉幼儿基础资料,准备幼儿喜欢的玩具等。

(二) 开班后

(1)进班第一周,带班老师每天在幼儿入园后通过照片、视频、文字信息等反馈幼儿的情绪,帮助家长缓解分离焦虑,家长心态稳定对幼儿情绪稳定非常重要。

（2）进班三天内,带班老师与幼儿父母进行一对一沟通反馈,强调幼儿的进步,给予家长信心。

（3）进班一至三天内,保健老师做好对家长的保健宣教,更新喂奶、过敏记录,做好幼儿的档案规整。

（4）指导家长在接送幼儿时采取积极正确的沟通形式,不要问幼儿有没有被欺负等负面问题,可以问幼儿有哪些新朋友,有什么好玩的游戏,鼓励和肯定幼儿的独立和进步,为幼儿后续持续稳定的情绪打下基础。

（5）入园前期经历周末休息后幼儿的状态可能会比较波动,要提前跟家长做好沟通,并在新的一周参考幼儿初次入园的经验做好充分准备。

新生入园前尽量安排统一的家长会,虽然大部分托育机构不像幼儿园统一开学,统一放假,入园比较分散,但是可以根据进班节奏按月或者分批组织新生家长会。在新生家长会上,需要把园所的服务团队介绍给家长,更重要的是把园所的规章制度,以及安全和保健的配合义务介绍给家长。这些前置沟通可以帮助园所在后续的运营中减少绝大部分不必要的分歧、误解和冲突,为创造家园共育的良好关系打下坚实基础。

婴幼儿入托之后离开了家长的视线,其成长过程的一点一滴主要通过托育机构的反馈让家长得以了解。托育机构记录下婴幼儿在园所的一举一动、点滴变化,对整个家庭来说不仅重要,而且弥足珍贵,不可复制。因此在日常照护的过程中,保育工作人员应该充分观察记录,并及时反馈给家长。为了让保育人员的记录和反馈更全面、更完整,不应完全让保育人员以个人经验和偏好来记录和反馈,而是可以制作一些记录反馈的模板,让一些重要信息不会被遗漏的同时,也给保育人员一些可以灵活补充的空间。

除了日常的记录反馈,还应该建立一些定期反馈的时间节点,在日常反馈的基础上做一些婴幼儿阶段性的表现总结反馈,提出家园共育的意见和需求,如周反馈、月反馈和季度反馈、半年反馈等。周反馈可以给家长看大量照片、视频;季度反馈可以进行婴幼儿各个领域发展状况的一些评估和总结,可以以生长发育、运动、认知、语言、情感及社会化领域对应月龄的发展水平做对照,提出相应的家园共育建议。

二、引入家长资源

宝宝送托以后,家长们也关心着孩子一举一动和点滴变化。引入家长资源,增加家长参与园所活动的机会,共同见证孩子的成长,形成园所和家庭在托育机构的服务共建,不仅能丰富园所活动和服务的内容,还能增进家长对园所的理解和信任。

（一）家长志愿者

可以邀请家长轮流作为志愿者在早晚入离园的时候协助维护秩序、帮助引导交通、护送幼儿入离园。

还可以定期请家长轮流参与到一日活动或半日活动中,开放家长体验日,让家长更加了解日常照护的流程,了解托育机构的理念和服务标准。当然,增加了这样的活动,托育机构的工作也会暂时迎来更多的挑战。但是通过这样的检验和互动后,托育机构的服务质量会更高,也会获取家长更多的信任和支持,带来家园关系的长远发展。

(二) 家长讲师

家长们分布在不同行业,又共同支持着托育机构的发展,是托育机构的宝贵资源。有的家长所在行业或所在的专业领域与托育机构各个课程主题密切相关,或者与婴幼儿的成长密切相关。比如有的家长是医生,在托育机构开展健康教育主题的时候,就可以邀请家长作为专业讲师,共同为幼儿提供专业的健康活动指导或知识讲解。

(三) 家长工作坊

除了请家长到托育机构协助开展活动或进行知识讲解,还可以结合家长的资源拓展一些园外的共建活动。比如有的家长拥有手工工作坊,则可以邀请班级幼儿前往做手工或者体验一些工艺品的形成过程。还有的家长是牙医或者眼科医生,条件允许时也可以邀请幼儿前往诊所了解看牙或者看眼睛的过程,或者开展一些爱心诊疗活动。

图 17-1 爱心诊疗

三、赋能家庭养育

最后是重视家庭养育对婴幼儿的深远影响和不可替代性,通过家园共育为家庭养育做好科学育儿支持和指导,赋能家庭养育。家庭是婴幼儿的第一个外部世界,是婴幼儿早期学习和探索的发源地,也是孩子最基础的安全感的来源。家庭中的环境、生活习惯、教养方式都给婴幼儿带来潜移默化的影响,对婴幼儿的情感依恋、行为方式等的影响都是不可替代的。因此,托育机构除了通过充分的沟通反馈让家长理解并配合托育机构的工作,让托育机构的照护更有效更顺畅之外,还应该借助自身在婴幼儿照护上的专业经验和知识技能,基于"以儿童为中心"的原则进行科学育儿理念的宣导,帮助家长在家也实现科学育儿。具体可以通过育儿讲座、育儿沙龙、父母课堂等形式展开。

除了婴幼儿的父母,婴幼儿的祖辈也是非常重要的养育人群,有的祖辈承担的养育工作甚至远远超过父母。所以家园共育中要特别关注隔代养育所需要的科学育儿支持,既要感恩和理解祖辈对婴幼儿照护的贡献,也要在充分接纳和尊重的前提下做好科学育儿理念和技能技巧的宣教。另外现在二胎三胎家庭越来越多,多胎家庭通常面临更大的时间精力需求,而且兄弟姐妹年幼时期的争抢和冲突也更多,因此多胎家庭通常表示有更大的养育压力。但是多胎的生长环境对于其中每个孩子本身来说都是更丰富的体验,来自兄弟姐妹之间的团结、协作、对比、模仿、竞争、争抢、冲突、打斗等都是帮助婴幼儿情感和社会化发展的重要经验,在科学的引导下,多胎生活体验对婴幼儿的成长有巨大帮助。因此家园共育的时候还应该考虑到多胎家庭的需求。

表 17-1 家庭养育指导活动参考主题

科学养育理念及技能技巧	内 容 参 考
婴幼儿发展黄金 1000 天	介绍婴幼儿早期感知觉、运动、语言、认知、情感等领域的发展规律以及对未来发展的重要影响。
如何应对婴幼儿的各类情感和社会化问题:乱发脾气、分离焦虑、胆小回避等	介绍如何通过接纳、共情并赋能婴幼儿的情绪表达,让家长正确认识婴幼儿成长过程中的各种情绪问题,理解早期依恋的重要性,重视积极稳定的家庭氛围的建立,更好地帮助婴幼儿发展情感和社会性。
如何培养婴幼儿独立自主	介绍正确地帮助婴幼儿发展独立自主能力的重要性和方法,减少家庭养育中包办代替、过度保护等养育误区。
婴幼儿发育敏感期	介绍婴幼儿不同月龄阶段,其在生活、运动、认知、语言、情感等领域的发展目标、家庭养育方法等。
如何开展居家亲子游戏	传递"生活中处处是早教机会"的家庭养育理念,帮助家长就地取材、因地制宜、因材施教,开展有效有趣的亲子互动。
家庭育儿环境打造指导	关注家庭中育儿环境的打造,家庭育儿环境除了安全,还要尽可能帮助婴幼儿自我探索、自我服务、建立秩序感等,让家长理解环境对婴幼儿早期发展潜移默化的影响。
如何开展家庭早期阅读	让家长理解早期阅读对婴幼儿各方面发展的重要意义,给家长在选书、阅读技巧方面更多的专业指导。
托幼衔接及入园准备	向家长传递正确的托幼衔接理念,注重婴幼儿的习惯、意识等培养,而不是给婴幼儿填充很多知识学习、拔苗助长,也让家长了解入园前婴幼儿和家庭需要提前做好什么准备。
家庭保健类	内 容 参 考
家庭育儿意外伤害处理	帮助家长掌握各种居家意外伤害,如磕碰、烫伤、擦伤、异物卡喉等情况的正确处理方法。

（续表）

家庭保健类	内 容 参 考
小儿推拿的居家应用	分享家长比较关注的一些儿童保健方法的理念和居家可行的操作方法。
幼儿牙齿、视力、听力等保护指导	介绍幼儿早期健康保护的重要性和有效措施，可以请专业医疗机构协助提供一些早期检查服务。
幼儿营养喂养指导	传播正确的营养膳食观念以及预防体弱儿和肥胖儿产生的一些注意事项等。介绍正确的喂养技巧，减少喂饭、边吃边玩等不良的喂养习惯。
婴幼儿常见伤病照护	介绍一些婴幼儿常见疾病的症状和原因，帮助家长正确认识常见疾病，建立正确的照护理念，避免家长因错误的理念造成忽视或过度治疗等问题。
如何帮助婴幼儿健康睡眠	介绍正确的睡眠习惯养成方法，建立正确的睡眠理念，帮助家长减轻因不良睡眠习惯导致的养育压力。
家庭关系类	**内 容 参 考**
多胎家庭养育指导	关注多胎家庭的育儿问题，介绍处理兄弟姐妹之间的矛盾冲突、竞争等情况的正确方式，帮助家庭更好地发挥多胎养育对婴幼儿生长发育的积极影响。
隔代养育指导	帮助建立正确的隔代养育理念，在尊重、感恩和接纳的原则下帮助隔代养育走向更科学更高效，帮助隔代养育家庭在正确的养育理念下共享育儿的天伦之乐。

第二节 行业资源共建

托育机构的发展离不开社会各界的大力支持，除了家庭资源之外，托育机构还可以从以下方面寻求合作或资源支持。

一、社区资源

本文所讲的"社区"是指一定区域内人们各个生活场景构成的共同体，指在街镇的治理单元下的一个个紧密连接的片区。在我国的社会结构中，一个社区往往会归属某一个或者几个居委会。这些社区中存在着大量的住户，他们有各种生活需求，其中婴幼儿的照护也是一个非常重要的生活服务需求，因此很多婴幼儿照护或与之相关的服务场景会在社区中诞生。

　　比如上海市的社区中有教委牵头成立的"家庭科学育儿指导点"，会在专门的场地邀请行业专家来开展科学育儿指导活动。其面向的群体中一大部分是0～3岁的婴幼儿家庭，与托育机构的用户群体高度重合，因此托育机构可以联系科学育儿指导站寻求服务合作或者专业力量支持。

　　除此之外，社区托育点、社区早教指导中心也是很多社区中存在的可以与托育机构联动的相关资源。一方面托育机构可以通过这些资源更好地触达用户，传递好的育儿理念和服务，承担起一些社会公益责任；同时也可以向这些资源寻求一些专业力量的支持，进一步了解用户的诉求，以便做好自身服务的优化。

图17-2　科学育儿指导站

二、有相关专业的高校

　　人才是托育机构最核心的竞争力，也是机构可持续健康发展的基本保障。高校有比较规范的培养体系和充足的培养时间，托育机构可以主动寻求开设了婴幼儿照护、托育专业，或学前教育专业的高校提前沟通人才的需求，制定人才发展计划。以下两个方面可以作为托育机构与高校开展合作的参考方向。

　　(1)共建校企课程：应届毕业生通常在上岗前都还面临一段时间的新人培训安排，这个时间给托育机构和员工都增加了一定的时间成本，托育机构往往面临着培训时长安排方面的矛盾。培训时间过短，完不成培训内容，难以达到上岗要求；培训时间过长，对应的时间精力成本较高。因此可以通过共建校企合作课程，把新人上岗培训的需求前置到校内完成。而且托育机构在婴幼儿照护和家校共育上有较为丰富的实践经验，同时作为用人单位也非常清楚岗位对人才素质能力的需求，可以结合自身的经验和需求让人才的培养更匹配岗位，增强人才的胜任力。

　　(2)共建实训基地：高校里面临就业的学生毕业前都希望有机会到真实的工作场景中去实践观摩，能近距离接触到工作中的同事和用户，能亲自去服务婴幼儿、服务家长。这些经历往往会带给学生不一样的触动，形成的经验会更加深刻。结合校企课程的相关案例和理论知识，可以有效巩固学生的学习效果。托育机构可以为高校学生提供现成的实训基地，有效赋能高校人才培养，为托育机构选拔和储备优秀人才做准备。值得注意的是，在校学生外出实践应该有规范的实践流程和管理体系，首先要保障外出实践学生的安全，有需要可以配套相关保险；其次托育机构应该与高校制定实践计划，明确实践活动包含哪些内容，学生应该遵守托育机构中哪些管理制度和行为规范,包括出勤请假制度、仪容仪表要求等,避免在实践过程中为双方带来不好的体验;最后,实践结束后托育机构应该要求主班老师或提前指定的带教人对学生的表现进行总结反馈,同时听取学生的感受和反馈,帮助双方在后续的发展中进一步优化。

三、上下游相关行业

托育机构的服务对象通常是1~3岁的婴幼儿,其中更是以2~3岁的婴幼儿居多,仅有较少的托育机构为1岁以下的婴幼儿提供托育服务。因此托育机构中婴幼儿的服务周期基本在0.5~2年,超过两年的非常少,大部分婴幼儿的服务周期不超过1年。因此托育机构的用户流动性很大,招生工作是比较繁重的。为了降低托育机构的招生压力,除做好服务、打造口碑之外,寻找持续稳定的生源也是一个缓解招生压力的有效举措。

托育机构的上游行业往往可以为寻找生源提供一些渠道。上游行业可以包括重点服务低龄婴幼儿的早教中心、婴幼儿游泳馆、月子会所等。这些地方通常服务小月龄的婴幼儿,其用户都是托育机构的潜在用户。

托育机构的下游行业虽然不适合为托育机构提供匹配的生源,但是可以较好地衔接托育机构的毕业幼儿,共创一些增值服务。例如幼儿园,作为托育机构最主要的下游行业,每年9月份开学都会从托育机构手中接过大部分适龄幼儿的服务接力棒,托育机构可以邀请幼儿园跟家长分享幼儿从托育机构到幼儿园需要经历些什么变化、家长可以做好什么准备,帮助家长做好托幼衔接,赋能家园共育,提升用户满意度。还有的托育机构可以与下游的素质培训类机构建立合作,例如托育机构毕业的幼儿可能会继续成为一些素质类培训机构的用户。托育机构可以通过筛选匹配的培训机构,把关好培训机构的理念和服务,为托育机构的学员提供一些推介服务。还可以与下游的培训机构协商托育机构用户剩余费用的衔接方案,降低毕业退费带来的运营压力。

四、政府相关部门

托育机构作为服务最柔软、最脆弱人群的机构,多个政府部门都对托育机构负有管理职责。托育机构在接受各个政府部门监管的同时,也可以根据需要向相关政府部门寻求支持和指导。

其中有几个部门的指导工作与托育机构日常运营所需要的支持息息相关,例如教育部门负责各类婴幼儿照护服务人才培养,可以为托育机构在婴幼儿游戏活动和早期教育的科学性和专业性方面提供指导;卫生健康部门负责婴幼儿照护卫生保健和婴幼儿早期发展的业务指导,婴幼儿保健保育和伤病照护等方面工作都可以向卫生健康部门寻求支持;托育机构经常需要举办一些亲子活动、社区家庭养育宣教活动,可以向工会组织、共青团、妇联、计生委等寻求指导和宣传支持。

　　关注政府发布的婴幼儿照护以及与托育服务发展相关的政策、法律法规,顺应政策方向及市场需求,合理利用有效资源,做好行业协同,托育机构才能更好地为未来发展打下基础,更好地为提升婴幼儿照护服务注入能量。

思考与练习

1. 为了更好地缓解新生入园的分离焦虑,增加家长与托育机构之间的互信与配合,托育机构可以做些什么?

2. 制定一张日常与家长沟通反馈的宝宝一日情况表,体现你认为重要的反馈内容。

3. 设计一个与上游行业中任何一个类型的合作伙伴之间的合作方案,帮助托育机构更好地获得潜在用户。

4. 为了更好地在高校中开展行业人才的职前培养,托育机构可以在培养内容上提供哪些帮助?

托育机构保育指导大纲（试行）

第一章　总则

一、为贯彻《国务院办公厅关于促进3岁以下婴幼儿照护服务发展的指导意见》，依据国家卫生健康委《托育机构设置标准（试行）》《托育机构管理规范（试行）》，指导托育机构为3岁以下婴幼儿（以下简称婴幼儿）提供科学、规范的照护服务，促进婴幼儿健康成长，特制定本大纲。

二、本大纲适用于经有关部门登记、卫生健康部门备案，为婴幼儿提供全日托、半日托等照护服务的托育机构。提供计时托、临时托等照护服务的托育机构可参照执行。

三、托育机构保育是婴幼儿照护服务的重要组成部分，是生命全周期服务管理的重要内容。通过创设适宜环境，合理安排一日生活和活动，提供生活照料、安全看护、平衡膳食和早期学习机会，促进婴幼儿身体和心理的全面发展。

四、托育机构保育应遵循以下基本原则：

（一）尊重儿童。坚持儿童优先，保障儿童权利。尊重婴幼儿成长特点和规律，关注个体差异，促进每个婴幼儿全面发展。

（二）安全健康。最大限度地保护婴幼儿的安全和健康，切实做好托育机构的安全防护、营养膳食、疾病防控等工作。

（三）积极回应。提供支持性环境，敏感观察婴幼儿，理解其生理和心理需求，并及时给予积极适宜的回应。

（四）科学规范。按照国家和地方相关标准和规范，合理安排婴幼儿的生活和活动，满足婴幼儿生长发育的需要。

第二章　目标与要求

托育机构保育工作应当遵循婴幼儿发展的年龄特点与个体差异，通过多种途径促进婴幼儿身体发育和心理发展。保育重点应当包括营养与喂养、睡眠、生活与卫生习惯、动作、语言、认知、情感与社会性等。

一、营养与喂养

（一）目标。

1. 获取安全、营养的食物，达到正常生长发育水平；

2. 养成良好的饮食行为习惯。

（二）保育要点。

1. 7～12 个月

（1）继续母乳喂养，不能继续母乳喂养的婴儿使用配方奶喂养。

（2）及时添加辅食，从富含铁的泥糊状食物开始，遵循由一种到多种、由少到多、由稀到稠、由细到粗的原则。辅食不添加糖、盐等调味品。

（3）每引入新食物要密切观察婴儿是否有皮疹、呕吐、腹泻等不良反应。

（4）注意观察婴儿所发出的饥饿或饱足的信号，并及时、恰当回应，不强迫喂食。

（5）鼓励婴儿尝试自己进食，培养进餐兴趣。

2. 13～24 个月

（1）继续母乳或配方奶喂养，可以引入奶制品作为辅食，每日提供多种类食物。

（2）鼓励和协助幼儿自己进食，关注幼儿以语言、肢体动作等发出进食需求，顺应喂养。

（3）培养幼儿使用水杯喝水的习惯，不提供含糖饮料。

3. 25～36 个月

（1）每日提供多种类食物。

（2）引导幼儿认识和喜爱食物，培养幼儿专注进食习惯、选择多种食物的能力。

（3）鼓励幼儿参与协助分餐、摆放餐具等活动。

（三）指导建议。

1. 制定膳食计划和科学食谱，为婴幼儿提供与年龄发育特点相适应的食物，规律进餐，为有特殊饮食需求的婴幼儿提供喂养建议。

2. 为婴幼儿创造安静、轻松、愉快的进餐环境，协助婴幼儿进食，并鼓励婴幼儿表达需求、及时回应，顺应喂养，不强迫进食。

3. 有效控制进餐时间，加强进餐看护，避免发生伤害。

二、睡眠

（一）目标。

1. 获得充足睡眠；

2. 养成独自入睡和作息规律的良好睡眠习惯。

（二）保育要点。

1. 7～12 个月

（1）识别婴儿困倦的信号，通过常规睡前活动，培养婴儿独自入睡。

（2）帮助婴儿采用仰卧位或侧卧位姿势入睡，脸和头不被遮盖。

（3）注意观察婴儿睡眠状态，减少抱睡、摇睡等安抚行为。

2. 13～24个月

（1）固定幼儿睡眠和唤醒时间，逐渐建立规律的睡眠模式。

（2）坚持开展睡前活动，确保幼儿进入较安静状态。

（3）培养幼儿独自入睡的习惯。

3. 25～36个月

（1）规律作息，每日有充足的午睡时间。

（2）引导幼儿自主做好睡眠准备，养成良好的睡眠习惯。

（三）指导建议。

1. 为婴幼儿提供良好的睡眠环境和设施，温湿度适宜，白天睡眠不过度遮蔽光线，设立独立床位，保障安全、卫生。

2. 加强睡眠过程巡视与照护，注意观察婴幼儿睡眠时的面色、呼吸、睡姿，避免发生伤害。

3. 关注个体差异及睡眠问题，采取适宜的照护方式。

三、生活与卫生习惯

（一）目标。

1. 学习盥洗、如厕、穿脱衣服等生活技能；

2. 逐步养成良好的生活卫生习惯。

（二）保育要点。

1. 7～12个月

（1）及时更换尿布，保持臀部和身体干爽清洁。

（2）生活照护过程中，注重与婴儿互动交流。

（3）识别及回应婴儿哭闹、四肢活动等表达的需求。

2. 13～24个月

（1）鼓励幼儿及时表达大小便需求，形成一定的排便规律，逐渐学会自己坐便盆。

（2）协助和引导幼儿自己洗手、穿脱衣服等。

（3）引导和帮助幼儿学会咳嗽和打喷嚏的方法。

3. 25～36个月

（1）培养幼儿主动如厕。

（2）引导幼儿餐后漱口，使用肥皂或洗手液正确洗手，认识自己的毛巾并擦手。

（3）鼓励幼儿自己穿脱衣服。

（三）指导建议。

1. 保持生活场所的安全卫生，预防异物吸入、烧烫伤、跌落伤、溺水、中毒等伤害发生。

2. 在生活中逐渐养成婴幼儿良好习惯，做好回应性照护，引导其逐步形成规则和安全意识。

3. 注意培养婴幼儿良好的用眼习惯，限制屏幕时间。

4. 注意培养婴幼儿良好的口腔卫生习惯，预防龋齿。

5. 在各生活环节中，做好观察，发现有精神状态不良、烦躁、咳嗽、打喷嚏、呕吐等表现的婴幼儿，要加强看护，必要时及时隔离，并联系家长。

四、动作

（一）目标。

1. 掌握基本的大运动技能；

2. 达到良好的精细动作发育水平。

（二）保育要点。

1. 7～12 个月

（1）鼓励婴儿进行身体活动，尤其是地板上的游戏活动。

（2）鼓励婴儿自主探索从躺位变成坐位，从坐位转为爬行，逐渐到扶站、扶走。

（3）提供适宜的玩具，促进抓、捏、握等精细动作发育。

2. 13～24 个月

（1）鼓励幼儿进行形式多样的身体活动，为幼儿提供参加爬、走、跑、钻、踢、跳等活动的机会。

（2）提供多种类活动材料，促进涂画、拼搭、叠套等精细动作发育。

（3）鼓励幼儿自己喝水、用小勺吃饭、自己翻书等。

3. 25～36 个月

（1）为幼儿提供参加走直线、跑、跨越低矮障碍物、双脚跳、单足站立、原地单脚跳、上下楼梯等活动的机会。

（2）提供多种类活动材料，促进幼儿搭建、绘画、简单手工制作等精细动作发育。

（3）鼓励幼儿自己用水杯喝水、用勺吃饭、协助收纳等。

（三）指导建议。

1. 在各个生活环节中，创造丰富的身体活动环境，确保活动环境和材料安全、卫生。

2. 充分利用日光、空气和水等自然条件，进行身体锻炼，保证充足的户外活动时间。

3. 安排类型丰富的活动和游戏，并保证每日有适宜强度、频次的大运动活动。做好运动中的观察及照护，避免发生伤害。

4. 关注患病婴幼儿。处于急慢性疾病恢复期的婴幼儿，及时调整活动强度和时间；发现运动发育迟缓婴幼儿，给予针对性指导，及时转介。

五、语言

（一）目标。

1. 对声音和语言感兴趣,学会正确发音;

2. 学会倾听和理解语言,逐步掌握词汇和简单的句子;

3. 学会运用语言进行交流,表达自己的需求;

4. 愿意听故事、看图书,初步发展早期阅读的兴趣和习惯。

（二）保育要点。

1. 7～12个月

（1）经常和婴儿说话,引导其对发音产生兴趣,模仿和学习简单的发音。

（2）向婴儿复述生活中常见物品和动作,帮助其逐渐理解简单的词汇。

（3）引导婴儿使用简单的声音、表情、动作、语言表达自己的需求。

（4）为婴儿选择合适的图画书,朗读简单的故事或儿歌。

2. 13～24个月

（1）培养幼儿正确发音,逐步将语言与实物或动作建立联系。

（2）鼓励幼儿模仿和学习使用词语或短句表达自己的需求。

（3）引导幼儿学会倾听并乐意执行简单的语言指令,积极使用语言进行交流。

（4）提供机会让幼儿多读绘本、多听故事、学念儿歌。

3. 25～36个月

（1）指导幼儿正确地运用词语说出简单的句子。

（2）鼓励幼儿用语言表达自己的需求和感受。

（3）创造条件和机会,使幼儿多听、多看、多说、多问、多想,谈论生活中的所见所闻。

（4）培养幼儿阅读的兴趣和能力,学讲故事、学念儿歌。

（三）指导建议。

1. 创设丰富和应答的语言环境,提供正确的语言示范,保持与婴幼儿的交流与沟通,引导其倾听、理解和模仿语言。

2. 为不同月龄婴幼儿提供和阅读适合的儿歌、故事和图画书,培养早期阅读兴趣和习惯。

3. 关注语言发展迟缓的婴幼儿,并给予个别指导。

六、认知

（一）目标。

1. 充分运用各种感官探索周围环境,有好奇心和探索欲;

2. 逐步发展注意、观察、记忆、思维等认知能力;

3. 学会想办法解决问题,有初步的想象力和创造力。

（二）保育要点。

1. 7～12个月

（1）提供有利于视、听、触摸等材料,激发婴儿的观察兴趣。

（2）鼓励婴儿调动各种感官,感知物体的大小、形状、颜色、材质等。

（3）引导婴儿观察周围的事物,模仿所看到的某些事物的声音和动作。

2. 13～24个月

（1）引导幼儿运用各种感官探索周围环境,逐步发展注意、记忆、思维等认知能力。

（2）鼓励幼儿辨别生活中常见物体的大小、形状、颜色、软硬、冷热等明显特征。

（3）鼓励幼儿在操作、摆弄、模仿等活动中想办法解决问题。

3. 25～36个月

（1）引导幼儿运用各种感官反复持续探索周围环境,逐步巩固和加深对周围事物的认识。

（2）启发幼儿观察辨别生活中常见物体的特征和用途,进行简单的分类,并感受生活中的数学。

（3）培养幼儿在感兴趣的事情上能够保持一定的专注力。

（4）通过各种游戏和活动,鼓励幼儿主动思考、积极提问并大胆猜想,激发幼儿的想象力和创造力。

（三）指导建议。

1. 创设环境,促进婴幼儿通过视、听、触摸等多种感觉活动与环境充分互动,丰富认识和记忆经验。

2. 保护婴幼儿对周围事物的好奇心和求知欲,耐心回应婴幼儿的问题,鼓励自己寻找答案。

3. 在确保安全健康的前提下,支持和鼓励婴幼儿的主动探索。

七、情感与社会性

（一）目标。

1. 有安全感,能够理解和表达情绪;

2. 有初步的自我意识,逐步发展情绪和行为的自我控制;

3. 与成人和同伴积极互动,发展初步的社会交往能力。

（二）保育要点。

1. 7～12个月

（1）观察了解不同月龄婴儿的需要,把握其情绪变化,尊重和满足其爱抚、亲近、搂抱等情感需求。

（2）引导婴儿理解和辨别高兴、喜欢、生气等不同情绪。

（3）敏感察觉婴儿情绪变化,理解其情感需求并及时回应。

（4）创设温暖、愉快的情绪氛围,促进婴儿交往的积极性。

2. 13～24个月

（1）引导幼儿用表情、动作、语言等方式表达自己的情绪。

（2）培养幼儿愉快的情绪,及时肯定和鼓励幼儿适宜的态度和行为。

（3）拓展交往范围,引导幼儿认识他人不同的想法和情绪。

（4）引导幼儿理解并遵守简单的规则。

3. 25～36个月

（1）谈论日常生活中幼儿感兴趣的人和事,引导其通过语言和行为等方式表达情绪情感。

（2）鼓励幼儿进行情绪控制的尝试,指导其学会简单的情绪调节策略。

（3）创设人际交往的机会和条件,使幼儿感受与人交往的愉悦。

（4）帮助幼儿理解和遵守简单的规则,初步学习分享、轮流、等待、协商,尝试解决同伴冲突。

（三）指导建议。

1. 观察了解每个婴幼儿独特的沟通方式和情绪表达特点,正确判断其需求,并给予及时、恰当的回应。

2. 与婴幼儿建立信任和稳定的情感联结,使其有安全感。

3. 建立一日生活和活动常规,开展规则游戏,帮助婴幼儿理解和遵守规则,逐步发展规则意识,适应集体生活。

4. 创造机会,支持婴幼儿与同伴和成人的交流互动,体验交往的乐趣。

第三章　组织与实施

一、托育机构是实施保育的场所,应当提供健康、安全、丰富的生活和活动环境,配置符合婴幼儿月龄特点的家具、用具、玩具、图书、游戏材料和安全防护措施,并根据场地条件合理确定收托规模,配备符合要求的保育人员。

二、托育机构负责人负责保育的组织与管理,指导、检查和评估保育人员的工作。

三、托育机构保育人员是保育工作的主要实施者,应当具有良好的职业道德和业务能力,身心健康。负责婴幼儿日常生活照料和活动组织,主动了解和满足婴幼儿不同的发展需求,平等对待每一个婴幼儿,呵护婴幼儿健康成长。

四、保育工作应当根据婴幼儿身心发展特点和规律,制订科学的保育方案,合理安排婴幼儿饮食、饮水、如厕、盥洗、睡眠、游戏等一日生活和活动,支持婴幼儿主动探索、操作体验、互动交流和表达表现,丰富婴幼儿的直接经验。

五、托育机构应当建立信息管理、健康管理、疾病防控和安全防护监控制度,制定安全防护、传染病防控等应急预案,切实做好室内外环境卫生,注意防范和避免伤害,确保婴幼儿的安全和健康。

六、托育机构应当与家庭、社区密切合作,充分整合各方资源支持托育机构保育工作,向家庭、社区宣传科学的育儿理念和方法,提供照护服务和指导服务,帮助家庭增强科学育儿能力。